U0058178

教育與輔導的軌跡

增訂版

鄭 崇 趁 著

作者簡介

鄭崇趁

民42年12月8日生

學歷：省立台北師專畢業（民63年）
國立台灣師範大學教育心理學系學士（民75年）
國立高雄師範大學教育研究所碩士（民78年）
國立政治大學教育學系博士候選人

著作：教育與輔導的發展取向（民80年，心理）
教育計畫與評鑑（民84年，心理）
教育與輔導的軌跡（本書）

經歷：小學教師五年
教育部行政工作十六年

現職：教育部訓育委員會專門委員（民87年起）

增訂版序

「教育工作」是我畢生的志業，「輔導行政」則是我近十年來的職務。80 年出版「教育與輔導的發展取向」，84 年出版「教育與輔導的軌跡」，均是我參與重要工作的心得筆記。

尤其是「教育與輔導的軌跡」出版後，教改工作與輔導行政內涵持續發展，筆者後續在「學生輔導雙月刊」政策解析專欄及教育期刊上約稿所發表文章，均屬同一系列，是以決定增補修訂，重新出版，以求完整。

全書結構調整爲「教改脈絡篇」及「輔導軌跡篇」兩大部分各二十篇文章，共計四十篇。「教改脈絡篇」主要在分析教改的理念與具體做法，並強調以「務實的教育計畫」來達成「真正的教育改革」。「輔導軌跡篇」旨在結合輔導工作的理論與實務，強調教育領域之下的輔導工作，其確當的角色地位與務實做法。

今後教師的主要職責包括兩部分：「有效教學」與「輔導學生」。掌握教改脈絡，提升教師專業自主能力，才能全面充實教育內涵，增進教學品質。瞭解目前學校輔導的重點工作，諸如「認輔制度」、「生涯輔導」、「輔導網路」等之主要精神與具體做法，輔以教師輔導知能之普及，始得引導教師有效參與輔導工作，發揮「有能力的愛」，建立學生輔導新體制。

當前國家教育事業配合教育改革工作進程，正逐步邁向學習社會型態，教育人員均須有所覺察與準備；輔導工作發展，由於輔導計畫的帶動，以及輔導人員的持續努力，亦已邁入轉型確立階段，希望本書之出版，能夠扮演催化促進功能，尚祈方家指正。

由於本書係「文章之集合」，部分重要的理念與文字會在不同的篇章中重複出現，增訂時本欲大幅調整刪節，但經多次檢視之後，爲保持各篇章完整性，暫不調整，敬請讀者諒察。

附錄中記載了筆者推動輔導計畫的答問及心情故事，猶可爲當前輔導工作的發展註腳，敬邀共賞。

鄭崇趁寫於台北崇玉園

87 年 8 月

目　錄

◈教改脈絡篇

◈輔導軌跡篇

◈附錄

◈後記

教改脈絡篇

1 教育改革的當務之急

教育改革是當前教育工作的焦點，從三年前民間教改團體的四大訴求，兩年前行政院成立教育改革審議委員會，陸續完成了四期的教育改革諮議報告，以及總諮議報告，目前更依據總諮議報告之建議，成立了教育改革推動委員會，由副院長擔任召集人，準備推動實質的教育改革，教育部自從吳京先生及林清江先生相繼擔任部長之後，各項的改革措施不斷提出，讓國人耳目一新，教育部儼然已成為「教改部」。

教育改革並不是說改就改，必須要統觀，找到教育的核心關鍵，往可行的方向著力，改的結果能讓全體國民受益，才是真正的改革。目前教改會所提的總諮議報告，教育部八十四年所公佈的「中華民國教育報告書」、以及教育部新近持續發布的「迎接新世紀，開展新教育」——吳京部長推動的改革構想，均是具體的改革素材，然而要如何來做最有效果，以下是個人的意見：

壹、建立教育改革共同願景

教育部八十五年十一月二日召開一次史無前例的會議，邀集教育部所有同仁、部屬館所以及省市教育廳局科長級以上人員、縣市教育局長，參加「建立教育改革共同願景座談會」，由吳部長、三位次長、省市廳局長共同主持，連副總統兼行政院長到會致詞，希望藉此教育行政人員大集合，建立教育改革共同願景。然而整個座談會類似「教育問題座談會」，沒有人去覺察「什麼是教育共同願景」？誠屬可惜。

「建立共同願景」是學習型組織五項修鍊中的重要技術，強調組織運作透過一定的程序，為組織單位訂定一個大家共同努力的指標，這個指標必須十分簡短易懂，又能喚醒大家的共鳴。例如李總統競選總統時所強調的「尊嚴、活力、大建設」就是一個強而有力「共同願景」的描繪，陳水扁市長競選市長時所使用的標語——「希望的城市、快樂的市民」，用台語唸出來，也的確能反應台北市民的「共同願景」，所以他們都成功了。共同願景訂得好，可以激勵組織員工士氣，引導成員集中心力，共同為理想的指標奮進。

如何建立教育的共同願景？可以透過「由下而上」或「由上而下」兩種程序進行，由下而上的流程必須由基層教育人員代表，透過分組座談提擬建議，逐層統整，統合充實，潤飾以成。由上而下的流程則可由教育首長、學者專家、教改團體代表、教師會代表、學生會代表、家長會代表等各提代表性的「共同願景文字」，付諸討論後決定。

就教育改革的範疇而言，約略可分為三個層次——教育哲學層次、教育行政層次，以及教學歷程層次。教育哲學層次的共同願景類似教育宗旨或教育目的的提示，教育行政層次的共同願景則為行政績效的追求，教學歷程層次之共同願景則為各年級或各年齡層教育指標的策訂。「建立教育改革共同願景座談會」應該討論這三大內涵。

教育部在八十六年元月廿五日召開第二次「建立教育改革共同願景」座談會，筆者將前述之看法發言披露，已獲致多數同仁之贊同，或許三個層次之共同願景將逐次形成，作為所有教育同仁共同努力的指標。

在教育哲學層次及教育行政層次的共同願景，因為修訂教育宗旨，或修改憲法第一五八條條文的內容工程過於浩大，緩不濟急，似可用「口號式」或「標語式」的文字來替代，例如，教育哲學層次似可提出——「希望、活力、新新人類」供大眾討論決定，教育行政層次似可提出——「務實、計畫、有效率」供大家討論後確認。教學歷程之層次則別無選擇，趕緊成立任務編組，進行策訂各年級教育指標。

貳、策訂務實可行的教育計畫

「真正的教育改革，需要務實的教育計畫」，一直是筆者多年來的主張，目前的教育是有計畫的，我們稱為「計畫教育」，例如學制——六三三四制，學童何時入學，何時升級是有計畫的，教育的內容有課程標準之規範，也是有計畫的，師資養成必須達到教師專業的標準，也是有計畫的，其實當前教育的實體，

就是「計畫教育」的寫照。（鄭崇趁，民 84 年；本書第九篇，頁 75-77）

「計畫教育」的內涵隨著社會變遷與時代需求，必須適時調整改善，調整改善的具體措施端賴「教育計畫」的實施，因此，「計畫教育」與「教育計畫」具有相互依存的關係，「計畫教育」提供給「教育計畫」運作空間，而「教育計畫」扮演著不斷充實「計畫教育」內涵的角色，其間之關係如圖一。

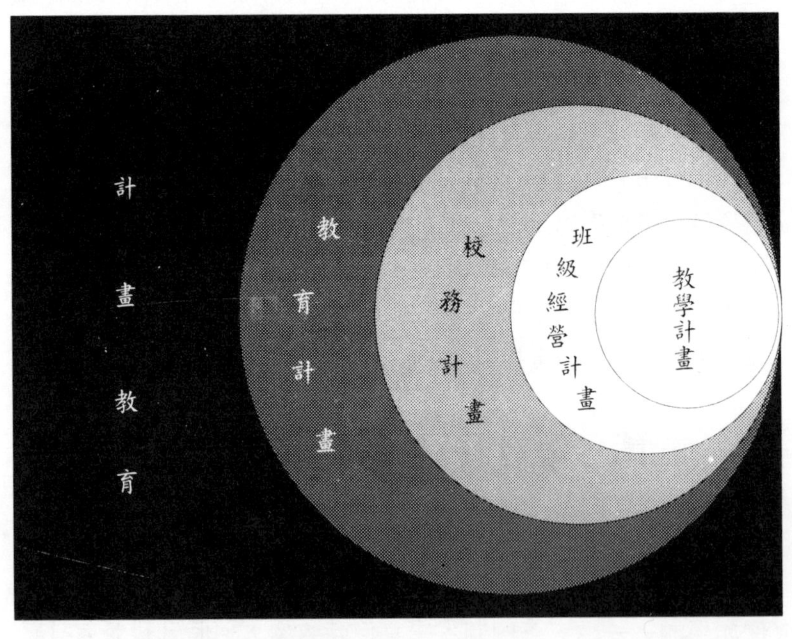

圖一 「計畫教育」與「教育計畫」關係

教育計畫最主要的功能在結合教育的理論與實際，也是改善計畫教育最重要的工具。當前教育改革呼聲高漲，代表著「計畫教育」的實質，確已無法滿足當前國人之需求，必須大幅謀求調整改善，也代表著近期之「教育計畫」沒有善盡其應有功能，對於具體教育內容的改進，趕不上國人需求的程度。

教育改革的理念與構想，必須透過務實可行的教育計畫始得實現，唯有務實的教育計畫，才能將崇高的教育改革理念，篩選可行策略，並逐一設定實施步驟與具體作法，落實到實際的教育領域來，創造新穎的「計畫教育」。真正的教育改革，需要務實的教育計畫。

叁、引進學習型行政組織

教育行政運作是教育改革重要環結，組織結構與成員心態也是影響改革成效的關鍵因素。當前最流行的行政組織理論——學習型組織，可在這方面提供教育行政運作具體參照。

學習型組織強調五項修鍊：自我超越、改變心智模式、建立共同願景、團隊學習，以及系統思考。「自我超越」強調透過學習，延續生命中的創造力，不斷超越自我，來達成或實現生命中真正想要達成的目標。「改變心智模式」強調去除習慣性的自我防衛，以開放的心胸去虛心接納別人的意見，探尋真知，作最佳決策。「建立共同願景」強調透過由下而上的程序，融合個人目標與組織目標策訂共同願景，使之成為組織成員共同關切焦點，產生強烈實現其願景的動力與希望。「團隊學習」強調組織成員必須全面參與學習進修，並透過「深度匯談」與「討論」協助成員成長與發展。「系統思考」則強調將前述之四項修鍊模式與系統思考相互結合，並以系統思考做為主軸來加以貫串運用，發展成為一個有學習能力的學習型組織。

學習型組織理論對於教育行政的啓示以下列四者最重要：

一、確立各階層教育共同願景

前已略述，今日教育改革呼聲之所以如此殷切，教育問題之所以人人能談，大家對於教育的看法又是如此的多元開放，主要緣由在於大家缺乏共同願景，在教育哲學層次，民國十八年所頒訂的教育宗旨，以及憲法一五八條條文均已不合時宜，但是國家的教育目標在那裡？迄未確立！在教育行政層次也亟待行政長官帶動規劃增進行政績效的指標，教學歷程層次則有待行政決策結合學者專家以及實務工作人員在最短的時間（二至三年）予以確立。

有明確的共同願景，大家才有努力的指標，大家也才知道為何努力，為什麼要努力，教育改革也才有實質績效可言。

二、教育行政單位及學校行政組織扁平化

傳統的階層式組織運作，雖有其功能與特點，然而隨著知識爆炸與資訊發展結果，已逐漸呈現時不我予之疲態，階層式的領導與溝通往往使組織實際運作失去時效，形成組織沉重負擔。證諸於現代企業管理實況，能夠透過「企業改造」，在現實環境中展露企業績效者，莫不將其行政組織扁平化。

行政組織運作扁平化強調兩個重點：㈠拆除不必要的階層，讓階層愈少愈好；㈡存在的各階層成員均有機會與最高首長直接

溝通，不會因為階層的隔絕，上下意見無法暢通。

直接運用在教育行政上，例如廢省即為最佳實例，往後學校與行政機關的運作僅學校→地方→中央三個階層，簡便迅速。學校本身為例，如果校長→主任→組長→教師→學生之階層暫不改動，校長今後之領導，則除了主要事務固定與一級主管（主任）討論外，一定要規劃適當的時間與組長層級，教師層級，學生層級的人直接溝通，如此才能統合整體訊息，作最佳決策或領導。

三、鼓勵全體教師及職工參與各項進修

學習型組織的特點，即強調組織成員全部處於進修學習之狀態，以學習進修的所得增進組織的活力與功能。就學校組織而言，學校的設立是為了學生，學生能否達成我們預懸的教育目標，主要的關鍵在教師。因此，全體的教職員工能否提昇素質，進入學習型組織狀態，全面參與進修，也是今後教育改革能否具有實質績效的重要層面。

四、運用系統思考處理教育問題

教育改革之後的學校，將展現開放、多元、自主的環境，有多元的組織單位（例如教師會、家長會、社區公益團體……等）共同參與經營學校事務，學校運作方式複雜多變，學生與教師問題隨時必須面對調整。因此，學校的領導者並非僅指校長或主任少數人，而是所有的老師或教職員工均是領導的一分子。凡是教育人員，其專業素養即應包括統觀的系統思考，教育人員必須具備整體的教育觀，全人的教育觀，能夠用高階的「普遍原則」來思考發生的教育問題，詳細評估造成教育問題的所有因素，分析

歸納最佳解決或因應對策。

至於實際運作層面可從兩方面著手，㈠依據學習型組織理念，營造全體教師學習組織氣氛，並規劃建立多元參與制度，有效引導面對變革，永續經營。㈡行政單位及學校必須有危機處理小組及各種任務編組的設立，以任務功能導向為目的，結合整體社會資源，系統處理隨時發生之教育問題。

肆、營造健康安全的校園環境

教育的對象是人，如何讓學生在校園裡順利的成長、發展是學校教育的最終旨趣。因此，教育改革最基礎的工作即在營造健康安全的校園環境。筆者曾兩度為文（鄭崇趁，民 85 年；本書第七篇，頁 42）強調，校園環境的內涵具有三個階層性的範疇，最狹義者指物理環境，例如學校的場地環境、空間設施、建築設備、教具教材等；中間階層者指與學生有關的心理環境，例如教師素質、教師觀念態度、價值觀、同儕氣氛、次級文化等；最廣義者為文化環境，指能夠影響學校運作的傳統潛藏因子，例如學校制度、組織結構、社會經濟背景之發展，社區民情風俗、典章制度等。

健康安全的校園環境其具體指標必須是：㈠本質上：符合基本設備標準。㈡歷程上：朝向積極多元運作。㈢成果上：展現活潑發展生機。因此，筆者曾建議：（鄭崇趁，民 85 年；本書第七篇，頁 41－57）

一、在物理環境的安全與健康方面

㈠適當的學校經營規模
㈡符合各級學校基本設備標準
㈢現代化的資訊教學媒體
㈣融合育樂休閒的空間設施

二、在心理環境的安全與健康方面

㈠具備專業標準的教師
㈡經營學校為闡揚教育愛的園地
㈢教師擁有豐厚輔導知能
㈣重視情意教學
㈤成立危機處理小組與師生申訴管道

三、在文化環境的安全與健康方面

㈠配合社會經濟發展實施福利導向教育
㈡規劃多元學制提供學生適性發展
㈢配合社區主義多元自主經營學校教育
㈣蘊育新新人類現代文明

就當前國內大環境而言，學校物理環境的經營已無大礙，祇要適度的經費投入，重視投資績效，各方面設施均可以達到基本設備標準以上程度。文化環境的改善較不容易著力，必須配合整體的社會經濟發展，學校的努力至多祇能帶動社會風氣的發展，而實質的效果較難彰顯。唯獨校園與學生有關的心理環境將是今後教育改革能否成功的最重要關鍵。（鄭崇趁，民 86 年；本書第二十五篇，頁 206）如若所有教師均能體認此一層面之重要，積極面對變革，參與進修，提升素質，運用開放多元的教學，帶動學生活潑自主的學習，經營一股祥和、希望、活力的校園氣氛，假以時日，教育改革的實績，將在學校校園內逐次展現。

伍、全面提升教師輔導知能

受到教育改革的衝擊之後，將來的教育型態勢必呈現開放多彩的局面，老師與學生之間的互動關係也將大幅的改變，老師的專業自主權增加，學生的選擇參與權增加，固定的約束與規範大幅放寬，從積極面看，教育的實質內涵展現活潑生機，但也有可能從此浮現美國五十年代的景象——弱勢膚淺的教育。

教改之後留給教師及學生更多的運用空間，這些彈性空白的時間如何有效運用？將是決定教改是否具有實效的關鍵，吳京部長曾明確提示，教改之後留給教師及學生的彈性空白時間需要由輔導來補足（85 年 11 月 8 日，吳部長頒與執行輔導計畫有功人員講詞）。也就是說，透過輔導工作的實施，有效輔導教師及學生如何來善用這些彈性，教師有能力也有意願自行規劃編製理想的教學活動時間，得使學生樂於追求加深加廣的學習。如此，方能承續整個教改的功能與益處，而避免無律無為的缺失。

全面增進教師輔導知能，讓老師全面參加輔導知能研習，能夠用輔導的觀念與態度面對學生，有效積極引導學生適應發展，乃當前教改的重要環節。因此，教育部、省市教育廳局、各縣市政府，應落實執行教師基礎輔導知能研習，辦理主題輔導工作坊研習，輔導學分班，以及輔導工作研討會。

（本文原刊載於教育部學生輔導雙月刊第 49 期，86 年 3 月）

2 學習型組織理論對於教育行政的啓示

壹、緒言——教育行政的改革是教育改革的首要工作

當前教改工作全面展開，但較少人從行政運作的立場來著力，好似教育改革是學校的改革，是老師與學生的改革，實是最大的偏頗。行政帶動政策與措施的實際運作，任何改革之實效，非強而有效率的行政無法實現。目前教育改革呼聲之所以如此殷切，從另一個層面而言，亦是傳統的教育行政無法發揮應有功能的現象，行政計畫對於實際教育的調整與充實，難以滿足國人的期待。因此，教育行政的改革是教育改革的首要工作，教育部、省市教育廳局、以及縣市教育局、各級學校組織結構與成員心態能否與新近的行政管理理論結合，同步成長，將是今後全面教育改革能否成功之重要關鍵。

「學習型組織理論」由管理學大師彼得杜拉克（Peter Drucker）及彼得聖吉（Peter Senge）發展而成，國內外大企業

的組織再造與企業革命，多來自學習型組織理論運用的貢獻。因此，在推動全面教育改革之際，學習型組織理論適可提供教育行政改革的脈絡。

貳、學習型組織理論的基本理念

學習型組織的定義，是指一個組織在動態的環境中，能夠快速因應變遷的需要，以創造力來掌握變遷的動向，以系統思考為綱，結合組織及成員的自我超越，改善心智模式，透過共同願景的建立，結合團隊學習的方法來達成組織目標。（Peter Senge; 1992；教育部，民85年）

彼得聖吉強調五項修鍊為學習型組織基本理念，包括自我超越、改善心智模式、建立共同願景、團隊學習，以及系統思考。其主要意涵如次：

一、自我超越

「自我超越」強調透過學習，延續生命中的創造力，不斷超越自我，來達成或實現生命中真正想要達成的目標。

自我超越的修鍊，從組織中的個人著眼，強調組織中的每一位成員均要有積極的心態，要有追求突破，邁向卓越的想法，不以當前的成就或績效即滿足，好要更好，從不斷自我超越的歷程中，提升個人對組織貢獻，增進組織的活力創化，讓組織的整體效能永續成長，非但不被時代所遺棄，更進而能夠帶動風潮，做時代之主人。因此，組織應該營造每一位成員自我超越的環境，提供成員進修機會，協助成員擬訂生涯計畫，建立合理升遷管道，鼓勵員工皆能不斷自我超越，帶動組織活潑生機。

二、改善心智模式

「改善心智模式」強調去除習慣性的自我防衛，以開放的心胸去虛心接納別人的意見，探尋真知，作最佳決策。

改善心智模式的修鍊，從思維方法著眼，強調組織成員判斷事務，必須跳脫傳統的窠臼，運用水平思考法，站在較客觀，多重而整體的立場與角度來思考，避免因個人的偏執或侷限，使認知判斷流於主觀。因此，組織必須鼓勵成員透過合作與討論來策劃組織的決策與各項具體措施，不使組織作為流於老套呆板。

三、建立共同願景

「建立共同願景」強調透過由下而上的程序，融合個人目標與組織目標，策訂共同願景，使之成為組織成員共同關切焦點，進而產生強烈實現其願景的動力與希望。

建立共同願景的修鍊，從組織目標著眼，強調願景（Vision）的形成，必須由組織成員共同策訂，其策訂的過程必須由下而上，使組織成員的個人價值觀及其對於組織的關切與熱望均有表達的機會，彼此互動，共同參與，逐層凝聚共議，既是組織的崇高目標，同時也是每個成員的共同願景，因為它是發自每位成員內心的意願，所以能夠孕育組織無限的創造力與驅動力。

四、團隊學習

「團隊學習」強調組織成員必須全面參與學習進修，並透過

「深度匯談」與「討論」協助成員成長與發展。

團隊學習的修鍊，從組織力量的整合著眼，強調組織成員必須同步成長，進修與學習不是少數人的事，也不是少數有潛力成員的事，而是要全部的成員均進入學習狀態，每一位員工均有邊做邊學的觀念與作法，並透過團隊合作，共同經營組織的成長與發展。因此，組織必須營造團隊學習的環境，規劃成員強迫進修學習的辦法，導引所有成員有機會，有管道進入學習狀態，並安排定期的「深度匯談」與「討論」，使參與之成員有機會經驗交流，摘取他人的學識經驗。團隊學習的修鍊將使成員及組織均能收到「他山之石可以攻玉」的效果。

五、系統思考

「系統思考」則強調將前述之四項修鍊模式與系統思考相互結合，並以系統思考作為主軸來加以貫串運用，發展成為一個有學習能力的學習型組織。

系統思考的修鍊，從問題解決的層面著眼，強調處理組織衍生之問題，必須以統觀的立場來考量，因應性措施與發展性措施兼重，既要發揮應急的治標功能（將問題有效處理），也要發揮長遠的治本功能（類似的問題不再發生）。因此，組織中需要有「危機處理小組」及申訴管道的建立，更重要的必須活用統整前述的四種修鍊，滋長孕育員工系統思考解決問題的能力與習慣。

參、對於教育行政的啓示

學習型組織理論的五項修鍊已如前述，目前這五項修鍊的原理原則，正逐步地影響及各行政部門。其中，對於教育行政之啓示，筆者以為，以下列四者最為明顯。

一、建立各階層教育共同願景

「建立共同願景」是學習型組織五項修鍊中的重要技術，強調組織運作透過一定的程序，為組織單位訂定一個大家共同努力的指標，這個指標必須十分簡短易懂，又能喚醒大家的共鳴。例如李總統競選總統時所強調的「尊嚴、活力、大建設」就是一個強而有力「共同願景」的描繪，陳水扁市長競選市長時所使用的標語——「希望的城市、快樂的市民」，用台語唸出來，也的確能反應台北市民的「共同願景」，所以他們都成功了。共同願景訂得好，可以激勵組織員工士氣，引導成員集中心力，共同為理想的指標奮進。（鄭崇趁，民 86 年；本書第一篇，頁 2−3）

如何建立教育的共同願景？可以透過「由下而上」或「由上而下」兩種程序進行，由下而上的流程必須由基層教育人員代表，透過分組座談提擬建議，逐層統整，統合充實，潤飾以成。由上而下的流程則可由教育首長、學者專家、教改團體代表、教師會代表、學生會代表、家長會代表等各提代表性的「共同願景文字」，付諸討論後決定。

就教育改革的範疇而言，約略可分為三個層次——教育哲學層次、教育行政層次，以及教學歷程層次。教育哲學層次的共同願景類似教育宗旨或教育目的的提示，教育行政層次的共同願景則為行政績效的追求，教學歷程層次之共同願景則為各年級或各年齡層教育指標的策訂。

在教育哲學層次及教育行政層次的共同願景，因為修訂教育宗旨，或修改憲法第一五八條條文的內容工程過於浩大，緩不濟急，似可用「口號式」或「標語式」的文字來替代，例如，教育哲學層次似可提出——「希望、活力、新新人類」供大家討論後決定，教育行政層次似可提出——「務實、計畫、有效率」供大家討論後確認。教學歷程之層次則別無選擇，趕緊成立任務編組，進行策訂各年級教育指標。

二、教育行政單位及學校行政組織扁平化

傳統的階層式組織運作，雖有其功能與特點，然而隨著知識爆炸與資訊發展結果，也漸呈現時不我予之疲態，階層式的領導與溝通往往使組織實際運作失去時效，形成組織的沉重負擔。證諸於現代企業管理實況，能夠透過「企業改造」，在現實環境中展露企業績效者，莫不將其行政組織扁平化。

行政組織扁平化強調兩個重點：

㈠拆除不必要的階層，讓階層愈少愈好。

㈡存在的各階層成員均有機會與最高首長直接溝通，不會因為階層的隔絕，上下意見無法暢通。

直接運用在教育行政上，例如廢省即為最佳實例，往後學校與行政機關的運作僅學校→地方→中央三個階層，簡便迅速。學校本身為例，如果校長→主任→組長→教師→學生之階層暫不改動，校長今後之領導，則除了主要事務固定與一級主管（主任）討論外，一定要規劃適當的時間與組長層級，教師層級，學生層級的人直接溝通，如此才能統合整體訊息，作最佳決策或領導。

最近教育部召開了兩次「建立教育改革共同願景座談會」，雖然尚未符合建立共同願景的內涵，卻提供了兩次基層工作同仁

直接面對部長，坦陳心聲之機會，再加上吳部長提供機會與同仁「共進午餐」（吃便當），可說是一種突破階層藩籬，直接溝通，組織扁平化的實際作為。

三、全體教職員工全面參與進修

從「自我超越」及「團隊學習」兩項修鍊而言，教育行政單位必須妥善規劃，鼓勵要求各級學校全體教職員工全面參與進修。就教師及職工而言，唯有透過不斷的進修學習，才能持續超越自我，創造符合時代需求之教育活動。就學校組織而言，也唯有鼓勵要求教職員全面參與進修，始能營造成員進入學習型組織狀態，發揮「團隊學習」應有之功能。

學習型組織的特點，即強調組織成員都處於進修學習之狀態，以學習進修的所得增進組織的活力與功能。就學校組織而言，學校的設立是為了學生，學生能否達成我們預懸的教育目標，主要的關鍵在教師。因此，全體的教職員工能否提昇素質，進入學習型組織狀態，全面參與進修，也是今後教育改革能否具有實質績效的重要層面。

目前學校教職員工之進修亦形成一種怪異現象，任教年資甚久，年齡高，亟需要進修的教職員工不願意進修；剛從學校畢業，任教年資淺，年紀輕者，刻意找機會進修。對於年資深不願意進修之教師，政府亦無法令要求其必須適時進修；對於初任教師者本須花較多時間在實際教學與輔導學生之際，卻搶佔機先，佔去了進修員額，進修的本質變成了提升自己學歷階層，而非實益於教學輔導之實際，行政單位亦祇能視若無睹。

解決之道須從三方面配合：

㈠訂頒教職員工強迫進修之法令，（例如）明確規定教師在五年之內，必須有十學分或三六〇小時之研習進修，否則未符合續聘資格。

㈡統整規劃各師院及大學開辦各種進修班別，結合省市、縣市進修機構及各校自辦進修活動，使所有教職員工祇要想進修，隨時可以參與。各項進修計畫、班次、時間及權責義務，學校應在學年度之初公布，提供教師擬訂組織的進修計畫依據。

㈢教職員工員額編制應將「進修員額」一併考量，教師依法參與進修時，學生之授課與輔導應由合格教師代理，不再聘未合格人員代課，避免部分學生家長及教師以「學生重要」為由，阻礙教師全面參與進修。

四、運用系統思考處理教育問題

系統思考的行政具有三項特點：

㈠組織成員具備統觀思考的能力，面對任何教育問題，能夠以整體的立場，掌握全面的狀況，分析真正的關鍵因素。

㈡當問題發生時，能夠運用有效的組織運作，整合集體的智慧，及時找出最佳解決方案。

㈢處理問題的結果能夠兼顧治標及治本，不但解決了當前危機，同時也能夠為將來的教育事業，奠定更為深厚的基礎。

教育改革之後的學校，將展現開放、多元、自主的環境，有多元的組織單位（例如教師會、家長會、社區公益團體……等）共同參與經營學校事務，學校運作方式複雜多變，學生與教師問題隨時必須面對並即時調整。因此，學校組織的領導者並非僅指校長或主任少數人，而是所有的老師或教職員工均是領導的一分子。凡是教育人員，其專業素養即應包括統觀的系統思考，教育人員必須具備整體的教育觀，全人的教育觀，能夠用高階的「普遍原則」來思考發生的教育問題，詳細評估造成教育問題的所有因素，分析歸納最佳解決或因應對策。

至於實際運作層面可從三方面著手：

㈠依據學習型組織理念，營造全體教師學習組織氣氛，並規劃建立多元參與制度，有效引導師生面對變革，永續經營。

㈡行政單位及學校必須有危機處理小組及各種任務編組的設立，以任務功能導向為目的，結合整體社會資源，系統處理隨時發生之教育問題。

㈢必須要求全面提升教育行政人員及各級學校教師之素質，教育行政人員及所有教師均需有完整的「教育哲學觀」，對於人的教育，全人的教育具備完整的看法，能夠用教育的原理原則統整各種教育現象與教育問題，以教育的專業素養領導教育改革之實際。

肆、實例評析

——教育部推動學習型組織方案暨執行計畫

教育部於八十五年八月十四日函頒「教育部推動學習型組織方案暨執行計畫」，並持續推動各項具體措施，是政府行政部門引進學習型組織理論之具體實例，值得加以推介評析。

「教育部推動學習型組織方案暨執行計畫」實際上可分為兩大部分：「方案」及「執行計畫」。「方案」類似中長期之行政計畫，內容包括「前言」、「基本理念」、「具體措施」、及「預期效益」四部分，重點在於對學習型組織理念的分析與具體措施之規劃。「執行計畫」則與行政上之「實施計畫」一致，內容包括「依據」、「目標」、「執行單位」、「執行方式」、「經費預算」、「成果報告」、及「執行成果之獎勵」等七部分，重點在對於「方案」中所提到之「具體措施」進一步規範「執行方式」。

因此，「教育部推動學習型組織方案暨執行計畫」在推動下列具體措施：

一、規劃舉辦學習型組織系統之研習會。
二、鼓勵成員不斷追求自我超越，積極參與研究發展創新。
三、透過各種學習及演練，運用「深度匯談」或「討論」，改善成員心智模式。
四、規劃團隊學習活動。包括：
㈠本部政策發展會議（部長主持，隔週一次）
㈡本部部務會議（部長主持，隔週一次）
㈢擴大部務會議（部長主持，每月一次，含館所主管）
㈣本部行政事務會議（次長主持，不定期集會）
㈤各司（處）務會議（司處長主持，隨時集會）
㈥科長業務座談會（部長主持，三個月召開一次）
㈦基層人員座談會（次長主持，半年一次）
五、建立機關共同願景。
六、舉辦進修研習活動。包括：
㈠精選人員參加行政院提供之各項訓練進修活動。

㈡定期邀請學者專家作系列專題演講。

㈢視需要舉辦危機管理、時間管理、積極文宣等研習會。

㈣強化學校行政人員訓練，逐步提升管理領導素質。

㈤派員參加民間與業務相關研習活動，吸取民間的經驗。

㈥以本部各單位為單元，舉辦專書閱讀報告。

㈦精選績效優異之中階同仁出國作短期研究考察，以吸取先進國家經驗。

七、配合教育改革檢討建議人事大幅鬆綁，擴大人事授權。

八、推動組織再造。

教育部推動學習型組織方案以來，最大的成效有三：

㈠中高階主管均參加了學習型組織研習三天，從科長級以上主管對於學習型組織之理念已能掌握，能夠領導教育部員工逐次進入學習型組織狀態。

㈡舉辦了兩次「建立教育改革共同願景座談會」，雖然尚未策訂出具體的共同願景，但是已經產生了直接溝通，大家共同面對問題，有系統地思考處理教育問題模樣。

㈢團隊學習與自我超越的觀念已逐漸進入成員內心，普遍重視生涯規劃，參與各項進修研習，為學習型組織奠定基礎。

然而推動的過程也出現了一些有趣的課題，顯示實際運作與理論原理結合上的困難，諸如：

㈠願景與怨情

在兩次的「建立改革共同願景座談會」中，部分同仁忘卻了建立共同願景的旨趣，淨提一些事務性的教育問題，類似吐露怨情的座談會，談不上建立共識與遠景。

㈡進修與瀆職

在職進修係學習型組織的一大特色，教育部員工要進入學習型組織的運作型態，必須有多數成員透過各種管道在職進修。最近卻發生了部內員工匿名檢舉三十八位進修國內碩士、博士員工揩公家油，浮報差旅費、不當兼課、耽誤公務，形同瀆職，並由監察院展開調查。進修而有瀆職之疑慮，大異其趣。

㈢活力與窮忙

吳部長不斷的鼓勵大家要動起來，隨時展現活力與希望，教育改革的點子一項一項推出，大家窮忙一團，但是到底在忙什麼？共同的願景在那裡？我們到底要往那裡走？迄今無人知曉。活力就是希望，沒有目標的活力卻是窮忙。

這些有趣課題的出現，說明了學習型組織理念在實際行政組織運用之不易，但也提醒了教育部同仁有必要再接再厲，深入掌握學習型組織理論之精髓，共同帶動組織的變革與再造。

伍、結語——學習型行政組織的建立是教育改革的基石

學習型組織強調五項修鍊：「自我超越」、「改善心智模式」、「建立共同願景」、「團隊學習」、「系統思考」。在教育行政上的重要參照有四：「建立各階層教育共同願景」、「教育行政單位及學校行政組織扁平化」、「全體教職員工全面參與進修」以及「運用系統思考處理教育問題」。

目前教育部已策動了「推動學習型組織方案暨執行計畫」，從行政組織進行改造，希望透過組織再造，達成當前教育改革的神聖使命，學習型行政組織的建立是教育改革的基石。

（本文原刊載於教育部學生輔導雙月刊第 50 期，86 年 5 月）

參考資料

1. Peter M. Senge（1992）；郭進隆譯（民 83 年）。**第五項修鍊——學習型組織的藝術與實務**。台北：天下文化。

2. 教育部（民 85 年）。**教育部推動學習型組織方案暨執行計畫**。教育部 85 年 8 月 14 日台(85)人(二)字第 85516825 號函頒。

3 「真正的教育改革」需要「務實的教育計畫」

「教育改革」已成為當前國人最為關注的課題，行政院有「教改會」，台北市及高雄市相繼成立「教審會」，民間單位也不斷提出有關教育改革之意見。「四大訴求」、「鬆綁」、「回復教師尊嚴」等呼籲相繼出籠，可謂百家爭鳴，百花齊放，教育的園地，蘊育著一股蓬勃生機，似乎展現了璀燦光明的遠景。

惟迄至目前為止，筆者所看到的、聽到的，多祇是一些類似「口號」的改革理念，並沒有真正的具體做法。筆者深以為憂，因為「教育改革」如果僅停留於理念層次，沒有推出具體可行的措施，沒有讓改革的內涵在既有的教育環境中產生變化，則不能稱之為真正的改革，它與「空談」相去不遠。

教育的實施，需要根據教育理念，根據教育的原理原則，但如何在現實環境中，忖度各種條件，推出適合環境需求，又符合教育理念的具體可行措施，則需要藉助於「教育計畫」。因此，「教育計畫」最主要的功能在結合教育理論與實際。

配合著人類文明的發展，目前的教育現況，已充分展現了「計畫教育」的完備型態，例如我國六三三四學制的實施，各級學校課程標準的設定，師資培育制度的規範，甚至於教學方法的傳承等，都是具體的實例，這說明了「教育是有計畫的」，它是傳統價值的折衷，也是先賢智慧的累積，不是一般不瞭解教育人士所直覺的那麼「膚淺」。

「計畫教育」的內涵必須配合時代需求與順應社會變遷，適時調整改善，而具體的調整改善方法與步驟，端賴各種「教育計畫」之擬訂與執行。因此，「計畫教育」與「教育計畫」之間具有相互依存的密切關係，「計畫教育」提供給「教育計畫」運作空間，而「教育計畫」扮演著不斷充實改善「計畫教育」內涵之角色。

「教育改革」呼聲愈高，代表著「計畫教育」的實質，已無法滿足當前國民之需要，必須大幅謀求調整改進，也代表著近期之「教育計畫」沒有善盡其應有功能，對於具體教育內容的改進，趕不上國民的需求程度。

追根究底，今日之所以存在著諸多教育沈疴，乃「教育計畫」沒有做好所致。教育行政單位人員普遍缺乏完整「教育計畫」知能，擬訂之各種中長期教育計畫十分粗糙，欠缺統整性與關鍵性，以致教育行政人員至為忙碌，而教育改革的幅度仍然難令大眾滿意。

正本清源，「教育改革」的理念，必須藉助於「教育計畫」始能實現，唯有「務實的教育計畫」，才能夠將崇高的教育理念，篩選可行策略，並逐一設定實施步驟與具體做法，落實到實際的教育領域來，創造新穎的「計畫教育」。

為了避免各項教育改革的呼籲流於「空談」，各項改革之運作，應適度配合相對「教育計畫」之擬訂與執行，教改的行列要有教育計畫專業知能人員一起投入，也更需要積極培訓教育計畫人才，使之有能力從各個層面擬訂「務實的教育計畫」，實現「真正的教育改革」。

教育事業人人關心，教育改革人人會談，教育計畫是改革內涵的具體實踐，卻不見得人人能懂。因此，教育改革的領導人（諸如：教改會、教審會委員、民間團體負責人），亦應具備「教育計畫」基本知能。要不然，我們將一直看到教育改革的花朵，卻見不到教育改革的果實。

（本文原刊載於教改通訊第八期，84 年 5 月）

4 教育改革中的深層問題與對策

國內的教育改革已持續經年，四五年來的表現實已超過美國、日本當年熱衷於教改的程度，目前教育部已成為名符其實的「教改部」。

然而就當前教育部所提出的各項教改措施，參照行政院教育改革審議委員會八十五年所提出的總諮議報告，以及民間團體之間的看法觀之，仍然各彈各的調，欠缺共同的基調。

這一連串的改革浪潮中，何以人心鼎沸而沒有共識？何以每個團體所提出的意見看似自成一套，言之成理，而終未歸納出可行務實的措施？背後似有更深層的涵意，值得我們反省：

一、精英分子的歧異太大，教育哲學解體

「精英分子」是社會改革的動力，也是引導人類文明發展的舵手，現在國內談教育改革的人，都是當前國家社會之精英，但是這些精英之間，彼此的歧異太大，幾年來的互動看不出共識。這代表著「教育的基本原理——教育哲學」面臨解體，沒有能力統合發展教育實際，所以人云人殊。勉強往積極一面來思考，此

一現象也代表著，國內的教育面臨社會變遷的衝擊之後，新的教育哲學尚在重新調整，逐步形成之中。我們似應以平常心予以面對，但我們實不希望此一時期太長，紛亂的時間一長，教育的內涵將更顯得無根而缺乏績效。

二、缺乏統觀人才，人文主義受到嚴重扭曲

教育改革要真正落實，必須以宏觀之角度，整體考量所有教育實際，找出關鍵問題，再以微觀之立場，規劃此一問題可行的解決措施，在解決片面問題之同時，也要謀求其對於整體教育環境能夠產出最好的影響。而非所謂「頭痛醫頭，腳痛醫腳」，但整體來看卻是「傷痕累累，長期在復健中的病人」。也就是說，我們要的，我們希望看到的是「教育改革持續進行，教育的巨人一日比一日健康茁壯」。

今日提出教育改革意見之人，多數以人文主義思想做護身符，然而隨便對單一的教育現象發表改革高論，不完全了解整體教育實際，更缺乏統觀的器識與遠見，甚至於何謂「人文主義教育」？毫無素養。人文主義受到嚴重的扭曲、誤用、無補於教育實際。

三、教育行政單位缺乏教育計畫專才，計畫行政之成果未讓國人滿意

教育計畫做得妥適，它是結合教育理論與實際的最佳工具，如果教育行政單位能順應社會變遷與時代需求，適時推動各種中長程教育計畫，應能夠順勢改善教育體質，以教育的有效實施，傳承創造文化，帶動新文明（或曰新新人類文化）的來臨。

當前教育改革需求殷切，代表著近期的教育計畫並不理想，不能有效發揮其補強教育實際之功能，計畫行政成果未讓國人滿意。「務實可行的教育計畫」何以未能及時不斷地產出，究其原因，教育行政單位普遍缺乏教育計畫專才，無法成功地扮演此一角色功能。這一層面問題，值得領導階層人員留意。

四、教育人員抗拒改革心態長期存在，抵消行政作為功能

學校組織具有模糊、不確定之特質，學校教師受到最大的尊重，行政上的約束也最少，「教育改革」要有實效，是否能夠真正改善各級學校教師之「心態」最為關鍵。

近年來教師真正支持改革措施而直接參與的比例並不高，顯見教育人員抗拒變革的心態依舊存在。有相當比例的教師，他們自師範院校畢業之後就直接進入中小學扮演起教師的角色，用以前接受教育的過程與心得教給學生，數十年如一日。社會快速變遷，學生需求有所不同，老師們很難察覺，也從未設法改善，政府推出的相關措施大都不甚清楚，亦不願意去瞭解、思考，總認為倡議改革的人士在胡鬧，而教育行政單位被牽著鼻子走，到頭來大家空忙一場罷了。如此之心態，嚴重地抵消行政作為功能，是以改革之進程至為緩慢。

面對當前教育改革歷程上的弊端，筆者以為有三個方向，似可產生更為積極的效應：

一、如何激勵各級學校教師士氣，讓他們能以「教育」爲其終身「志業」，進入學習狀態，形成學習型組織，願意面對當前的教育環境，願意面對改革。

二、教育行政機關要積極培訓「教育計畫」專才，使行政人

員中，有更多的人能夠以「統觀」的角度，結合「改革理念」與「務實做法」，擬訂具體可行的「教育計畫」，逐次促動教育實際的變化，達成真正的教育改革。

三、儘速建立教育改革共同願景，運用願景文字的描繪來提供大家共同努力之方向，以彌補當前教育哲學的薄弱，並結合菁英分子的歧異觀點。

（本文原刊載於師說月刊第121期，87年9月）

5

國民教育的當務之急

——基本設備標準的擬訂

壹、追求「質」的均等

國民教育與其他各階層教育最大不同的地方，在於「教育機會均等」理想的追求與實現。「教育機會均等」的意涵有二，一指「入學機會」的均等，祇要是國民，無論男女、賢愚、貧富、健全或殘障……都要有平等的就學機會；二者指「受教過程」的均等，各地的國民中小學應該提供相同的教育。前者亦可稱為量的均等，後者則為質的均等。

就「入學機會」的均等而言，國內之情形已十分理想，根據教育部八十一年教育統計顯示，目前國民小學學齡兒童之就學率已高達百分之九九．九○，國民中學學生在學率亦已達百分之九八．四三，祇要在「中重度殘障學生」的就學，及「中途輟學學生」輔導復學兩方面再予加強，則距離「全民教育」之理想已十分接近。

就「受教過程」的均等而言，其指標以「師資」及「設備」

最為重要，國內各國民中小學無論其地處偏遠鄉間或繁華城市，無論其規模大小，均應具備相同水準的教師及符合標準的設備來為學生服務，始能合乎「受教過程」均等的理想。在「師資」方面，經過政府多年來的努力，「國中教育學分班」及「國小師資班」長期辦理以來，偏遠地區代課老師的數量已大為減少，合格教師比率不斷提升，如果能繼續發展到正式教師員額編制中包括「預備代課的合格教師」（例如兵缺或教師進修、長期病假的代課老師，均由合格的教師擔任。）似亦已達應有的水準。

貳、設備標準立意太高，形同虛設

在「設備」方面，目前教育部的做法則大有可議之處，目前教育部公布實施的「國民小學設備標準」及「國民中學設備標準」均係採「高標準」訂定，並非「最低標準」或「基礎標準」，是一種「理想標準」的引導。而實際上少有學校真正的達到標準的規定，雖有「立意甚高」的優點，但也造成了大多數國民中小學設施都沒有達到標準規定的缺失，「標準」形同虛設。

因此，筆者認為國民教育的當務之急，即教育部、教育廳局之行政人員必須調整其對「設備標準」之認知與看法，迅速擬訂國民小學及國民中學「基本設備標準」，運用「基本設備標準」有效規範國民中小學基本設施，並透過「計畫性」的措施，讓所有國民教育的學校在短期內都達到設備標準的規定，以落實「教育機會均等」的理想。

「基本設備標準」的擬訂，硬體方面必須規範每位學生的基本空間、基本使用教室面積，並依學校規模（班級數）之大小規範基本的普通教室、專科教室、運動場、活動中心、衛生設施……的數量與必要配備。軟體方面對於「正式課程」所列各科目需用的基本教材教具、實驗實習機具、影視媒體等均必須有所規定。

「基本設備標準」不宜懸的太高，應以「多數」學校可以做到或透過政府「計畫性」補助，三到五年之內讓全體國民中小學都可以達到此程度為宜。

叁、有效運用中央補助經費

最近教育部及教育廳曾為「中央補助地方國民教育經費」之如何使用而大傷腦筋；其間曾有按「學校發展計畫」核算補助經費額度之議，今年實際補助之執行，亦參採了其基本精神（按縣市國中小人事費及班級數之平均核算縣市補助額度後，再由教育廳協同縣市政府參酌學校發展計畫撥補各校執行）。則「基本設備標準」的早日擬訂更為重要，今年各校所提的「學校發展計畫」缺乏共同的「基點」，有的規劃根據的「標準」過高，有的偏低，實不能採擇。

國民中小學「學校發展計畫」應先評估未來五至十年社區人口流動情形，以學生就學人數之消長確定學校發展規模，再以適當規模（如二十五班至三十六班或三十七班至四十八班）的「基本設備標準」做為基礎來規劃「學校發展計畫」，「學校發展計畫」經審查核定後，教育部、廳、局三級教育行政單位則有義務在三至五年之內，有效運用「中央補助地方國民教育經費」促使全國各國民小學及國民中學都達到標準的規定。

屆時，我們就可以豎起大姆指說，我們所有的國民中小學在「設備上」都達到了「基本設備標準」的水準，國民接受教育過程的「質」是均等的。

（本文原刊載於師友月刊第 314 期，82 年 8 月）

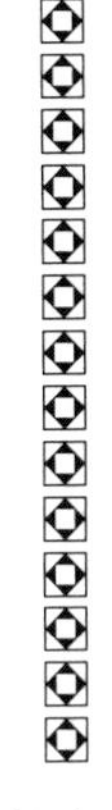

6 國民教育法的修訂應反映國民教育的理想

國民教育是其他階層教育的基礎，因為國民教育的成敗，攸關其他階層教育的發展，各國莫不賦予與其他階層教育不同的內涵。在我國，特別稱之為「國民教育」，也就是說，它是人人都必須接受的教育，是全民的、普通的、基本的教育，而它的理想則是「教育機會均等」的實現。

「教育機會均等」的主要意涵包括：「入學機會的均等」、「受教過程的均等」、以及「適性發展的均等」三個層次。而在教育的實際上則有：「全民教育」、「標準教育」、「多元教育」、及「卓越教育」之追求。（本書第十一篇，頁 83-88）

立法院國民教育法之修訂已進入二讀程序，筆者因職務關係，多次有幸參與協商與討論，倍感榮幸，然經多次之討論會議下來，總覺得整個國民教育法的內涵，前瞻性不足，未能適度反映「國民教育應有的理想」，亦至感惋惜。本文之主要目的在強調，一個國家的社會經濟背景發展至相當程度之後（例如國民所得超過一萬美元），其國民教育法規範之內涵應更具有前瞻性，應能適度反映教育機會均等的理想。下列四點似可以優先予以納入考慮：

一、落實免費教育，規劃福利導向國民教育內涵

國民教育是用國家稅收來辦的教育，是免費教育，接受國民教育的國民應免繳任何費用，包括學費、雜費、書籍費、簿本文具費用等等，目前我國國民教育祇免繳學費，其他諸費多以「代辦費」方式向學生索取繳庫。如此之設計，充其量祇是「半免費」的國民教育。也就是說國民教育所強調的崇高精神，在我國僅實現了一半，空有傲人的經濟成長。相對於近幾年社會福利法令的成長，亦顯得失衡。

筆者以為，新修訂之國民教育法，不但應調整貫徹「免費」之內涵，更應朝向就學福利上規劃。免再繳「書籍費」、「雜費」及任何的「代辦費」，並且提供就學學童營養早餐、營養午餐、牛奶、點心等營養品，家離學校較遠的提供交通工具，必要時更提供住宿服務。惟有朝向福利化國民教育，對於文化不利地區之國民，才能確保其受教機會之均等。

二、規範基本設備標準及基本學力標準，建立「標準化」國民教育

基本設備標準的設定與充實，可以確保學生「受教過程」上之均等；而基本學力標準的訂頒，可以順應多元化個別差異，使不同的教育型態均能殊途同歸，達到一定的學力水準。此兩項指標之規範，象徵著政府提供之國民教育基本水準，前者係「輸入」的水準，後者為「輸出」的水準，惟有在「輸入」與「輸出」之間均有妥適要求，才能真正闡揚教育機會均等的內涵，也

才能照顧到個別差異之下的均等。

三、設置專任輔導教師及專業輔導人員，專責輔導適應困難及行為偏差學生

近年中途輟學學生、校園暴力、學生自我傷害、厭學、拒學之情形已普遍引起社會關注，在功利導向的社會環境下，在家庭功能日益式微的現實下，國民中小學學生適應困難及偏差行為日趨嚴重，必須有專任輔導教師及專業輔導人員的相繼投入，結合整體社會輔導網路資源共同協助這些學生，始能收效。專任輔導教師及專業輔導人員之法源基礎，亟待此次修訂國民教育法時予以納入。

四、不妨實驗彈性學制，增益適性發展之均等

國民教育的沉疴其來有自，很多困難原本就來自制度的不合時宜。修法的過程，如能賦予「體制」之運作更富彈性，或可以為困難重重的國民教育現狀注入新的生命力。例如，長期以來六年的國小及三年的國中，總讓人覺得國小過於鬆散而國中太過緊繃，筆者十分服膺教育家孫邦正先生之建議，將學制逐步調整為五四制，或擴大實驗，如此可以減少國小一年的浪費，並增加國中階段的適應期，對大多數學生而言應較合宜。

筆者以為，此次國民教育法修訂，立法院允宜把握「邁向十年國教」及「五四制學制」基本精神，統整考量後，賦予地方嘗試不同學制之更大權限，靈活國民教育體制，以確保國民在適性發展上之均等。

法令之消極功能在規範現況，積極功能則在引導發展。社會

經濟發展達到一定水準之後，國民教育法的修訂，應從消極的功能轉換為積極的功能（因為我們已經可以做得到）。此次立法院修訂國民教育法，似乎可再考慮筆者上述四點建議。

（本文原刊載於師説月刊第 121 期，87 年 9 月）

7 營造健康安全校園環境之整體策略

壹、校園環境的內涵

為學校師生提供一個健康安全的校園環境，才能維護正常教學運作，達成學校教育目標。營造校園環境的安全與健康，全校師生均有責任，尤其是領導者——校長更應有所體認。

從鉅觀的立場來看校園環境，約可分為重疊的三大階層：物理環境、心理環境、文化環境，結構如圖二（見下頁）。

物理環境指學校的場地環境、空間設施、建築設備、教具教材……等有形具體的實物環境。

心理環境指與學生直接互動關係的「人」之層面，例如教師素質、教師觀念態度、價值觀、同儕之間組織氣氛……等。

文化環境則指影響學校運作的傳統潛藏因子，例如學校制度、組織結構、社會經濟背景之發展、社區風俗民情、典章制度……等。

圖二　校園環境的內涵

貳、健康安全的指標

健康安全係規範性名詞，具有引導作用，卻不容易明確界定，筆者嘗試從「程序」層面——「本質、歷程、成果」設定其指標，以彰顯其具體內涵。

從「本質」上來看，健康安全的校園環境，其所有的設施必須符合師生最基本的需求標準，起碼的空間面積，學習所需的「標準」配備，人員互動的基本素養，合理的制度與組織運作模式等。物理環境、心理環境、文化環境三大階層均須符合「基本標準」以上。

從「歷程」上來看，健康安全的校園環境，其必須是豐富便捷，能充分順應個別差異，既能符合團體活動所需，亦能便利任何一位教師教學或任何一位學生個別學習上之需要。因此，它是以「安全」為基礎，「朝向積極多元運作」，以積極多元運作過程，增進「健康」的實質內涵。

從「成果」上來看，健康安全的校園環境，展現活潑發展生機。環境之內的師生充滿著愉悅與信任，教學過程能夠充分運用學校豐沛多元的設施，彼此之間更能夠相互激發，創造更精彩的成果，學校本身是社區的核心，同時也是引導社區文化發展的先鋒。校園的整體環境，是一個有機體，它已經超越了健康安全的層次，展現了活潑發展的生機。結構如圖三。

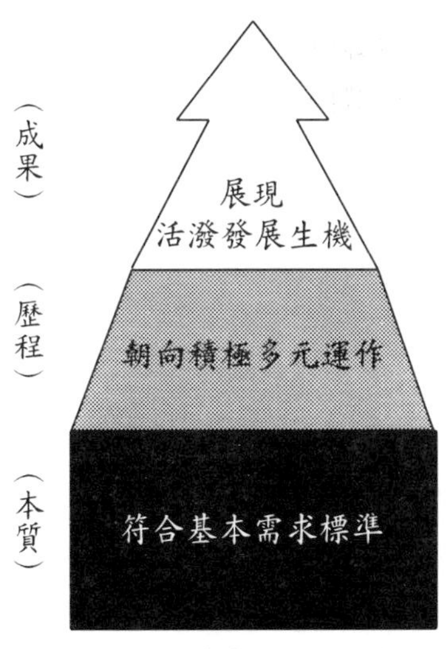

圖三　健康安全的指標

叁、物理環境的健康與安全

就整體的校園環境而言，物理環境是最基礎核心的一環，也是以往談論校園環境最狹義的一面。配合我國社會經濟之發展，當前校園環境設施，「安全」的水準已多能符合，得就「健康」層面的提升，豐厚「安全」的指標。

基於此一觀點，下列四項有助於改善當前校園之物理環境：

一、適當的學校經營規模

最近，民間教育改革團體高唱「小班小校」，教育部也給予具體回應，在中華民國教育報告書（俗稱教育白皮書）中承諾，至公元兩千年時，將降低國民中小學學生人數至每班三十五人以下。但民間教育改革團體仍不滿意，要求再降至每班三十人以下，並且要求「小校」。

也有人批評本國教育界的怪現象——大學太小，小學太大（或者大學不夠大，小學不夠小）。此一不合理現象之產生來自兩大因素：

㈠國家以往的社會經濟發展無法配合整體的教育需求，各階層的教育均未得到應有的經濟支持。

㈡以往教育發展缺乏「教育經濟規模」上之考量，未能以最經濟、最有效率之指標，引導設校發展。

因此，今後新設學校，或者各級學校發展方向，應朝向適當的經營規模，中小學太大者逐次減收學生，太少的則逐步併校或廢校，以理想的學校規模，增益辦學績效。

中小學理想的學校經營規模大致如表一：

班級數	
國小	24 班至 48 班
國中	36 班至 60 班
高中	36 班至 72 班
學生人數	
國小	800 人至 1200 人
國中	1200 人至 2000 人
高中	1500 人至 3000 人
班級學生人數	
國小	20 人至 36 人
國中	20 人至 40 人
高中	30 人至 50 人

表一　理想的學校經營規模

二、符合基本設備標準

國民教育是基本教育，是全民均應強迫接受的義務教育，同時也是政府有「義務」要貫徹執行的教育。其最崇高之理想乃在實現「教育機會均等」的理想。「教育機會均等」之意涵，主要在於「受教機會」之均等與「受教過程」之均等，目前我國國民中小學學齡兒童就學率已接近百分之百，「受教機會」均等大致已然實現，唯城鄉之間，校與校之間「師資素質」、「設備水準」仍有落差，影響及學生「受教過程」均等之實現。實是政府最應努力之方向。

尤其在「設備」方面，目前教育部所頒「國民小學設備標準」及「國民中學設備標準」，均係「高標準」，對於各校發展具有參考作用，卻無補於實益，因為其為高標，各校有否達到，政府沒有「必然」責任，在「彈性」支援學校發展之下，城鄉學校設備水準落差太大，影響及「受教過程」實質之均等。

筆者認為，國家應重新考量國民中小學設備標準，以三至五年內國家社經發展可能指標為依據，擬訂「基本設備標準」，透過具體中長程計畫，逐步調整充實各校，使每一學校至少在設備上均達到「基本設備標準」以上，才能實現「受教過程」上的均等。

三、現代化的資訊教學媒體

今日世界已進入資訊時代，資訊科技之發展充實了整體文化內涵，在教育的領域中，資訊媒體在教學、輔導、研究、服務上之功能日益重要，也徹底改變了教學型態。因此，在學校的基本設施中，必須配合資訊媒體的發展，擁有豐富而多元的資訊教學媒體，諸如電腦、電話語音系統、錄音帶、錄影帶、影碟（LD）、雷射唱片（CD）、電視、錄音機、投影機、幻燈機、雷射唱機、套裝軟體、電腦教室、視聽教室……等。電腦必須與學術網路連線，透過網路運作，讓學校教學資訊與世界學術資訊同步，所謂「掌握資訊，即掌握世界。」「掌握資訊，才能做文化的主人。」教育領域內的教與學尤為需要。

四、融合育樂休閒的空間設施

當前之校園環境已不祇是學習場所，它必須兼顧師生運動休閒上的需要。以「教」「學」為主，融合育樂休閒的空間設施應考量下列四大原則：

㈠整體之美

整體環境設計必須經過「統觀」之考量，能夠兼顧各方面需要，但整體來看有秩序之美、完整之美。

㈡分區自主

多功能的校園要有區隔，教學區、宿舍區、行政區、運動區必須分別規劃，統整考量之下，分區自主，又能兼顧育樂休閒需要。

㈢多元運用

例如「視聽教室」平時供教學、演講之用，節慶假日則可提供學生遊藝比賽、歌唱比賽、影片觀賞等使用。

㈣精緻安全

多功能的校園設計最忌喧賓奪主，或者形成怪異醜陋的風貌，不管要使用的功能有多少，仍然要遵守「安全第一」、「精細雅緻」為尚，否則乃須以主要功能之彰顯為主，必要時應刪減其它功能。

肆、心理環境的健康與安全

校園中的心理環境以教師及學生之間互動氣氛為主，而師生之間關係又屬階層性人際關係，主導的核心在教師，所謂「有怎麼樣的老師，就有怎麼樣的學生。」校園心理環境之經營應由教師素質及相關行政運作著手，下列五項最為重要：

一、具備專業標準的教師

「教師」是一門極為特殊的「行業」，因為教師經營的對象是人，是直接對人的啓導教化，不同於其他行業。教師必須具備專業資格。

劉真先生在「教育家與教書匠」一文中，對於「經師的條件」與「人師的精神」有精闢的闡述，迄今教育界同仁仍以之為典範。劉先生主張，經師的條件有四：㈠法定的教師資格，㈡豐富的教材知識，㈢純熟的教學方法，㈣專業的服務精神。而人師者，除了具備經師之條件外，更須具備四種精神：㈠慈母般的愛心，㈡園丁般的耐心，㈢教士般的熱誠，㈣聖哲般的懷抱。

配合教師法及師資培育法的規範，更具體地歸納，中小學教師之專業標準約有五項：

㈠大學畢業以上之基本學歷。

㈡修畢教育專業學分。

㈢輔導與實習之經驗。

㈣不斷地在職進修。

㈤熱愛學生。

前三項為法定的基本要求，後兩項則屬精神態度層面，中小學教師必須同時兼備，始能符合專業標準。

二、闡揚教育愛的園地

校園環境是教育專業的場所，教育專業為其他專業領域所無法取代，長期尊重者，在於「教育愛」的存在。教育愛指的是教師對於自己的學生無條件、不求回報的愛。除了教學以外，願意協助那些需要額外協助的學生。

教育愛除了無條件、不求回報之外，同時也是「有能力的愛」，亦即老師對於學生的協助，確能產生效果，能夠引導學生面對問題，排除困境，跳脫挫折陰霾，邁向積極層面成長發展。

安全健康的校園環境，到處可以看到「教育愛」可歌可泣的史實，它的本身即為闡揚教師大愛的園地。

三、教師擁有豐厚輔導知能

所有的教師均能夠對學生提供「有能力的愛」並不容易，「教師的大愛」必須有基本的素養，愛人的觀念與態度，更須以豐厚的輔導知能為基礎。身為教師，為了確保對於學生的協助是符合其需要，真的能夠解決其問題，能發揮積極性的引導作用，必須不斷地參與在職進修，增進輔導知能。

教育部推動「輔導工作六年計畫」及「青少年輔導計畫」，其中四項工作針對教師輔導知能之提升而規劃，㈠辦理基礎輔導知能研習（中小學教師至少三十六小時；大專院校教師至少十八小時），㈡主題輔導工作坊（實用性輔導技巧），㈢輔導學分班（二十學分），㈣教育專業學分增列輔導原理為必修學分之一。

四、重視情意教學

青少年問題日愈嚴重，校園暴力問題層出不窮，不少學者指陳，現代年輕人「對己不克制，對人不感恩，對事不負責，對物不珍惜。」此一現象呈現了當前教育上的偏差——祇有知識，沒有情意。青少年人格的發展，沒有得到健全的啓導。

營造健康安全的心理環境，教師必須重視情意教學，結合輔導知能，配合各科內涵，從引起動機，知能傳習，到態度觀念的蘊育，均以「人性」的啓導為依歸，以教育「人之所以為人」為最高旨趣。

情意教學的指標約略如次：

㈠愛人的

喜歡人之所以為人，不但愛自己，也愛別人，樂與他人相處共榮。

㈡積極的

面對世事，雖有困厄艱難，終能以積極心態，朝光明正義層面運作解決。

㈢方向的

瞭解自己興趣性向，選擇畢生志業，清楚自己將來發展方向，不致盲目生活。

㈣負責的

任事盡職，擔當成敗與風險，不會委過求功，投機致益。

㈤奉獻的

具有己立立人，己達達人之胸懷，樂於助人，行有餘力，奉獻於公益事業。

五、成立危機處理小組與師生申訴管道

校園事件時常發生，每一事件常關及師生生命之安全及氣氛之健康與否，係學校運作之危機關鍵時刻，若無妥適因應處理，往往傷害至大。面對偶發重大事件，已不宜由教師、主任或校長

個人單獨處理，學校應成立「危機處理小組」藉由眾人的智慧緊急應變，較能周延。

危機處理小組主要成員除包括校長、主任外，應有教師、訓輔人員、家長會、社區人士、學者專家代表參與，必要時尚須向外尋求支援。

危機小組之主要功能在：㈠瞭解緊急事件之真實情況，㈡掌握關鍵因子，㈢共謀解決策略，㈣規劃處理程序，㈤執行處理過程，㈥隨時調整策略。以上述功能之發揮達成維護健康安全校園環境運作之目的。

至於師生申訴管道之建立，在於彌補多元自主時代之缺憾，凡有危及師生個人權益，或行政處理不當者，得由此一管道得到「重新考量」及「彌補」之機會。也是增進健康安全校園環境必要的做法。

伍、文化環境的健康與安全

文化係人類生活的總稱，校園中談文化環境係以最鉅觀的角度看整體社會文化對於學校教育的影響，是一種文化民情的反映，也是一種理想理念的探討，屬於整體社會制度組織的層面，也屬於社會趨勢潮流的層面。

筆者探索當前之社會文化環境，社會經濟水準之持續發達，多元學制的形成，社區主義的建立，以及「新新人類」之風尚四者，將直接間接帶動校園環境之安全健康，申述如次：

一、社經發達與福利教育

教育的內涵必然隨著社會經濟發展程度而變革，已開發國家、開發中國家、以及未開發國家，其教育實質顯然有所不同。我國國民所得已超過一萬美元，由開發中國家邁入已開發國家，正是調整補強教育內涵的契機，當前教育改革之呼聲持續不輟，正是此一潮流與需求的反映。

國民教育階段為教育改革之重點，筆者長期涉入觀察所得，國民教育主要癥結在於國民教育的整體投資不足，不能落實執行免費教育，或者「福利導向的國民教育」。

福利導向的國民教育乃實現教育機會均等理想的另一指標，學齡兒童就讀國民中小學完全免繳任何費用，包括學費、雜費、及任何的代辦費，所需任何支出，一律由政府預算支給。另外在學校之內提供必要的福利措施，例如營養早餐、營養午餐、營養品，遠道學生提供交通運輸工具，必要時住宿。

福利導向的國民教育對於弱勢族羣之就學能夠提供具體之協助，能夠減少中途輟學學生，是實現教育機會均等理想的重要階層，社會經濟發達之後，政府已經有能力做到，應早日促其實現。

二、多元學制與適性教育

健康安全的校園環境提供所有學生適性發展的教育，也就是說，學生們在校園內，學校即能因應學生之個別差異，給予適合其需要的施教方式與教學內容，以達到所有學生的潛能都能得致充分之發展。

適性教育的實施有賴多元學制之規劃，所謂多元學制指在不同的教育階層中，均能夠統整考量「通識教育」與「分流」、「分化」上之需要，從課程設計為基點，可以圖四呈現。

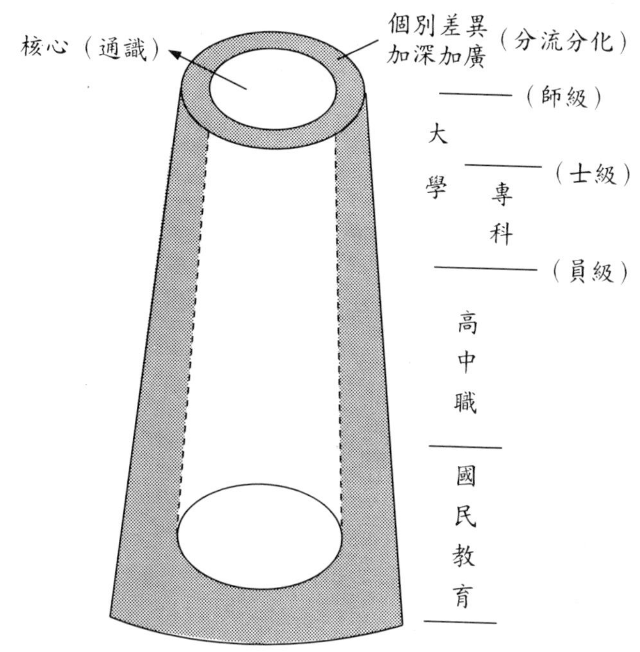

圖四　通識教育與分流分化

圖四核心之部分代表各種知識技能之綜合面、基礎面，每一個階層教育均有其需要，但呈現由大而小之發展，為各階層教育均需強調「通識教育」之主要依據。核心周圍的部分則代表不同知識技能的個殊面，得因應學生本身性向興趣及能力之個別差異而加深加廣學習，必要時實施分流分化之教育。且隨著年齡之增

長，各階層教育內涵之不同，而有不同分流分化的設計。

就我國當前情況而言，所謂多元學制之規劃，係以一般學生接受通識核心課程為主流，輔以旁枝順應部分學生之需要，以達成適性教育之實質。例如教育主管機關，不斷強調國中技藝教育、綜合高中、技術學院、大學內附設專科學制等，均為具體例證。

三、社區主義與多元自主

最近政府施政，強調社區主義，以社區為核心的發展概念，並且強調各社區應發展出自己之特色，多元途徑帶動地方建設，由各地自主決定建設內涵。在教育上也強調學校與社區結合，學校運用社區資源，學校決策社區參與，以社區發展為核心經營學校，學校特色為社區建設之反映。

學校結合社區發展，旨在營造參與自主的教育環境，就參與層面而言，今後學校之經營，將是多元管道共同影響學校之時代，例如教師會、家長會、學生會、教師評議委員會、校務會議等均將有其角色地位與功能，學校本地社區之家長或教師，由這些管道取得經營學校之權限，則更為明顯。多元參與管道讓學校與社區發展密切結合。

就自主層面而言，學校與社區結合之後，要能發展呈現反映地方特點的成果，包括教師教學自主、學生學習自主、教學目標自主、教學歷程自主、教學環境自主等，以多元參與為過程，以自主發展為標的。

四、新新人類與現代文明

我們稱現代的年輕人為「新新人類」，尤其是將負面偏差行為如飆車、暴力、奇裝異服、吸安等為「新新人類」之表象，事實上所謂「新新人類」已有較為客觀而確當之解釋。「新人類」指的是類似日本的「新人類運動」，日本最近從少到老均流行「新人類運動」，揚棄傳統的人類生活取向，如尊重習慣、保守，變易不大，以傳統價值標準判斷當前生活，重視羣性發展等；追求創新、自主、前衛、有個人品味的生活，能充分運用現代科技文明與資訊發展，並且落實於現實生活之中。「新新人類」則更進一步，能夠有效承續傳統，邁向新人類生活，又能統合貫串各年齡階層之需要。例如圖五所示。

因此，新新人類已然成為現代人類生命文明的代稱，或者其發展指標方向，有其豐富深沉之意涵。

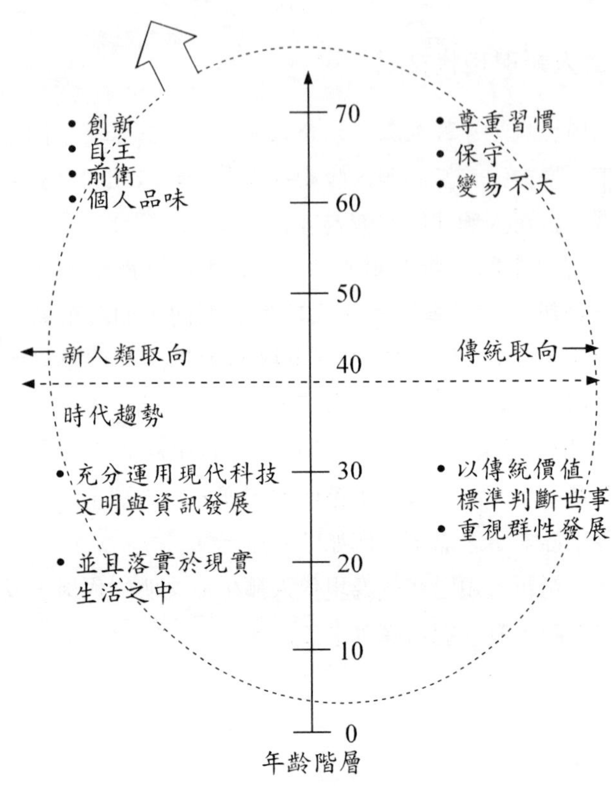

圖五　新新人類的意涵

陸、結語——營造健康安全的校園環境，蘊育新新人類的現代文明

就校園環境的階層範圍而言，包括物理的環境、心理的環境、文化的環境，配合當前教育改革的重要理念，諸如鬆綁、開

放、多元、自主等，以「健康、安全」為指標，從鉅觀之立場，重視前述各項改進方向或措施。更具體申論，則須就現實校園環境之中，透過「標準」→「計畫」→「成長」→「發展」之歷程，整體性營造健康安全之實質內涵，以蘊育新新人類的現代文明。結構化約成圖六。

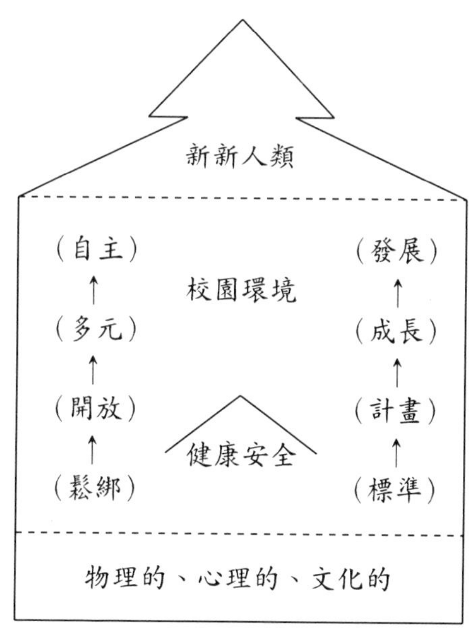

圖六　營造健康安全的校園環境——蘊育新新人類的現代文明

（本文原刊載於教育部學生輔導雙月刊第 50 期，86 年 5 月）

8 生活教育的節奏

壹、緒言

本文旨在探索生活教育的核心問題，歷來教育行政單位努力的重點，並為將來之生活教育把脈。在我國，生活教育不時地受到教育行政當局之強調，猶如音樂中的節奏，耐人尋味。

貳、生活與教育

「教育即生活」是杜威留給世人的教育名言，也是教育界人士將「生活教育」奉為教育核心之最佳註解。

然「生活」與「教育」之間的關係，究竟如何為貼切？其實質關係會不會隨著時代的需求與社會之變遷而有所轉變？都是今日吾等探討生活教育所應深思的課題。

原始人的生活應無所謂的「教育」，教育的產生來自人類為了謀求「生活經驗之傳承」。教育體制的發達，教育內涵的豐沛多元，也是由於人類對於生活實質內涵的需求，人類透過教育，傳承生活經驗，進而創造發明，豐富生活。生活與教育之關係相互依存，「生活」提供「教育」運作之空間，而「教育」不斷扮演著充實「生活」內涵的角色，並隨著時代發展關係愈為緊密，愈是先進文明之國家，教育的角色功能愈為重要。

生活與教育實為一體兩面，猶如人之前後兩面，從前面看是「生活」，從背面看是「教育」，但是單獨地看均不完整，必須兩者相合，整體來看才能看出「人之所以為人」。因此，生活教育也就是「人」的教育，「人之所以為人」的教育。

叁、生活教育的迷惘

生活教育既為教育之核心，何以常被批判？常被強調？也時常產生爭議？筆者以為，主要緣由來自大家對於「生活教育」本質上的迷惘，莫衷一是，尤以下列三者為甚：

一、生活教育範疇漫無邊際

生活教育指的是那些工作，人云人殊，本就沒有定論，幾乎可以適用莊子哲學：「至大無外，至小無內」。

持狹義看法的學者，將生活教育窄化為學生行為習慣之型塑；持廣義看法之學者，則將生活與教育視為同義，可說漫無邊際，任何教育活動均為生活教育。

因為生活教育範疇漫無邊際，相關措施之加強，難以彰顯整體成效，難以獲致「滿意」之評價。以致形成，生活教育很重要，教育行政當局不斷地強調，然而效果持續不佳，一直不能為公眾滿意，此為「迷惘」之一。

二、生活教育功能與其他教育核心重疊過鉅

以「生活教育實施方案」（教育部，民51年）所界定之內涵為例：「生活教育是有計畫的指導學生，從生活中，養成良好的習慣，發展天賦的才能，培養健全的品格，使成為身心平衡、手腦並用，智德兼修、文武合一的人材。」就功能來說，與品德教育、民主法治教育、知識教育、體育、羣育、美育等教育核心重疊，自己本身缺乏獨立之內涵與功能，因此，教育當局與學校師生在生活教育上的努力，容易達成其他教育核心之績效，卻不容易呈現生活教育本身整體之功能。此為「迷惘」之二。

三、生活教育指標有待建立

以「生活教育實施方案」為例，本方案民國五十一年頒布時，強調生活教育八大類別：日常生活教育、健康生活教育、道德生活教育、學習生活教育、公民生活教育、勞動生活教育、職業生活教育，與休閒生活教育。意謂生活教育在這八方面達到一定之水準，生活教育即展現其成效。

再以教育部八十年頒布之「現階段加強推行國民中小學生活教育實施要點」為例，本要點「實施要項」有四：自尊自愛、關懷別人、守法盡職、充實生命。每一要項再規範六點之實施內容，明確提示生活教育的四大範疇與廿四項指標，然而與前述「生活教育實施方案」規範者，完全基於不同的邏輯思考，且本實施要點標示為「現階段」。兩項教育部正式公文書即有不同的界定與引導，到底生活教育具體指標為何？實有待進一步確立，

此乃「迷惘」之三。

肆、生活教育的脈動

基於學理與教育實際之需要，教育行政單位素來重視生活教育的實施，隨著時代發展之需要也有不同重點之強調。筆者詳考相關文獻資料，「生活教育實施方案」、「加強學校生活教育、品德教育及民主法治教育實施計畫」、「現階段加強推行國民中小學生活教育實施要點」，以及「加強生活教育措施」四者，適足以反映生活教育實施脈動，摘介如后：

一、生活教育實施方案

教育部於民國五十一年六月十六日頒發「生活教育實施方案」，並於五十七年十二月十六日修正部分內容。「生活教育實施方案」分為「前言」、「原則」、「實施類別」、「實施辦法」、及「考核」六部分。

「前言」中強調生活教育之意涵，本文前已引述。

「原則」中強調六大原則，主要包括：㈠以學生全部生活為對象。㈡注重學生自我教育到適應新社會的能力。㈢「教」與「育」並重，「訓」與「教」合一。㈣事前的啓迪重於事後的糾正。㈤全校教師共負訓導之責。㈥各級學校實施之一貫性。

「實施類別」中則依據日常生活、健康生活、道德生活、學習生活、公民生活、勞動生活、職業生活、休閒生活等八大類別，提示生活教育「目標」與「實施要點」。茲以「健康生活教育」為例，摘述如次：

㈠目標

1. 注重體格鍛鍊、心身攝衛，以促進身心之均衡發展。

2. 養成飲食有節、起居有時、動靜有度的生活，並充滿健康快樂的精神。

3. 培養正確之衛生習慣，了解生理及心理之保健方法，並訓練身心之適應能力。

4. 個人衛生、公共衛生、環境衛生及心理衛生，並重兼顧，以發揮預防勝於治療之功效。

㈡實施要點

1. 小學實施健康的生活教育，一、二年級注意個人及公共健康習慣之養成，三、四年級，除繼續健康生活之養成外，並著重健康觀念與態度之培養，五、六年級注重健康知識與簡易技能之傳授。

2. 中等學校實施健康的生活教育，以個人衛生、食物與營養、身體的功能、心理衛生、疾病預防、安全與急救，及公共衛生為主要之項目，以健康之實驗、示範、表演，及參觀等，為主要之活動。

3. 大專學校實施健康的生活教育，應由體育教師、主任醫師、及擔任有關生理、心理之教師，共負指導之責。

4. 各級學校有關健康的生活教育，應注意之事項如下：

⑴教室、自修室、寢室、厠所等之採光與通風，桌椅之高低與式樣，以及運動場所之設備，必須合乎健康衛生。

⑵對於學生心理與身體之發展，應有個別記載，對於特殊之學生，應作個案研究，以為指導之依據。

⑶醫務室，對於學生之各種疾病，應注意檢查、治療及隔

離，並須有詳細的病歷紀錄。

「實施辦法」中明確規範七大事項：㈠負責機構及人員，㈡實行「始業指導」，㈢舉行「生活檢討」，㈣實施「自治制」，㈤建立「學生榮譽制」，㈥編製「學生綜合紀錄卡」，㈦獎助生活教育研究。

「考核」中則規定：㈠學校必須自訂考核辦法，㈡生活教育併入學校訓導計畫實施，㈢每學年各校檢討乙次，㈣主管機關派員督導，㈤主管機關分組比較「評定優劣，分別予以獎懲。」㈥核獎有功教職員。

綜觀「生活教育實施方案」，具有五大特色（優點）：

㈠呈現明確之八大範疇，並且規範具體之「目標」與「實施要點」，具備「引導性」與「可行性」。

㈡每一類別之「實施要點」，均以小學、國中、高中、大學之順序提示，具有「統整性」與「一貫性」。

㈢「原則」之六點提示，為我國「生活教育」立下了基本方針，迄今仍有其貢獻。

㈣以「學校」為核心規劃設計生活教育內涵，「主體性」具體明確。

㈤強調全校教師共負生活教育成敗之責，引導學校教師一起致力於生活教育事項。

「生活教育實施方案」亦有多處弱點：

㈠「前言」中以「民族文化之發揚」，及「三民主義之實踐」為生活教育之標的，就目前國情觀之，有難合時宜之勢。

㈡「原則」中將生活教育列為「訓導」之主要內涵，由教師共負責任，「訓」字亦有不合時宜之議。

㈢未編列專案經費，主管教育行政機關難以以經費之撥支強化重點工作項目。

㈣就整個方案執行項目觀之，範疇雖屬周延，然因其面面俱到，什麼事皆做，不容易呈現關鍵工作項目，學校執行績效難考核。

㈤就分項範疇觀之，每一類別之「目標」與「實施要點」之敘寫未能呈現嚴謹結構，例如「什麼目標做什麼事」。

二、加強學校生活教育、品德教育及民主法治教育實施計畫

教育部於民國八十年九月，依行政院辦理「行政院主管人員座談會」之決議，頒布「加強學校生活教育、品德教育及民主法治教育實施計畫」，希望藉助本計畫各項具體措施，落實生活教育內容，提升品德教育層次，擴大民主法治教育效果，以奠定國家長治久安之基石。

實施計畫之整體結構包括六項：「計畫緣起」、「實施目標」、「實施原則」、「實施項目」、「經費需求」及「管制考核」等。

「計畫緣起」敘明生活教育之重要性及依據「行政院主管人員座談會」討論結論訂頒。

「實施目標」言簡意賅：透過有效之教育歷程，協助學生良好生活習慣之養成，高尚道德情操之涵育，及「民主生活」目標之實踐。

「實施原則」標示：「具體化」、「生活化」、「漸近化」、「社會化」、「制度化」、「法治化」六大原則，以六大

原則引導生活教育辦理方向。

「實施項目」總計九大項三十一子項，九大項如次：

㈠訂頒實施要領，明示具體做法。

㈡修訂課程教材，結合社會需求。

㈢舉辦研習活動，提升人力素質。

㈣辦理自治活動，蘊育民主性格。

㈤成立示範學校，提供經驗楷模。

㈥籌設資源中心，支援教學活動。

㈦推展誠實教育運動，建立教育清流之好形象。

㈧結合各界資源，發揮社教功能。

㈨落實評鑑工作，彰顯實施績效。

三十一子項則為每大項之下的具體執行事項。

「經費需求」總計提列十三億八〇〇〇萬元，由教育部自八十二年度起至八十七年度止，每年編列二億三〇〇〇萬元經費執行。

「管制考核」規定本計畫之實施由教育部訓育委員會統籌策劃執行，並列為教育部年度列管計畫之一。

筆者有幸，直接參與「加強學校生活教育、品德教育及民主法治教育實施計畫」之策訂，深切體會其優點，摘述四則如次：

㈠將生活教育與品德教育及民主法治教育整合貫串，按學校階層之不同，而有整體而重點不同之強調，年級愈基礎者如國小，愈偏重生活教育及品德教育，年級愈高者如大學、高中，愈偏重民主法治教育，但仍以生活教育及品德教育為基礎。

㈡提示之原則切中生活教育具體實施上之需要，統觀、切要而不繁複。

㈢實施項目九大項之間關係密切，具有歷程規劃之功能，省市、縣市及各級學校得依序執行，明確而效果易予呈現。

㈣三十一項重要具體執行工作，均予設定主管機關，權責明確，便於推動及考評工作。

唯依據教育部訓育委員會執行數年來之心得，本計畫具有下列較為明顯之缺失：

㈠實際上本計畫並未獲致教育部具體支持，所需經費從未編列，亦未曾責令省市教育廳局、各縣市政府，正式編列預算執行。

㈡實施項目列有「推展誠實教育運動，建立教育清流之好形象」一大項，三小項具體工作，係配合當時教育部「誠實教育」工作而設計，就當時而言有其需要，就目前而言，顯得突兀。

㈢具體計畫未能有經費支持，即無由彰顯工作績效，形成宣示性官方文書罷了。

三、現階段加強推行國民中小學生活教育實施要點

教育部（國民教育司）於八十年六月頒布「現階段加強推行國民中小學生活教育實施要點」，亦代表教育行政單位關注生活教育之具體事例。本實施要點之主題有四：「實施目標」、「實施原則」、「實施重點」、以及「績效評量」四部分。

「實施目標」中特別強調：培養學生「自尊自愛」、「關懷別人」、「守法盡責」、及「充實生命」之生活態度。

「實施原則」則提示六大原則：「整體統合原則」、「循序漸進原則」、「實踐力行原則」、「適性發展原則」、「潛移默化原則」、以及「協調配合原則」。

「實施重點」則強調：生活教育之實施，仍須以「生活教育實施方案」、「公民與道德課程」為主，並配合下列實施要點，納入各校年度實施計畫。然後依據目標所提列之四大要項「自尊自愛」、「關懷別人」、「守法盡責」、「充實生命」，分別提示具體實施內容各六項，以「充實生命」為例，實施內容如次：

㈠勤學好問，充實知識，愉悅人生。

㈡了解自己的能力與專長，隨時修訂未來發展方向。

㈢從事正當的休閒活動，調劑身心，充實生活內容。

㈣珍惜自然，愛護環境。

㈤正視生命的意義，並尊重自己及他人的生命。

㈥其他「由各校視實際需要得以增訂」。

「績效評量」中則強調：本要點實施成效，併入國民中小學學生成績考查辦法第二章「德育成績之考查」項下辦理。

「現階段加強推行國民中小學生活教育實施要點」由教育部國教司策動，「加強學校生活教育、品德教育及民主法治教育實施計畫」則由教育部訓育委員會策動，並且均在八十年頒布，業務主管單位雖不同，兩者卻有共同之處，例如兩者均有「實施原則」之提示，體例內容相近，風貌不盡然一致，關切生活教育之實施則可謂「相互輝映」。

以「實施計畫」之理念來評述本實施要點，有其特色亦有其缺失，特色主要者有四：

㈠目標之提示具有階層性與統整性，由「自尊自愛」，進而「關懷別人」，再而「守法盡責」，最後「充實生命」，十分難能可貴。

㈡實施內容配合四大目標要項規劃設定，結構嚴謹，且文字簡鍊，要言不繁。

㈢留給各校視實際需要得以增訂之「彈性」，鼓勵學校自行主動選擇實施要項，合理而容易呈現學校發展特色。

㈣結合「生活教育實施方案」、「課程標準」及「成績考查辦法」規劃，不標新立異，具有融合性。

然而就頒布之後實際運作結果，亦可看出下列三大缺點：

㈠類似「加強學校生活教育、品德教育及民主法治教育實施計畫」，實質上為宣示性「官方文書」資料，有無對國民中小學產生「效益」，難以考評。

㈡本要點融合了「生活教育實施方案」、「課程標準」以及「成績考查辦法」等重要內容規劃，雖具有整體性之優點，反面觀之，亦因如此而產生了本要點「無關痛癢」之性質，很難得到學校校長及教師們之重視與貫徹。

㈢四大目標要項是本要點最大之特點，然而與「生活教育實施方案」提列之八大範疇比較，是否能夠彰顯生活教育最切要之「內涵」？則又有待考驗與證實。（務實而論，此項考驗若無教育部再以行政手段強化，不可能證實。）

四、加強生活教育措施

教育部在八十四年七月頒布「加強生活教育措施」，希能有效運用國民中小學新課程標準所設定之導師時間「每日二十分鐘」從「生活教育輔助教材」之提供，以及發展「生活教育實施模式」兩大途徑，擬具加強措施，以加強生活教育成效，達成培育現代化公民之教育指標。

「加強生活教育措施」整體結構包括「緣起」、「目標」、

「實施策略」、「執行要項」、「配合措施」、「考評事項」六大部分。

「緣起」說明本措施之背景緣由，以及最重要之旨趣。（已如前述，略）

「目標」提示：順應時代需求，結合輔導方法，發展多元生活教育資源，豐富生活教育素材，增進學生適應現代社會能力，活潑生活教育內涵。

「實施策略」是推動本措施之主要「手段」、「方法」四者提列如下：

㈠成立執行小組，統籌規劃具體措施。

㈡結合資訊媒體，定期發展實用精緻輔導教材。

㈢開發共同資源，推廣運作生活教育服務網。

㈣引導地區發展，建立地方生活教育特色。

「執行要項」九項，包括：

㈠成立「加強生活教育措施執行小組」

㈡出版「生活教育卷宗」月刊

㈢製作「現代生活教育」系列錄影帶及實用小冊

㈣編印「輔導管教學生法律須知」手冊

㈤推動「好書選讀」榮譽制度

㈥編印「現代生活」系列叢書

㈦策動「熱愛自然，服務社會」學生活動

㈧補助省市、縣市發展地區現代生活教育輔助教材

㈨補助省市、縣市實驗發展現代生活教育多元實施模式

「配合措施」則規範統籌單位——訓委會，及經費來源——併同公民教育及輔導計畫推動支援。

「考評事項」則簡要提示作業流程及督考原則。

「加強生活教育措施」乃教育部訓育委員會原計畫「公民教育改進方案」之縮影，擬以「生活教育」之加強，達到改進公民教育之實質。因此，整體措施而言，充滿著時代性，是頗具特色的一項行政措施。

依據「行政計畫」理念評論，本措施具有四大優點：

㈠「目標」與「實施策略」之呈現符合現代社會需求，依據開放、多元、參與、自主等理念，結合輔導方法落實於生活教育。

㈡「實施策略」具體呈現推動本措施之四個主要方法手段，在官方生活教育正式文書中屬首創，與前述「生活教育實施方案」等所列之「原則」相較，顯得獨特而切中行政計畫之意涵。

㈢「執行要項」均屬最重要、具關鍵、最可行、直接影響學校生活教育之工作事項，顯示教育部訓育委員會規劃本措施過程上之用心。

㈣帶動之基本工作與因應地方彈性兼籌並顧，省市、縣市得依據本措施附屬之「補助要點」，發展地區現代生活教育輔助教材，以及實驗發展現代生活教育多元實施模式。

然而本措施仍有三點亟待補強：

㈠所需經費依附於「加強公民教育」與「輔導計畫」項下勻支，而此兩項工作均有其龐鉅之工作事項待行，難以勻支足夠經費支持，亟需編列專款經費推動。

㈡本措施已頒布近一年，部分工作（如生活教育卷宗）已經策動，然而「執行小組」迄未成立積極運作，有待教育部重視，早日成立發揮其功能。

㈢本案成敗之關鍵在於學校能否有具體做法，以及中小學教師能否充分運用每日二十分鐘之「導師時間」，因此，執行歷程如何加強宣導，讓目前學校之運作，逐步調整結合本措施之各項重點工作，係大家努力之課題。

伍、生活教育的策進

我國生活教育之實施概如前述，生活教育一直是教育的核心工作，教育行政機關亦多次地強調，頒布執行各項重點工作。整體而言，並未獲致豐碩的成果，以致各界人士對於生活教育時有批判，績效不如預期理想。

筆者長期參與相關工作之策劃，累積數年來之經驗，一直以為，生活教育之實施如要更上層樓，下列四項工作，有待進一步努力促成：

一、建立生活教育指標

生活教育的具體內容為何？各年級階層生活教育所要達成之指標是什麼？教育行政機關如能進一步策訂釐清，明確引導學校教師努力方向，對於生活教育的實施幫助最大，是目前生活教育最需要、最關鍵之事項。

二、學校成立生活教育執行小組

生活教育之實施以學校為核心規劃，仍是最理想之運作模式，目前生活教育之所以未如預期理想，部分之學校未能落實推動是主因，而未能落實的緣由在於學校行政主管（校長、主任）

不知如何統整來做，學校教師不知何者為生活教育最重要事項。為提高學校生活教育之績效，今後中小學有必要依據教育部「加強生活教育措施」及其附屬要點——「各級學校加強生活教育實施要點」規定，成立學校「生活教育執行小組」，由校長領導，處室主任、教師代表組成，負責按週或按月策訂生活教育主題，蒐集編撰現代化實用生活教育資料，示範提供全校教師配合使用，有效運用每天二十分鐘導師時間，充實生活教育內涵，增益生活教育落實發展。

三、教育行政單位主動提供多元生活教育資訊

現代資訊科技文明之發展，已逐漸改變人類的實質生活，學校生活教育的方法與型態，也必須適應調整，尤其是電化資訊教學的實施，爆炸性的資料訊息，如何有效地去蕪存菁，將多元豐富之資訊以結構式，迅速地提供給學校教師參考使用，亦是最重要課題之一。

四、結合社區資源發展自主實施模式

「開放」、「鬆綁」、「多元」、「自主」係當前教育改革之方向，「社區主義」也是今後經營學校之重要趨勢，尤其在中小學階段，生活教育與社區文化之結合需求愈為殷切。今後學校生活教育應依據前述之教育理念，逐次擴充格局，廣為結合社區人才、設施、文化特色等資源，發展自主實施模式，使學校生活教育達到基本的「教育指標」，也有豐富而多彩多姿的型態。

陸、結語

探索我國的生活教育，就像欣賞音樂，如果您是有心人，大都能陶醉其間。本篇文章，僅找出了這首曲調的「節奏」，它是一種持續單調反覆的歷程，必須配以優美的旋律，方能使人沉迷陶醉。至盼所有的教育工作者，能夠體認生活教育的重要性，從自己的角色立場，由本身的職務功能切入，賦予生活教育優美的旋律，則本篇「生活教育的節奏」亦有其迷人的意義與價值。

（本文原刊載於台灣教育月刊第545期，85年5月）

9 談「計畫教育」與「教育計畫」

——釐清「教育計畫」相關名詞概念

教育為何需要計畫？「計畫教育」和「教育計畫」有何不同？教育計畫到底包括不包括「校務計畫」？甚至於「班級經營」、「教室管理」、以及「教學計畫」算不算教育計畫？係屬一系列亟待釐清之概念。

從定義上看，凡屬為教育事業作一連串決定的歷程稱為教育計畫，因此，就廣義上來說，任何與教育內涵有關的措施，鉅細靡遺均可稱為教育計畫，教育計畫從鉅觀往微觀範圍發展，實即包括了校務計畫、班級經營計畫、教室管理計畫、甚至包括了學科的教學計畫。

傳統上「教育計畫」有其特定的範疇，專指國家中某個教育層面（如國民教育、高中教育、技職教育、高等教育或特殊教育等）大型的調整或改進方案。惟筆者認為此乃教育計畫之狹義觀點，今日研究教育計畫，應從廣義的層面賦予其豐富內涵，以闡明教育計畫應有的角色地位與功能。

「教育」似乎與人類的歷史一樣長久，自有人類以來，人就需要靠教育以傳承人的文化、創造發展人類的生活。剛有人類之時，「教育」應該是沒有「計畫」的，為人父母者直接將其生活經驗傳授給自己子女，教導他們如何活下去罷了，其間使用的方法，人云言殊，各有巧妙不同。隨著人類族群部落之發展，由集體的生活獲得了「共同生活」、「共同有效教導後代」的一些理則，「計畫教育」於是慢慢產生，人慢慢地瞭解到，教育後代應有一較理想的模式，此一模式必須配合孩子的身心發展、配合環境條件、有步驟、有順序、有階層地予以呈現，發展至今日，整體的教育制度、諸如學制——小學六年、國中三年、高中職三年、大學四年，諸如國中國小課程標準的訂頒與執行，諸如師資培育制度等，均屬「計畫教育」的具體說明，一言以蔽之，有計畫的教育措施即計畫教育。

現代國家的教育措施通常是有計畫的，整體教育體制及內涵，皆可謂「計畫教育」，現代國家即靠著其「計畫教育」有效地傳承創化，維護並發展其興盛與卓越。而「教育計畫」扮演著不斷「充實」與「改善」「計畫教育」內涵之角色功能，例如，在既有的「計畫教育」體制中，國民教育階段產生了偏差，必須借助專案的「發展與改進國民教育計畫」予以有效補強改善。「發展與改進國民教育五年計畫」、「發展與改進國民教育六年計畫」及「發展與改進國民教育第二期六年計畫」即基於此種理念之下透過具體的計畫，持續地從軟體及硬體上補強改善國民教育本身之體質，使國民教育品質不斷提昇，而有更豐富之內涵。

因此，「計畫教育」與「教育計畫」含有相互依存的現象，「計畫教育」提供「教育計畫」發展空間，而「教育計畫」不斷賦予「計畫教育」新的意涵。

至於，「校務計畫」係以個別學校為發展對象的「教育計畫」；「班級經營計畫」或「教室管理方案」係以個別年級或班級為發展對象的小型教育計畫；「教學計畫」則係以教師個人教學技術之改善為對象之教育計畫，可容納於班級經營之中，亦可超越個別班級經營而為全校性或校際性之教學改進方案。

計畫教育、教育計畫、校務計畫、班級經營計畫、教學計畫等名詞之關係，可以參考本書第一篇，圖一，頁4。

（本文原刊載於台北市教師天地第64期，82年6月）

10 教育計畫的目的

教育計畫是有目的的，教育計畫之總目的在達成國家之教育目標，亦即實現國家之教育宗旨。就階層與性質之不同，教育計畫之目的可概分為：解決教育問題、改善教育現況、提昇教育指標，以及實現教育目標等四大階層，茲分述如次：

壹、解決教育問題

「教育即生活」，教育就類似人的生活一般，隨時都會有「問題」出現，隨時需要予以面對解決。一般性之教育問題由常設之行政設施及人員依據慣常的作為予以解決，例如學校中的一般學生問題，由學校的老師及行政系統予以處理解決。縣市與縣市間或省市間所產生的教育問題則由教育部或教育廳局透過行政運作予以溝通協調解決。至於特殊性教育問題或較重大之教育問題就必須透過行政機關之教育計畫予以有效解決，例如延長九年國民教育以來，國民小學及國民中學之一般教育設施需求突增，嚴重不足，教育部乃持續擬訂「發展與改進國民教育五年計畫」、「發展與改進國民教育六年計畫」及「發展與改進國民教育第二期六年計畫」，從軟體及硬體兩方面整體改善國民教育環境，解決地方重要國民教育問題。又如近年來青少年教育問題嚴重，對於國家安全與社會安寧已構成相當程度之威脅，教育部乃以輔導工作為核心，訂定「教育部輔導工作六年計畫」，希望透過計畫之有效實施，整合學校、家庭、社會三大層面力量，排除輔導困難，充實輔導設施，擴展輔導層面，建立全面輔導體制，讓輔導功能得到最大發揮，以解決所謂青少年問題。

因此，教育計畫最基礎之目的，即在解決教育問題，全國性之教育計畫解決全國性之教育問題，地區性之教育計畫解決地區性之教育問題，而學校之教育計畫即在解決學校中之教育問題。

貳、改善教育現況

整體之教育設施事實上呈現著「計畫教育」的型態，例如學制、師資培育制度、課程設計等均有其傳統上之基礎，此一傳統上之基礎必須配合時代變遷及社會需求適時調整。換言之，教育現況必須適時調適改善，而教育現況之改善為教育計畫第二個階層目的。

以我國當前「特殊教育現況」為例，民國七十三年頒布「特殊教育法」，特殊教育之實施雖有了立法依據，然限於客觀條件，仍無法全面展開積極規劃，於是教育部在八十年十二月訂頒「發展與改進特殊教育五年計畫」，希望藉助本計畫之實施，徹底改善特殊教育現況。

又如生活教育、品德教育及民主法治教育至為重要，然而各級學校實施成效未如預期理想，為求改善現況，教育部乃訂頒「加強學校生活教育、品德教育及民主法治教育實施計畫」，明示各項工作具體作法，希望透過計畫之執行，帶動學校落實實施，擴增應有績效。

叁、提昇教育指標

教育水準與時俱進，各項教育指標乃教育水準之象徵。像國民就學率、國民教育年限、學校數、師生比、學生使用空間面積、學生單位成本、各級學校學生結構等等，均係反應教育水準之重要教育指標。實質教育指標之提昇無法一蹴可幾，往往必須透過重要教育計畫之持續推動，始可緩慢提昇。因此，教育計畫之第三階層目的在提昇教育指標。

以七十九年教育部公布之「延長國民教育初期計畫——國中畢業生自願就學高級中等學校方案」為例，本方案為教育部近年來最重要之教育計畫，其最深遠的目的在延長國民教育年限為十二年，全面提昇基層人力素質由國中階層提昇到高級中學階層。暫且不論本方案之爭議與功過，它顯示了教育計畫提昇教育指標的目的。

肆、實現教育目標

所有的教育計畫均以達成國家教育目標為依歸，前已述及，此可當作教育計畫之總目的，亦可當作教育計畫之第四階層目的。

不同範疇之教育計畫，實現不同之教育目標，國民教育有關的教育計畫實現國民教育目標，高級中學有關的教育實現高級中學教育目標，學校中之各類校務計畫在實現學校教育目標，班級經營計畫或學校教學計畫則在實現更為「細微」的教育目標。

在「計畫教育」的前提下，「教育計畫」負有不斷充實更新「計畫教育」內涵之神聖使命，就目的層面而言，「教育計畫」具有解決教育問題、改善教育現況、提昇教育指標、及實現教育目標四大目的，「教育計畫」由此四大階層目的之追求，不斷充實更新「計畫教育」內涵。

（本文原刊載於台灣教育月刊第519期，83年3月）

11 教育機會均等的涵意與主要趨勢

壹、緒　言

「教育機會均等」的理念愈來愈受重視，最近教育學者頻以宏文多元闡述其意義與作法；教育行政主管亦常以此精神據以檢核教育的實際情形。

然而「教育機會均等」的真正內涵為何？目前各國教育措施中究竟有那些均等化之趨勢？值得深入探討並予摘要歸納。此乃筆者撰述此一短文之主要目的。

貳、涵　意

「教育機會均等」的意義，隨著社會變遷與時代發展，常有重點上不同之解釋，筆者將其歸納為三大涵意：入學機會的均等、受教過程的均等，以及適性發展的均等。

一、入學機會的均等

追求「有教無類」理想的實現，此一理念強調：祇要是國家人民，無論男女、宗教、文化背景差異、聰明或愚拙，身心健全或殘障，都要有完全均等的入學接受教育之機會，可謂「教育機會均等」最基本的涵意，也是第一階層涵意。

二、受教過程的均等

追求「提供相同教育品質」理想的實現，此一理念強調：在人人都有相同入學接受教育機會之後，學校必須提供相同品質的教育過程，最少要符合一些基本水準以上的教育，不能因為地區的不同（如城市或鄉間）、機會的不同（如教師或學生）而有所差異，此為「教育機會均等」第二階層涵意，也是建構在前述基本涵意（量）為基礎所發展出高階（質）的涵意。

三、適性發展的均等

追求「因材施教」理想的實現，此一理念強調：教育之整體設施必須達到「提供適性發展教育環境」的實質。每一階段性教育上的教學設計，必須衡酌學生個別差異而因材施教，照顧到所有的學生。整體的學制設計，也必須提供順性發展的空間，讓不同性向的學生都能獲致完整而周全的教育。此為「教育機會均等」第三階層之涵意，也是延展性的高階涵意。

叁、趨　勢

當前世界各國無不重視「教育機會均等」理想的追求，調整相關措施，為其國家人民安排最適合的教育情境。例如美國一九六五年的「起頭計劃」（Project headstart）以及英國一九六七年布勞頓報告（Plowden Report）「教育優先區」（Education Priority Area）的強調等均是具體的實例。

各國為了追求教育機會均等所推動的有關措施，可歸納為四個主要趨勢：

一、全民教育

「教育機會均等」最基礎的意涵為，每一個人皆有均等的入學機會，也就是「全民教育」，國家應該設法讓國內的「學齡兒童」全部入學，不因他有任何理由而不接受教育，因此，對於「學齡兒童」實施強迫性教育，亦稱為國民義務教育。

就一般學齡兒童入學機會而言，目前先進國家大多已達到全民入學的理想（我國學齡兒童就學率亦已高達九九．七九％），相關措施的調整逐漸重視兩項工作：中重度殘障（含智障為主）兒童的入學與拒學症（中輟）學生輔導復學。也就是說「全民教育」的發展已由「多數人」可以接受教育，進展到「特殊少數人」也要能夠接受教育。

二、標準教育

尤其在國民教育階段，教育內容重在「質」的均等，也就是說國民教育不但要確保每一個人有接受教育的平等機會，也要提供「相同品質」的教育。「相同品質之教育」指教育過程中有關的師資、設備、課程必須要「均等」，因此，各國民中小學的教師，其資格要符合國家擬訂的「標準」；各國民中小學的設備，也要符合基本的「設備標準」，不能因為地區及財政關係而有所不同；對於學生的課程實施，也必須符合「統整單一」標準原則。

以師資、設備、課程三項標準檢核國內教育「受教過程均等化」的程度，吾等可以看出，在「師資標準」上最為理想，目前國內中小學教師資格，均符合一定的資格，素質普遍優良，足以自豪。「課程標準」次之，全國統一，暢行無礙。「設備標準」則有待努力，目前因為部頒之「國民小學設備標準」及「國民中學設備標準」係屬「高標準」、「理想性標準」，具有「引導標準」之作用，但造成絕大多數學校達不到標準，形成各校之間設備之水準差異過大，尤其是都市學校與鄉間學校之差距更為明顯。

改善之道，筆者以為，由教育部結合省市廳局及學者專家擬訂國民小學及國民中學之「基本設備標準」為首要之務。「基本設備標準」之擬定必須衡酌當前各國民中小學之設備平均水準，不能懸的太高，必須要以國家教育經費三、五年內可以負擔得起的為準據，「基本設備標準」擬訂完成之後，國家必須以具體的中長程專案計畫，三、五年將每個學校拉齊至符合基本設備標準之規定以上，如此，方足以顯示，國民接受的國民教育過程中，在「設備」方面，質是均等的。

三、多元教育

國民教育階段之內的教育，教育機會均等的追求通常指前述「量」與「質」的均等，國民教育階段以上的教育，教育機會均等的追求，則強調「適性發展」，亦即國家有責任為每一個國民設想，在其接受完基本的國民教育之後，如何提供最適合其性向發展的後繼教育。

因此，各國在國民教育階段之上，通常規劃「多元教育」型態以順應學生的不同發展需要。就以我國為例，國民中學之上，有學術導向的「高級中學」，亦有技職導向的「高級職校」、「專科學校」、「高職補校」，亦有專門為實用技能性向較濃厚之學生設計的「延教班」、「技藝教育班」等。國民教育以前為單軌設計，國民教育之上則多元分支之設計。然無論是學術導向或技職導向，均以能促成學生最大之發展為前提，以符合「適性發展之均等」。

四、卓越教育

前述之「全民教育」、「標準教育」、「多元教育」均係一種教育型態上之規劃，「卓越教育」則係指對於教育對象——人的一種「均等」上的期待。教育的結果，我們都希望能造就「卓越的人」，而且是一種「普遍的卓越」，也就是每一個人都「卓越」，不祇有少數部分人達到的「卓越」。

此種「卓越教育」的追求，在美國「派迪亞報告」（The Paideia Proposal 1982）中展露無遺，派迪亞報告強調透過人文的基本（十二年）教育，足以造就卓越的個人。祇要教師及行政單位努力配合，堅守原則，人人都可以做到，藉由國民教育，造就「普遍卓越」的國民，是可預的。我們沒有做到，實係教師觀念及行政執行上偏差所致。

「卓越教育」理念下，人接受教育績效的衡量亦逐次「標準化」，學習基本能力「標準化」，以「標準成績」界定升級與否，以「成績標準」論斷學習成敗，更以「標準常模」規劃教育階層等等。一言以蔽之，以學習的結果是否達到標準來顯示「卓越」成份，以人人卓越的追求張顯教育「標準」之程度。

就我國現況而言，較少論及「國民教育」實施結果，是否達成了「卓越教育」的標準，然而我國國民平均所得達到一萬美元以上之後，社會經濟水平大幅提昇之同時，再予衡量教育機會均等的意涵，「卓越教育」的實質仍然是可預的，我們可以逐步建立各年級或學習階段「國民基本能力指標」，調整課程內容及教學方法，以階段指標的達成發展到「普遍卓越」的理想。

肆、結　語

教育機會均等的意涵隨著社會變遷與時代需求的不同，已逐漸形成三個階層式的理念——受教機會的均等、受教過程的均等、以及適性發展的均等。各國必須配合整體社會經濟及政治文化之發展，始能逐步實現；然而綜觀其主要措施，全民教育、標準教育、多元教育、及卓越教育四大趨勢則至為明顯。

本文僅係摘要式的說明，希望提供給關心教育之人士一個簡捷的概念，而有助於整體教育工作之推展。

（本文原刊載於台北市教師天地雙月刊第70期，民83年6月）

12 從教育機會均等的理想談中途輟學學生輔導措施

一、中途輟學學生普遍存在，象徵教育機會不均等

國民中小學中途輟學學生之問題，目前引起國內各界人士普遍關切，尤其是新聞媒體記者，對於其中之「失蹤學童」部分特別具有興趣，整天追逐著教育行政官員，詢問著中途輟學學生有多少？學童為什麼失蹤？教育行政單位有那些輔導措施？

事實上國民中小學中途輟學學生長期存在，祇是最近教育部訓育委員會為貫徹國民教育「教育機會均等」之理想，會同內政部警政署訂頒「國民中小學中途輟學學生通報要點」，擬透過電腦資訊系統，配合行政管理，有效掌握輟學學生資料，其中有關「失蹤」部分，並送請警政署以其資訊通報系統，傳送各地警政單位，協助協尋。

國民教育之主要精神在於「全民入學」，中途輟學學生之存在，即代表著有部分應該入學就讀的學生沒有在學，這些人的「教育機會」被剝奪，教育機會並不完全均等。因此，教育行政單位關心中輟學生是一種進步的現象，至少由於行政單位處理調

整，將使我國國民教育「教育機會均等」之理想更為落實。

二、環境因素造成的輟學，應為行政單位關注之焦點

造成學生中途輟學之原因，主要分為個人因素及環境因素兩大類，個人因素如身體病弱、懼學厭學、行為偏差……等，環境因素如破碎家庭、家長趨迫、環境不利……等，其中許多個人因素如懼學厭學，追根究底乃大部分肇因於環境，當前過於僵化的教育措施，師資素質參差不齊才會造成學生懼學厭學。

環境因素所造成之輟學有日益嚴重之趨勢，值得我們教育界人士深思。例如，目前單親家庭、再親家庭或破碎家庭愈來愈多，對於學童的照顧支援，比起雙親家庭複雜得多，不是無暇觀照，任其自生自滅；就是另有發展，招致父母子女關係不睦，形同水火，學童要安心向學至為難得。又如目前雛妓及青少年犯罪增加，部分原因出自於家長觀念偏差，偏遠地區原住民家庭，為人父母者並未建立「送孩子入學是應盡的義務」觀念，在一些不肖商人的蠱惑之下，認為孩子有工作、有收入反而可以資助家庭，紓解經濟問題。更有甚者，祇要價格夠高，販賣自己女兒出賣靈肉，充當雛妓亦在所不惜。又如因父母經商失敗，舉家逃債，不得不中止學業者，亦愈來愈多。

由於國內的社會、經濟整體發展失衡，造成部分偏遠地區生活水準未能配合提昇，以致部分家庭必須仰仗學齡兒童工作賺錢，協助維持家計，此尚有可原，至於販賣其充當船員或雛妓者，實已罪大惡極，滅絕人性。

如能解決造成中輟學生的環境因素，則可以改善中輟學生家庭之根本需求，亦可相對間接紓解其造成中輟學生之個人因素，

行政機關應以有關措施，調整改善其環境，根本解決其問題，因此，什麼是解決環境因素之有效措施，實為行政機關應行關注之焦點，而非目前中輟學生有多少人？這些中輟學生又有多少人是失蹤的？僅止於現象之瞭解！

三、社會資源的整合，有助於降低中輟學生人數

過去，國民中小學中途輟學學生之輔導與管理，係依據「強迫入學條例」規定，由學校教師輔導復學，如仍未復學，則由學校交當地「強迫入學委員會」執行「限期入學」、「警告」、「罰款」等程序。惟由於強迫入學委員會之組織並未健全，罰款之執行未能落實，強迫輔導復學之績效不如預期理想，問題始終如一。

要解決國民中小學中途輟學學生之問題，單靠教育人員之力量，已力有未逮。教育人員的關切與投入，必須串聯內政、警政、社輔單位、及社會公益團體，以網路的系統運作，方能有效地逐步解決此一問題。

社會資源以網路系統運作串聯之後，對於中途輟學學生之輔導，可以收到下列的功能：㈠宣導：由網路所及之輔導單位，共同傳播國民教育之旨趣，鼓勵社經階層較低之民眾，以能夠如期送小孩入學為榮，不以任何理由阻礙其入學機會。㈡支援：任何中輟學生背後多有較為特殊的緣由，依靠網路的系統，較能從多元角度上瞭解到真相，進而支援協助其解決問題，排除造成中輟的根本因素。㈢管制：社會輔導資源網路系統，如再與強迫入學委員會結合，有較充裕的人力，執行勸導入學、罰鍰等事務，收到管理、強制執行之功能。

四、中輟學生資訊管理系統之建立，有助於提升教育行政單位督責功能

中途輟學學生之所以長期存在，教育行政單位未善盡督導責任乃重要因素之一。此一現象，肇因於中輟學生分散在各校，每一學校普遍都有，數目多寡不同而已，中輟學生並未列為個案管制，雖時有統計，終未能有效的分析觀察其趨勢，也未能據以判斷各校實際輔導復學情形，是以長官強調時，則呼籲各校注意，未強調時，則任由其自行發展，因循傳承，以迄於今。

配合資訊媒體之發展，此一現象將獲致相當程度之改觀，目前教育部配合「國民中小學中途輟學學生通報要點」之實施，正協助各縣市建立「國民中小學中途輟學學生資訊管理系統」，此一系統完成之後，各國民中小學一有輟學學生，即將其資料通報送往縣市彙辦學校輸入電腦管理，各縣市輸入之資料，除定期提供教育部蒐集整體資訊，作為調整重要措施參考，「失蹤學生」並送請警政單位協尋而外，最重要之功能在隨時可提供教育局長、警察局長、學管課長、督學等主管瞭解各校輟學學生情形，輔導復學情形，及其間之發展變化，隨時可督導各校改善，或據以解決相關問題，善盡督責任務。

五、認輔制度落實發展之後，中輟學生方能得致妥善照顧

中輟學生輔導之另一焦點，在於這些經輔導後復學之中途輟學學生回到學校以後，我們到底要如何進行有效輔導？方能將這些人留在學校，而不再中輟。

教育部除已委請專家編寫「國民中小學中途輟學學生復學輔

導手冊」，準備近期內完成發送各校教師參考之外，目前正逐步發展「各級學校認輔制度」，鼓勵中小學教師認輔中輟學生，以及適應困難或行為偏差學生，並以原有之朝陽方案、璞玉專案、春暉專案之學生為優先認輔對象。筆者認為，認輔制度之實施具有下列功能：㈠整合前述之專案輔導活動，避免零散混淆。㈡對於中輟學生復學後之關懷照顧最為具體，並且符合其需要。㈢如能再配合輔導網路之運作，能夠有效結合社輔單位及公益團體輔導人員，共同輔導復學後之學生，最能維持長久績效。

因此，認輔制度落實發展之後，復學之中輟學生方能得到妥善照顧，惟有在妥善照顧之下，已經復學之學生方不致再中輟。

六、中途輟學學生人數比率之降低，乃國民教育實質指標的提昇

我國學齡兒童就學率已高達百分之九九．八九，幾近全民入學，然而此乃表面之「就學率」，如果入學以後中途輟學之學生數扣除，則此一「實質就學率」將對現存的國民教育指標大打折扣。

國民教育之所以與其他教育階段有別，主要在於國民教育必須完全貫徹「教育機會均等」的理想。「教育機會均等」有三層面的意涵：㈠入學機會的均等，㈡受教過程的均等，㈢適性教育的均等。入學機會的均等與受教過程的均等在追求「有教無類」之精神，而適性教育的均等則在追求「因材施教」的教學目標。唯有三方面均衡加強，才能充分闡揚國民教育的既有理想。

有效地輔導中途輟學學生復學就讀，才能維護其入學機會的均等與受教過程的均等；中輟學生復學後加強輔導、關懷、照

13 國民中小學中途輟學學生的成因與對策

壹、緒　言

目前我國國民中小學學齡兒童的就學率已高達百分之九九．八九，幾近於全民入學。但實質之就學率，並未如表象之樂觀，近幾年來國民中小學中途輟學之學生至少都在五千人以上，中途輟學學生的大量存在乃係對於國民教育「全民入學」及「教育機會均等」理想上的一大考驗。這一現象無法解決，即代表著政府在國民教育的實施，尚未能真正落實。

本文之目的，旨在分析造成中途輟學學生的主要原因，並就行政措施之可能提供建議，謀求因應對策，希能有效處理目前各界關注之這一焦點問題。

貳、成　因

造成學生中途輟學之原因，不外乎個人及環境兩大因素，本文僅就個人因素中最重要之「身體病弱」、「懼學厭學」及「行為偏差」三方面，以及環境因素中較重要之「破碎家庭」、「家長趨迫」及「環境不利」三方面加以說明：

一、身體病弱

身體病弱之學生無法勉強上學，必須在家休養或安排特殊學校就學。身體病弱至不堪上學並非學生自己所願，亦非家長所願，嚴格而言，係命運使然，不可抗力。

目前因身體病弱無法上學必須在家休養，由家長督導在家自行教育者，仍佔個人因素中途輟學學生之最多數，其主要對象包括：中重度智能不足、嚴重肢體殘障、精神異常、或身心疾病不堪上學者。此類學生通常申請入學不久後即輟學，一方面本身條件無法適應學校為一般正常學生設計之規範，另一方面學校亦缺乏師資及設備足堪擔負這一類學生之教育責任。

二、懼學厭學

國民教育應該有教無類、因材施教。但由於整個教育環境受到升學主義的影響，功利思想瀰漫，多以學校升學率來評斷學校好壞，原本五育均衡發展的教育理想，在實際的國中、國小學校中很難實踐，教育措施偏差的現象處處可見，例如：不按課表上課、編班偏差、筆試太多、誤用參考書測驗卷、體罰等等，造成明星學校、明星班級、明星老師，以及補習班林立現象，以致高成就學生壓力太大，而低成就學生自暴自棄。

如此一來大部分的學生都好似一部學習的機器，很難在學校學習歷程中得到樂趣，適應力更差的學童就產生懼學、厭學的現象，一些學生明白地向家長或教師表示，他不願意上學、他討厭上學或他害怕上學，因為他不認為上學對他有任何意義。也有一些學童藉著肚痛、胃痛、頭痛、嘔吐、吃不下飯、恐懼、害怕……等等精神官能症現象為由，不願上學。

根據台南師範學院「兒童諮商中心」的經驗，目前此類懼學、厭學的學童愈來愈多，佔中途輟學學生之比例越來越大，值得教育人員及學生家長關切。

三、行為偏差

正常行為→適應困難→行為偏差→犯罪行為，一系列之行為特質，乃行為偏離常態之階段指標，愈到後面之階段越不能為人所接受，前述之「懼學厭學」可劃入第二階段之「適應困難」範圍，此處之「行為偏差」內涵更為嚴重，屬於第三階段「偏差行為」，包括惡意拒絕上學、逃學、逃家等行為，雖尚稱不上第四階段之「犯罪行為」，唯其明顯地影響到別人則為事實。

因為個人行為偏差而輟學之學生，亦有愈來愈多之趨勢，值得教育人員關切。

四、破碎家庭

破碎家庭指不健全家庭，父母離異或其中之一死亡，學童本身無法同時享有均衡的父愛及母愛，其跟隨之「單親」無法（或不方便）支持其順利接受教育，或整體環境讓他無法持續接受教育。

隨著單親家庭之增加，因為家庭破碎，直接、間接造成學童中途輟學之現象，亦日益增加，家庭本來是人類發展的溫床，而今由於社會變遷，功能逐漸解體，已形成了部分青少年發展上之阻力，能不唏噓。

五、家長趨迫

部分社經地位低微之家庭，父母親本身並未接受合宜之教育，謀生養家十分艱辛，加上社會功利潮流所及，他們不認為孩子長大送其接受國民教育是義務，祇要能工作賺錢，一方面不必負擔就學所需之費用，另一方面亦可貼補家用，提高家庭生活品質。是以趨迫學生輟學就業，甚至販賣充當雛妓或船員。因家境艱苦，趨迫孩童工作而輟學尚屬情有可原，如若為了些許金錢享受，迫使女兒出賣靈肉，男童作姦犯科，則喪盡天良，殘忍不堪。至於部分富裕人家，由於經商失敗，舉家潛逃失蹤躲債者，孩子亦須跟著中輟其學業，此亦為家長趨迫之另一種型態。

六、環境不利

偏遠地區如人煙罕至之山間，與繁華區隔如外島，因其整體環境尚未發展，學校離家太遠，無法順利就學，家裡亦缺乏送其就學之積極意願，是以仍有部分學童受此環境不利之影響，輟學在家。

隨著國內國民教育之普及，此類因環境不利而輟學之孩童，已日益減少，並非輟學之主要原因。

叁、對　策

「強迫入學」之觀念隨著時代之進展而逐漸形成，其最高旨趣在保障國民的基本就學機會，使國民不致因為個人缺陷或出身環境有別，而喪失接受基礎教育的權益。我國九年國民教育之實施已超過二十年，中途輟學學生仍占有相當高的人數，其主要徵結在於與教育有關的整體施政失去均衡，造成相關環境之發展無法配合教育之訴求而相對提昇。因此，如欲徹底解決國民中小學中途輟學學生之問題，必須以統觀的角度，調整關鍵事務以為因應，方能見其績效。

筆者以為，下列六點屬關鍵事務，特簡要說明如次：

一、均衡國內區域社經水準之發展

就目前國內中途輟學學生發生較多地區而言，乃以花東山地偏遠地區最為嚴重。足見社經水準落後區域環境品質造成的輟學現象最值得我們關切。

國內地方建設經費應優先提撥山地偏遠地區，以有形建設提高山地居民社經水準，輔導農業、畜牧業機械化、科學化經營，充實改善其實質生活內涵，唯有國內各地社會經濟水準均衡發展之後，中途輟學學生之問題，方可獲得基礎上之改善，進而有效紓緩。

二、實施福利國民教育

國民教育之所以與其他階層教育階段有所不同，在於國民教育有其基本特質——「免費教育」、「普通教育」、「強迫教育」、與「均等教育」。就「免費教育」而言，指國民教育是用政府的稅收來辦理，祇要是中華民國國民，在這一階段年齡者都要接受教育，免繳任何費用，甚且在就學上有任何困難者，政府亦有義務協助其解決，排除困難，達到充分（全民）就學。

目前我國實施「免費的國民教育」並未完全貫徹此一精神，國民中學小學學生免繳學費，但必須繳交書本費、雜費、以及必要之代辦費，充其量僅能算「半免費國民教育」。

筆者認為，「免費的國民教育」，仍有所不足，可再進展為「福利的教育」。「福利國民教育」之下，學童就學免繳任何費用，不但免繳學雜費，書本費，代辦費，還由學校統一供應營養品、午餐、基本的學用品，路遠的學生還由學校交通車統一接送上下學，如若家長上下班不方便配合學生上課時間，由學校統整安排教師聯合義工辦理不收費的安親班，輔導學生自修、做功課等。「福利國民教育」方可貫徹國民教育之精神，並協助解決部分中途輟學學生之問題。

三、建立中輟學生資訊管理系統

中途輟學學生人數之所以長期居高不下，未獲致有效改善，其原因之一在於教育行政單位未能有效掌控各校中輟學生輔導情形，而適時善盡督責協助之責任，以致因循拖延，問題始終如一。

現代資訊媒體十分發達，教育部已逐步完成「國民中小學中途輟學學生通報系統」及「國民中小學中途輟學學生資訊管理系統」，除可定期彙集各縣市中輟學生數據及輔導復學情形外，對於輟學原因及類型亦可直接進行分析，目前正計畫進一步開發縣市層級使用之管理系統，讓縣市教育局直接可以從電腦裡頭，瞭解所屬學校中輟學生數量、復學情形、以及其間之發展變化，進而主動督責協助問題較為嚴重學校，獎勵輔導復學績優學校。如此一來，透過資訊管理系統之運作，教育局的局長、督學、課長、承辦人，學校裡的校長、主任、教師均隨時在面對中輟學生情形，隨時在檢討研議如何有效處理，對於中途輟學學生的減少將有具體之績效。

四、結合社會資源輔導復學

中途輟學學生之所以令學校及行政單位頭痛，集中在兩處焦點——如何尋回復學，以及復學後如何輔導，以留住學生，而不再令其中輟。

在輔導中輟學生復學，單憑學校教師及地區強迫入學委員會之運作，實力有未逮，難見績效。筆者以為最佳之策略，在於如何結合社會資源有效分擔輔導復學之責任。目前教育部會同警政署建立之「國民中小學中途輟學學生通報系統」，藉由警政單位之資訊傳遞及人力資源，協尋失蹤學生部分，實乃有效結合社會資源之具體實例，如能再透過即將建立之輔導網路運作，結合更多社輔單位人員，共同協助協尋並輔導復學，當有助於提昇復學績效。

五、推展教師認輔復學學生

曾有中途輟學經驗之學生，往往有特殊之社會經驗及有別於一般學生之背景緣由，最需要關懷與個別輔導，實施「認輔制度」乃為最佳途徑。因此，中途輟學學生復學之後，學校應即安排具有輔導專業背景，或助人熱誠之教師認輔該生，定期或不定期對之實施晤談或生涯輔導。

目前台北市國民小學實施之認輔制度可以參照推廣，唯認輔制度之內涵亦須適當調整補強。例如執行認輔之人員不應祇限於行政人員及科任教師，應擴充到所有教師均能參與；認輔對象應以適應困難、行為偏差學生為主，並非任意選擇之學生；每位老師認輔之學生宜以一人為原則，最多不應超過兩位；參與認輔之教師應當優先接受輔導知能研習等等，以輔導專業人員或半專業人員執行認輔制度。

六、全面增進教師輔導知能

中輟學生復學後學校能否有效留住學生？關鍵在認輔制度能否發生效果，認輔制度之成敗，關鍵在認輔教師之輔導素養。因此，各級學校教師之輔導知能水平，將直接間接攸關中輟學生輔導之實質。

目前教育部配合輔導計畫之推動，提供給中小學教師進修之輔導知能研習有三種：㈠基礎輔導知能研習，三天課程，提供最基本的輔導觀念與原理；㈡輔導學分班，利用暑假或夜間，提供二十個輔導專業學分課程；㈢主題輔導工作坊研習，一週之課程，提供實用性之輔導技術。

基礎輔導知能研習，必須所有中小學教師均至少參加一次；修畢輔導學分班之教師人數，應至少佔所有教師總人數之十分之二到十分之一之間；主題輔導工作坊應分縣市普遍辦理，讓中小學教師得隨時透過研習，習得具體實用之輔導技術。唯有教師普遍具備輔導知能，修習輔導專業學分教師比率增加，教師始能以輔導的觀念及態度對待學生，校園之氣氛祥和，學生偏差行為惡化之程度得以緩和，中途輟學學生復學後留在學校之可能性相對提高。

肆、結　語

筆者追隨鄭常委石岩執行輔導工作以來，多次聆聽其演講，常被「共命鳥」的故事所感動，其謂：「喜馬拉雅山上有一種鳥，它有兩個頭，有一天飛到森林裡，右邊這個頭找到了一堆新鮮味美的果子，自己吃得津津有味，但左邊的這個頭要向它分些來吃，不可得，左邊的這個頭運氣較差，一直找不到鮮果吃，最後看到一個毒果，它吃下去了，這一隻兩個頭的共命鳥也就死了。」就學生來講，適應良好、成績優良者就像共命鳥右邊的頭，中途輟學學生就像左邊的頭，必須要兩邊都好，共命鳥始能活命，多分一些資源給予需要額外幫助的學生，是有必要的。

本文之整體結構，可用下表二顯示：

（本文原刊載於「教育研究」雙月刊第 36 期，83 年 4 月）

表二　中途輟學學生的成因與對策

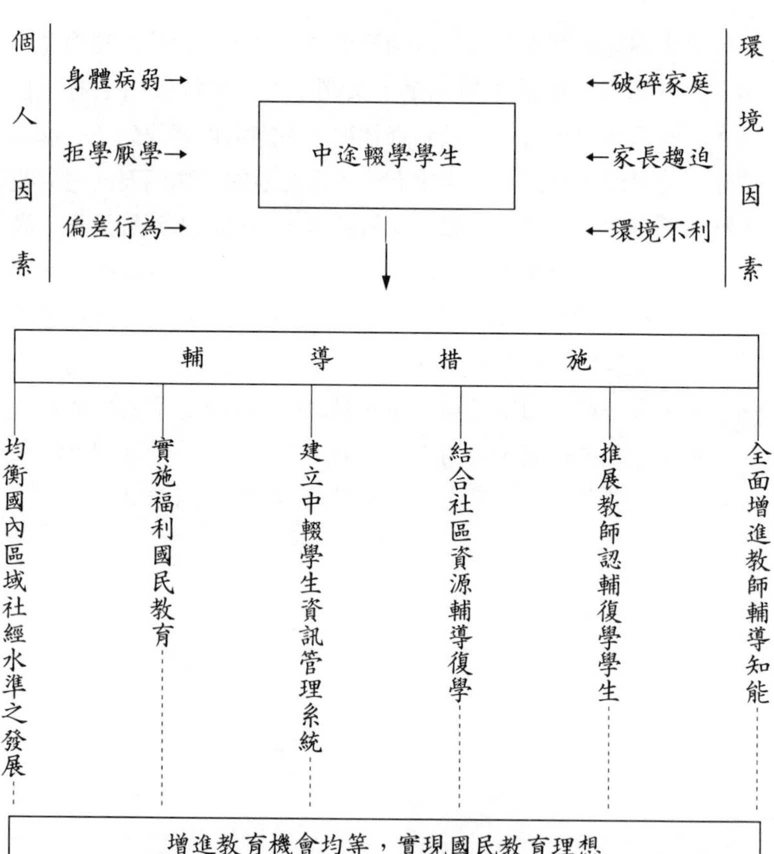

14 輔導中輟學生的權責與方案

壹、緒言——學生中輟教育人員的責任有多大

由於八十六年的幾個重大刑案，犯罪者的共同特質是中途輟學，中輟學生的權責與有效輔導方案，形成各界共同關注的課題，也是媒體不斷報導，對教育界持續期待的焦點。

就以新竹十三歲少女被凌虐致死的案件為例，八十六年十月十五日，吳部長在立法院立法委員交相質詢之下，作了如下的答覆：這個案件教育部要負最大的責任。立法委員夾帶著民意又問：要負百分之幾的責任？吳部長：至少要負百分之八十以上責任。

這樣的答案在當時，滿足了民代及媒體的需求（有單位負責，並且擔了百分之八十以上責任），但嚴格而論，不當地曲解，並且擴大了教育人員的權責，形成「泛教育責任」，與發生了火災，掉下了一架飛機也是教育要負絕大部分責任是一樣的。

值得大家進一步深思與反省。

本文之目的旨在分析介紹中途輟學學生的定義，法令權責，以及教育部針對中輟學生的各種輔導方案，為教育人員及輔導人員釐清己身權責，並期待社會各界人士能夠體會教育部的用心，配合協助中途輟學學生，從最關鍵的工作入手，有效紓緩此一問題。

貳、中輟學生以國民教育爲界劃分成兩類

各級學校均有中途輟學的學生，但高中以上的中途輟學與國民教育階段（國小、國中）的中途輟學具有不同的意義。國民教育階段因屬強迫教育性質，政府依強迫入學條例有責任要求家長把孩子送到學校「接受國民教育」。憲法也規定，接受國民教育為人民的三大權利及義務之一，國民教育階段的學生中途輟學影響其接受教育的權利，也是政府及人民雙方沒有善盡義務，同時也破壞了國民教育機會均等理想的實現，因此，也才有所謂的「權責」問題，至於高中職以上的教育，因為它不是國民教育，人民要不要再繼續接受學校教育有自由選擇權，學校要不要收留這個學生也有一定的規範，具有選擇及淘汰學生的權利，高中職以上學校（含專科、大學、研究所）學生中途輟學並沒有所謂「權責」問題。

社會大眾（尤其是部分媒體）將高中職學生或十六歲以上青少年中途輟學與國民教育階段不分，認為政府也要將他們找回來，實係不當推論，吳部長承諾將國中畢業，未升學未就業學生（約一萬名）找回學校接受第十年國民技藝教育，在國民教育法

未完成修訂之前，於法無據，執行起來也將十分困難。

狹義的中途輟學學生指的是：國民教育階段（國中、國小）學生，未經請假三天未到校上課學生，包括轉學三天內未轉入新校及開學三天內未註冊國民中小學學生，此一定義是教育部採用的定義（國民中小學中途輟學學生通報辦法），也是中輟學生真正的定義（不包括高中職以上學校輟學學生）。

叁、面對中輟學生，「通報」爲教育人員的法定責任

中途輟學學生引起普遍關注之後，通報→尋找→復學→輔導，一連串之工作，社會各界均全數加在教育人員頭上，幾乎要求中小學老師祇要其班上有學生中途輟學，他就必須善盡通報，到校外尋找，協助復學，並且輔導其不再中輟，教師有無限的責任。事實上教師也祇能依法行事，法律未賦予教師的權責，要求教師們來做，亦無從著力，也大可不必。從「強迫入學條例」及「國民中小學中途輟學學生通報辦法」規定，面對中輟學生，「通報」為教育人員的法定責任，至於協助尋找，輔導復學，復學後輔導均係教師們本於教育愛，良心配合事項，不適於要求，做得不理想，更不應該指責。

教師發現中途輟學學生，「通報」的要點有三：㈠填寫「中途輟學學生通報單」，陳送學校承辦本項業務之訓導處或輔導室。㈡通知家長，告知其子弟未到校上課。（通常中輟學生會有聯絡不到家長情況，教師應於通報單上一併註記何時聯絡共幾

次）。㈢如發現學生有受「兒童少年性交易條例」及「少年福利法」保護之虞（如受虐或性侵害），亦應於通報單上註記，要求學校同時通報社政單位。

教師之通報責任概如上述，學校行政單位依據教師提送之通報單逐日辦理下列三事：㈠將中輟學生通報單影印兩份，一份傳送教育局，一份傳送縣市內中輟學生通報彙辦學校，當日輸入電腦通報上級。㈡有需要傳送社政單位者，一併傳送社政單位，要求派社工員介入協助，㈢將中輟通報資料備文函請鄉鎮區強迫入學委員會，執行輔導強迫入學。

教師們未善盡通報責任或學校行政單位通報業務處理得不理想，影響到學生受教權益或長期受凌虐，則教師或行政人員依法應受處罰，至於已依規定通報，學生仍然未受到保護，未如期復學，則係家長及強迫入學委員會的責任，「通報」與否係教育人員權責的分際點。

肆、發揮強迫入學委員會功能，才能有效督導家長送其子女復學

「強迫入學條例」第三條及第四條明確規定；直轄市、縣（市）為辦理強迫入學事宜，設直轄市、縣（市）為辦理強迫入學委員會，由直轄市、縣（市）長、教育、民政、財政、主計、警政等單位主管，議會代表及鄉（鎮）、（市）、（區）長組織之；以直轄市、縣（市）長為主任委員，教育局局長為副主任委員。鄉（鎮）、（市）、（區）為辦理強迫入學事宜，設鄉

（鎮）、（市）、（區）強迫入學委員會，由鄉（鎮）、（市）、（區）長、民政、財政、戶政、衛生等單位主管，地方民意代表及國民中、小學校長組織之；以鄉（鎮）、（市）、（區）長為主任委員。

「強迫入學條例」第五條復規定：鄉（鎮）、（市）、（區）強迫入學委員會，負責宣導及督促本鄉（鎮）、（市）、（區）適齡國民入學。第六條更明確規定；適齡國民之父母或監護人有督促子女或受監護人入學之義務，並配合學校實施家庭教育。

由以上強迫入學條例四條條文分析，中途輟學學生的法律權責應由其父母或監護人負全責，而督責家長送其子女復學之單位為鄉（鎮）、（市）、（區）強迫入學委員會。長久以來中途輟學學生維持在一定的人數，肇因於鄉（鎮）、（市）、（區）強迫入學委員會功能不彰，縣（市）層級強迫入學委員會亦有名無實，均缺乏實際運作。

依據強迫入學條例第九條及第十條規定，鄉（鎮）、（市）、（區）強迫入學委員會遇有中途輟學學生，循下列四個步驟督責其家長執行強迫入學：㈠家庭訪問，勸告入學；㈡書面警告，限期入學；㈢罰鍰（一百元）並限期入學；㈣繼續罰鍰，至入學為止。第十一條復規定，依本條例規定所處罰鍰，逾期不繳者，移送法院強制執行。

愈為偏僻經濟困難地區，中途輟學學生愈為嚴重，而主管鄉（鎮）、（市）、（區）公所更缺乏專人及專款經費執行強迫入學事項，形成惡性循環，乃長期以來未能有效紓緩中輟學生之主要原因。因此，如何協助偏遠鄉（鎮）、（市）、（區）強化其強迫入學委員會組織，有專人及固定的經費辦理家庭訪問、書面警告、罰鍰，及持續罰鍰、移送法院強制執行等事項，發揮強迫入學委員會應有功能，才能有效督責家長送其子女復學。

伍、預防性措施旨在協助排除可能輟學因素

八十六年十一月十三日教育部向行政院院會簡報「輔導中途輟學學生工作」，（吳部長授權鄭石岩常委簡報，筆者負責翻投影片），提出了輔導中輟學生之整體方案，分為預防性措施，輔導性措施，以及延續性措施三部分工作。筆者以為，此一方案至為完整周延，以前瞻性的眼光，結合了當前已行的各項重點工作，有必要摘介給所有教育人員及輔導人員，分析其緣由背景，爭取認同，協力落實基礎工作。

預防性措施包括四項重要方案：㈠推動認輔制度，㈡實施國中技藝教育，㈢規劃寒暑假期潛能開發教育，㈣落實強迫入學工作。四者均在協助排除可能輟學因素，摘介如次：

㈠推動認輔制度

「認輔制度」鼓勵中小學教師及社會熱心人士志願認輔適應困難或行為偏差學生，並以可能中輟學生或輟學後復學學生為優先認輔對象。認輔制度自八十三學年度起試辦，逐年擴大，目前已有約四千五百名中小學教師，志願認輔約五萬名學生，部分可能中途輟學學生，有認輔教師從旁給予關懷與鼓勵，可能逐漸適應，免除輟學，輟學後復學學生，有認輔教師協助其共同面對當

時輟學原因，進而紓解或排除，亦可不再回流中輟。「認輔制度」雖是廣泛地協助行為偏差或適應困難學生，祇要學校規劃妥當，篩選出可能中輟學生及將中輟後復學學生安排較理想的認輔老師認輔，對於國民中小學中途輟學問題之紓緩將有長遠的效果。

㈡實施國中技藝教育

教育部自八十二年起試辦四年「發展與改進國中技藝教育方案……邁向十年國教目標」，國中二年級提供每週兩小時的選修職業試探課程，國中三年級開設技藝教育班，提供每週六～十四小時的技藝教育課程。並規劃與高一階段第十年國民技藝教育班銜接。其主要目的，即在為不適應當前國中課程學生提供另一發展管道，尤其到國二及國三時可以少修英數理等學術性向課程，往技藝教育方向發展，不致由於課業壓力重而造成輟學。

㈢規劃寒暑假期潛能開發教育

青少年對於現有國中課程缺乏興趣，學業成就低落，也是輟學原因之一，如何發展不同的課程內涵，將青少年留在學校，願意接受教育薰陶，而不成天遊蕩在外，也是重要策略性工作，教育部規劃寒暑假期潛能開發教育，實施對象以目前國中學習成就較低百分之二十，每班三十人為原則，活動課程為主，授課者以教師為優先；並結合社會各界士擔任義工，活動場地以學校為主，亦得實施校外教學參觀活動。亦即以彈性的課程及教學型態，將學生留在學校。

㈣落實強迫入學工作

前已述及：各地強迫入學委員會功能的發揮，可以直接減少中途輟學學生，教育部除了從經費、人力上設法協助偏遠地區強迫入學委員會外，更從全面建立聯絡系統網路，作業規範手冊，強化宣導工作，並研擬有關獎懲措施，列為地方政府施政績效考核項目。運用資源提供及支持性措施，落實強迫入學工作。

陸、輔導性措施旨在積極有效因應學生中途輟學之事實

八十六年十一月十三日教育部向行政院院會提報的工作簡報，在輔導性措施方面亦有四項：㈠加強通報與協尋工作，㈡設置國中專任輔導教師，㈢與民間企業結合追蹤輔導中輟學生，㈣設立中途學校。四個方案旨在積極有效因應學生中途輟學之事實。簡要說明如次：

㈠加強通報與協尋工作

教育部訂頒「國民中小學中途輟學學生通報辦法」，主要內容有四：㈠訂頒通報單格式，使各校及老師據以通報，㈡規範通報流程，㈢縣（市）成立中途輟學學生通報彙辦中心學校，負責協助教育局將通報資料傳輸電腦，並與教育局及教育部連線。㈣發現中輟學生失蹤部分，由教育部定期（每週）移請警政署協尋。本辦法之訂頒與執行，旨在有效規範教師、學校、教育局通報作業，充分瞭解學生中途輟學情形，並尋求與警政單位合作，共同輔導輟學學生復學。

㈡設置國中專任輔導教師

國民中學學生與高中高職學生比較，更需要輔導教師的協助與輔導，然而現行教師編制，高中職輔導教師為專任（每十五班

一名，免上課），國民中學為兼任（亦每十五班一名，得減授課時數四節），亦即國民中學輔導教師，每週僅有四節時間來提供十五個班級學生在輔導工作上之需求，約為高中職的六分之一，以致國民中學輔導工作內涵與高中職落差太大，國民中學中途輟學學生長期來持續居高不下，這或許亦為主要原因之一。

教育部兩三年來持續有「國民中學設置專任輔導教師」之議，已策訂完成具體之逐年設置方案（一千六百九十五名，四年完成，每年九億元），唯提請行政院審議折衝結果，目前以「國民中學試辦設置專業輔導人員（含輔導教師）」八十一名，交由省市試辦。兩年後評估執行成果，再行研議是否擴大辦理。另配合國民教育法修訂進程，已將國民中小學設置專任輔導教師及專業輔導人員之規範納入，確立法源基礎，再配合試辦成果，務實調整國民中小學輔導人力員額，為輔導工作營造更佳有利環境。

㈢與民間企業結合追蹤輔導中輟學生

追蹤輔導中途輟學學生本為鄉（鎮）、（市）、（區）強迫入學委員會之法定權責，強迫入學委員會接到學校通報之輟學學生通報單，即應派員至輟學學生家裡作家庭訪問，勸告入學工作。唯今日鄉（鎮）、（市）、（區）強迫入學委員會功能參差不齊情況下，結合民間專業團體針對已輟學之學生家庭，實施家庭訪問，追蹤與輔導其復學乃屬必要可行方案。

台灣省政府教育廳於八十六年三月起進行試辦中途輟學學生追蹤輔導工作，補助各縣市政府教育局與中華兒童福利基金會各地家扶中心合作，請各校轉介中輟學生個案，由家扶中心的社工員進行家庭訪問，面談或電話諮商。成效尚稱良好，唯僅能追蹤目前中輟學生的四分之一（八十五學年度開導人數一千五百六十八人），教育部將再提供經費，協助地方政府，再結合救國團張老師及其他民間社會公益團體，擴大辦理本方案，應可照顧到所有中途輟學學生。

㈣設立中途學校

部分中途輟學學生，因社會化太深，或離開學校太久，輔導復學回到學校來以後，有些對於一般的學校學習生活困難適應，必須安排他們在「能夠提供銜接教育設施」的環境接受教育，是以有所謂「中途學校」之議。教育部協調地方教育主管機關設立之中途學校，採多元型態與內涵規劃，有類似特殊教育「資源班」的方式，也有成立學校「分班」、「分部」的方式，也有在社輔保護機構內成立「合作班」的方式，也有派老師巡迴各「中途之家」教學的方式。目前可收容之學生約為三百人至五百人，教育部規劃加強設立中途學校，直至可收容一千人接受中途銜接教育為止。

柒、延續性措施旨在鼓勵國中畢業生接受第十年國民技藝教育

目前國中畢業未再升學的人數約為五萬五千人，其中已就讀第十年國民技藝教育班之學生約為二萬人，已就業者約為一萬八千人，準備重考者約七千人，剩下約有一萬餘人即所謂未升學未就業之青少年。依據教育部兩次委託犯罪學者蔡德輝教授調查結果顯示，十八歲以下少年犯，未在學的青少年犯罪率約為在學青少年犯罪率的三至五倍。國中畢業未升學未正式就業的青少年最

容易犯罪，因此，吳部長曾極力呼籲，把一萬名的輟學學生找回來，讓他們接受第十年國民技藝教育，把他們留在學校，可以降低少年犯罪率，亦可真正協助這些尚不知人生方向的少年，有機會習得一技之長，進而服務社會，而不致成為社會的包袱。

捌、結語——中輟學生違規犯過是社會動亂的根源抑或是社會動亂的結果？

中途輟學學生引起大家關注以後，媒體及各界人士爭相報導討論，有些媒體也直接採訪了中輟違規犯過的學生，這些犯罪少年有的坦陳自身誤入歧途的悔誤心聲，也有的怨天尤人，大言不慚地說：「我們不是社會動亂的根源，我們是社會動亂的結果。」經過主持人再三地強調，形成似是而非的觀點，好似中輟學生違規犯過是這個社會不對，大家對不起他，他之所以犯罪，是大家造成的，不是他個人的因素。筆者深不以為然，教育人員及輔導人員應重視此類報導之不當，引導學生真正面對青少年各種問題，要提示學生，大家的生存社會環境大致雷同（同樣的台灣、同樣的制度、同樣的機會、平等的待遇），為什麼大部分的人不會輟學、不會犯罪，而他會，顯示學生中途輟學，尤其是日後的犯罪，有它個殊的因素，其個人要負絕大部分的責任，社會大眾及教育輔導單位對他們的關懷與協助是一種同情的補救措施，也是整個國家社會經濟水準發展到一定程度之上始有可能，是一種以福利國家，社會福利或福利教育措施的立場給予他們的協助與支援，因為資源的累增，會越做越好，但談不上必要的權責。

大家關切中途輟學學生，也就是做好教育及輔導中輟學生的時機，本文之分析，希望能清楚釐清權責，糾合政府及民間有心人士，配合教育部的各項方案，真正協助這些學生。

（本文原刊載於教育部學生輔導雙月刊第55期，87年3月）

增訂補註：

教育部於87年7月7日以台(87)訓(三)字第 87073301 號函頒「中途輟學學生通報及復學輔導方案」，提列十四項重點措施，三大預期成效，已有明確具體作法。

15 中途學校的多元型態與內涵

自從兒童及少年性交易防制條例頒布，明確規範政府應設置「中途學校」以收容不幸少女繼續接受教育以後，中途學校到底是怎樣的學校？民間團體、社政單位以及教育行政單位的看法不盡相同，爭議不斷，也影響了實際中途學校籌設的進程。本文僅以教育的立場，試圖闡明「中途學校」的意涵及實際的作法，希能有助於觀念上的溝通，結合政府及民間單位的力量，共同致力於多元型態中途學校的發展，俾以發揮預期功能。

一、「中途學校」旨在幫助不方便接受正規學校教育的青少年

中途學校的定義頗為分歧，有人認為它就是一所學校，祇是跟一般正規學校不同，正規學校收正常的學生，中途學校收特別的學生（如不幸少女）；也有人認為中途學校就是配合中途之家所設的學校；更有人認為在兒童及少年性交易防制條例頒布之前，法律上並未出現「中途學校」此一名詞，兒童及少年性交易防制條例第一次使用，並且明確規範為專收不幸少女的中途學

校，所以中途學校就是收受不幸少女（雛妓）繼續教育的學校……不一而足。

教育人員對於所謂「中途學校」，持較為廣義的看法，認為所謂「中途學校」本身是一個形容詞，不是名詞，凡是能夠協助不方便接受正規學校教育的青少年，繼續其教育的各種安排，均稱為「中途學校」多元型態之一。它可能祇安排老師到家上課，也可能安排老師到中途之家對三、四位需要保護的青少年上課，也可能由學校與社政收容單位合作，在收容單位中開班，延續收容青少年的教育，亦可能學校以資源班或分班方式提供特別需要學生之教育，必要時提供這些學生的食宿，以及保護措施。

因此，「中途學校」是一種理念，它可用多元型態的方式存在現有教育系統之中，是一種特殊需要青少年回到正規學校教育之前的「中途教育設施」。

二、不幸少女不是「中途學校」唯一的收容對象

由前述中途學校意涵上的闡述，可知中途學校收容的對象十分廣泛，不幸少女（雛妓）僅是其中的一部分，就廣義上來說，嚴重的適應困難及行為偏差學生均應是中途學校收容的對象，在當前社會變遷急遽，青少年普遍適應困難而產生偏差行為的情況下，一部分的學生接受正規學校教育有困難或人地不宜，暫時（短時期）不適合接受正規學校教育時，均有接受中途學校教育的需求，政府也有責任為這些青少年廣為開闢中途教育的管道。

從教育的立場而言，中途學校教育的對象非常類似特殊教育的對象，祇是特殊教育的對象以資優及身心障礙學生為主，中途學校以適應困難，行為偏差或者需要特別保護的對象為主，中途

學校教育是特殊教育的一類，特殊教育也是廣義的中途學校教育。對象同樣非常廣泛。

三、為了避免標記，中途學校不宜獨立設置

中途學校旨在提供中途教育，使這些特別的青少年有繼續接受教育之機會，但並不希望由於這樣的特別教育安排，而帶給青少年不當的標記，影響其一生的發展，例如以收容不幸少女為主的中途學校，我們不希望它流為「雛妓學校」的不當標記，數十年前政府在彰化實驗的「明德中學」（獨立學校專收行為偏差學生）亦未成功，應予避免。

因此，中途學校設置的最佳型態，恰如特殊教育回歸主流的趨勢，以學校設資源班的方式最為理想，如需要提供住宿及保護措施，則以學校的分班或分部設置為宜，不應是獨立設置之中途學校。

四、中途學校師資尤需具備愛心與輔導知能

中途學校成功與否的關鍵，除了運作型態上之設置外，師資素質及課程設計最為重要。就師資而言，因為中途學校收受之學生心理特質不如一般學生健康，學業成就亦遠遠落後一般學生，中途學校的教學設備又往往不如一般正規教育的學校，尚且這些學生部分時間尚需進行保護管束措施，真正能夠接受教育的時間亦少於一般正規學校。因此，凡是擔任中途學校之教師，尤需愛心，真正喜歡協助這些需要特別幫助的青少年，否則難以久任其職。亦需要具備相當程度之輔導知能，能夠同理這些青少年的遭遇，提供「有能力的愛」，協助其成長，逐步跳脫不幸的陰霾。

五、中途學校課程設計須能扮演「銜接」功能

政府所設的各類型中途學校，均在提供青少年接受保護期間或短期的中途教育，中途教育本身不是目的，它祇是手段，它真正的目的在協助這些青少年能夠順利地回到正規的學校繼續其教育。

因此，中途學校提供給學生的教育內涵，其課程必須順應學生的需要個別設計，以學生既有的基礎為起點，以正規學校原有的課程標準為指標，由任課教師調配合適的內容與進程，務實教學，扮演「銜接教育」的角色功能。各類型的中途學校能否發揮銜接教育的功能，也就成為評斷中途學校成功與否的核心。

六、中途學校學生需要心理諮商師與社工師之協助

中途學校的學生來源特殊，多數經歷迫害、侵犯、不幸，行為嚴重偏差，心理適應困難，在接受教育之同時，必須配合定期心理輔導或協助其解決家庭、社會環境所造成的困擾，因而兒童及少年性交易防制條例明確規定，專收不幸少女之中途學校，除教師外，尚須有心理諮商師及社工師之編制。事實上，其他類型之中途學校仍有其需要。

中途學校如何依法設置心理諮商師及社工師？宜考慮中途學校之規模，採不同運作模式，如提供住宿的中途學校，人數已達數十人以上，編制專任的心理諮商師與社工師始為合理，學生人數較少的中途學校可與社輔機構合作，敦聘合格的心理諮商師及社會工作師，採排班輪值的方式，定期輔導協助中途學校學生。心理諮商師與社工師在中途學校內協助學生，本身所作的心理輔

導及社會工作不是直接目的，它是一種「助長」的手段，其真正的目的在協助這些青少年接受「中途教育」而有效果，也是在發揮「輔導的教育功能」。

七、社政單位提供生活照顧及保護措施，教育單位規劃多元教育型態，民間團體支援公部門之不足，並淡化其標記，是最佳合作模式

中途學校的設置已迫在眉睫，教育單位，社政單位及民間熱心公益團體縱有不同的看法，合作促成，早日規劃設置，務實協助這些需要「額外」照顧的青少年，目標則完全一致。過去或有人士主張在社輔單位中設置獨立存在之中途學校之議，就教育的立場而言，這也不是最佳途徑。筆者以為，由社政單位為這些需要幫助的青少年提供生活照顧及保護措施，再由教育單位依據需求，規劃多元「中途教育」型態或輔導個案就近放入一般班級或就近學校開設資源班，或就近學校提供師資到中途之家授課，或成立分班、分部實施；民間團體再以其資源，彌補公部門不足，並且以接受委辦或補助方式多元發展生活照顧、保護措施及必要的教育輔導諮商功能，淡化標記作用，協助這些青少年自我成長，早日回歸正規教育體系，此為最適合的合作模式。

中途學校實係一種教育理念，旨在扮演「銜接」、「中介」教育的角色，不應再拘泥於是否為一所獨立具體的「學校」，有賴教育、社政及民間單位通力合作，共同規劃其多元型態，豐富其教育內涵。

（本文原刊載於教育部學生輔導雙月刊第52期，86年9月）

16 誠實教育的行政評鑑

壹、緒言——行政計畫評鑑模式簡介

八十年八月，教育部頒布「教育部加強各級學校誠實教育專案實施計畫」之後，「誠實教育」引起國內教育界的激盪與關注，有人把它當作一特別的「政令宣導」，也有人將之視為一種「運動」，並與民國初年的「新生活運動」相提並論，唯就「實施計畫」內容觀之，再參考八十一年一月頒布之「誠實教育長期實施要點」，已然可以確定為一具體的「行政計畫」或「行政方案」。

一個具體的行政計畫，可運用考核評估的理則加以「評鑑」，根據筆者研究（七十八年），行政計畫可從四個層面進行評鑑：規劃作業層面、計畫內容層面、執行過程層面、實施績效層面。規劃作業評鑑係以行政計畫的原理原則，檢視計畫擬訂過程是否周延；計畫內容評鑑係檢視計畫項目是否符合社會需要，計畫項次是否整體貫串、前後銜接；執行過程評鑑係檢視實施方法是否具體、明確、便捷；實施績效評鑑係檢視計畫實施成果是否與預期成效符合。就整體而言，可形成下列簡要模式架構：

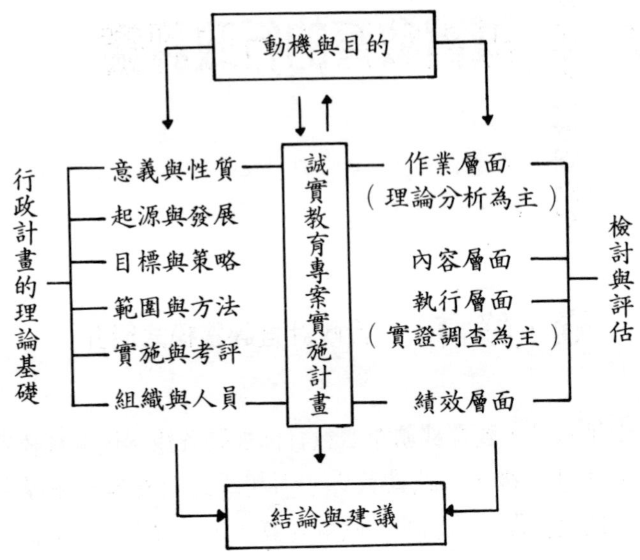

本文之目的係將「誠實教育專案」視為一「行政計畫」，依據前述模式之四大評鑑層面，予以簡要評述。

貳、誠實教育的規劃作業層面評鑑

行政計畫的規劃作業層面評鑑可從三方面進行檢核：政策決定歷程、規劃作業程序，以及年度作業計畫。

一、從政策決定歷程評析

通常重大政策之決定必須追求「合理性」，而增進行政決定合理性的有效原則為科學化、民主化、目標化、價值化四大向度。所謂「科學化」指作決定時，事務之主題具有充分的數據足以支持決定的可行性；「民主化」指政策決定與全體人民意願符合，具體的政策內容經過全體國民的共同討論或認同；「目標化」指最後政策方案具體內容符合原先政策決定之本義；「價值化」指政策之決定能符合全民的最大利益，具有解決當前危機及規劃未來發展之最大價值。（鄭崇趁，民 80 年）

探究教育部之所以推動「誠實教育」專案緣由，與「嚴懲中小學校長收紅包、拿回扣」事件，及「八十年國民大會代表選舉」、「八十一年立法委員選舉」糾結不清，到底真正原因何在？外界始終無法知悉，亦無從釐清，因此，政策決定歷程談不上「科學化」與「民主化」。

暫且不論教育部策動「誠實教育」專案之原始目的為何，「誠實」原本即係「教育」重要之「本質」，配合學校所訂各項實施計畫工作，重新喚起師生體認「誠實」之意涵與價值，形成理念態度，終生信守，應符合形式上「目標化」原則。

再從「嚴懲中小學校長收紅包、拿回扣」事件之強烈反彈危機到由「誠實教育專案」合理吸納，及兩次中央民意代表選舉危機時段，「誠實教育專案」搭配反賄選、反暴力措施，有效維持各級學校安寧與運作，觀察發現，誠實教育運動實具有解決當前危機及規劃未來發展之最大價值，頗符合「價值化」原則。

政策決定之初或許荒謬，如能適時體察調整，祇要其結果符合全國國人之最大利益，亦不失為一高明之決策，「誠實教育專案」實為具體之寫照。

二、從規劃作業程序評析

規劃作業程序指要基層單位所做的事，究由上層直接指令？抑或有基層人員共同商議後決定？前者為由上到下的作業程序，後者為由下到上之作業程序。一個良好的方案計畫規劃作業程序，前段必須由上而下策動，後段則需要兼顧由下而上共同商議如何執行，始能貫徹並且有效達成目標。

誠實教育運動整個規劃作業程序全由教育部帶動，教育部於八十年八月頒布「教育部加強各級學校誠實教育專案實施計畫」，各有關司處配合策訂「加強誠實教育專案」實施細項，然後即以考核評鑑、實地查證方式要求各級學校落實執行，實行之初要求各級學校每週填報成果，後因執行上確有困難，逐次放寬為雙週填報、每月填報，可謂以執行成果之填報取代規劃作業工作，此亦整個誠實教育運動執行上之一大特色。也因為填報工作之要求亟為殷切，部分學校並無太多的活動工作，又怕據實填報有損學校顏面，為增益資料之豐富性，多有憑空設計之處，造成基層人士認為「誠實教育專案教育學校不誠實」現象。

就整體規劃作業程序而言，前段由教育部由上而下策動十分確當，如若後段能邀集各級學校基層工作人員共同商議，決定可執行工作項目後，再配合考評作業實施，或許本計畫將可更臻理想。

三、從年度作業計畫評估

所謂年度作業計畫係根據原有計畫，訂出本年度有關工作細項，包括全年度的執行項目、實施步驟、達成程度、與經費編配，周全的年度作業計畫乃整體計畫成功之基礎，攸關計畫之成敗。

誠實教育專案實施以來，教育部、省市教育廳局、縣市政府，以及各級學校均缺乏年度作業計畫之規劃，教育部各單位依據「實施計畫」所策訂之「實施細項」係短期之工作計畫，且與年度作業計畫之規格有所出入，以此現象而言，顯示教育部以外各階層單位在執行誠實教育專案時並無全盤之策劃，停留在傳統「政令宣示」的「大方案」，而非健全的作業計畫方案。

叁、誠實教育的計畫內容層面評鑑

評估一個行政計畫之內容層面，通常從三個向度進行：㈠計畫之整體是否成一有機之結構？亦即架構是否合理？㈡執行項目是否符合需要性與關鍵性？亦即計畫是否做了最切要、最有效的工作？㈢計畫本身是否找到了最理想的推動計畫之手段與方法？並予以合宜呈現？亦即採行策略是否合宜？

謹依循前述三個向度評析誠實計畫內容層面如次：

一、從方案架構評估

「教育部加強各級學校誠實教育專案實施計畫」內容項次包括：實施目標、實施方式、推行要項、執行時程、所需經費、管制考核六部分，且第七補註本計畫如有未盡事宜得隨時補充之。其中「實施方式」類似「實施原則」之提示，近於「策略」或手段、方法。各項次之間無法形成為一有機結構體，架構並不明顯，就如同一篇作文，意思已經說明，但並未具備起承轉合之結構。

此一缺失乃因誠實教育專案之籌備時間過於倉促，且缺乏熟悉行政計畫人員直接參與之故，如有計畫人員參與，適度調整即可改善。

二、從執行項目評估

「教育部加強各級學校誠實教育專案實施計畫」，推行要項包括下列三大項十六小項：

㈠推動組織：

1. 行政部分：依據各級教育行政機構權責，按本計畫管制考核項目辦理。
2. 學校部分：由校長、教師代表、行政人員代表、學生代表（國中、國小除外），組成「推動誠實教育小組」，共同規劃與推展。

㈡教育宣導：

1. 編輯有關誠實教育之輔助教材。
2. 設計誠實卡、反省卡、傳單、書籤、墊板及小冊子等。
3. 舉辦有關誠實專題演講或座談。
4. 擴大班（級）會功能，舉行生活檢討。

5. 利用週記或日記做自我生活反省。
6. 設計有關啟迪誠實美德之環境佈置。
7. 製作「誠實專欄」揭示誠實有關之海報圖片或文字。
8. 設置「誠實意見箱」。
9. 各班共同研討訂定「誠實公約」期以相互勉勵及實踐。

㈢活動辦理：

1. 配合學校既有學藝活動，舉辦以誠實為主題之作文、書法、繪畫、演講、辯論、說故事等比賽活動。
2. 利用相關親師活動機會，加強家庭與學校之間觀念之溝通，達成教育父母影響社會之目的。
3. 利用集會或社團舉辦有獎徵答。
4. 建立「學生榮譽制度」；推行不說謊、不作弊、不虛偽、說實話、做實事運動。
5. 定期或不定期舉辦誠實楷模表揚活動。

以國教司為例，國民小學及國民中學之實施細項包括下列九大項二十四小項：

工作項目	內容	進度	辦理單位	備註
一、規劃協調	1.邀請省市教育廳局、縣市教育局長等溝通觀念建立共識。 2.督導省市教育廳局縣市教育局專案辦理國中小校長會議本部派員宣導。	80.08.01～80.08.31	教育部 省市教育廳局 省市教育廳局 縣市政府	
二、成立推動小組	策動、督導、執行	80.08.01～80.08.31	教育部 省市廳局縣市政府各國中小	
三、加強宣導	印製「誠實」專案宣導書籤	80.08.31～80.09.30	教育部	
四、設計教育活動	1.編印國中公民教育實施書籤。 2.編印國小生活教育實施要點。 3.編印生活教育宣導卡片。 4.編印生活常規（食衣住行圖文墊板）宣導卡。 5.製作教學正常化短劇宣導片。 6.修訂及宜導國中編班實施要點。 7.利用週會、班會及相關課程適時宣導。 8.舉辦誠實專案省思活動。	80.08.01～80.08.31 80.08.01～80.09.30 經常辦理 經常辦理	教育部 教育部 教育部 教育部 教育部 教育部 各國中小 各國中小	省市教育廳局 縣市政府教育局督導
五、加強輔導活動	1.成立學生自治幹部，推動誠實活動。 2.加強童軍教育活動，實踐日行一善精神。 3.加強輔導特殊需要輔導學生。 4.舉辦鼓勵自我反省相關活動（利用導師時間）。	經常辦理 經常辦理 經常辦理 經常辦理	各國中小 各國中小 各國中小 各國中小	省市教育廳局 縣市政府教育局督導
六、加強推廣活動	1.舉辦教師座談會 2.舉辦師生、家長座談會 3.舉辦親職教育相關活動	80.10.01～80.10.31	縣市政府教育局各國中小	（含直轄市教育局）
七、學校行政公開化	1.學校行政制度化 2.學校人事公開化 3.學校經費透明化 4.學校教學正常化	經常辦理	各國中小	省市教育廳局 縣市政府教育局督導

				學校行政公開化請依現行有關法令規定辦理，例學校人事進用或考核應依人評會作業程序辦理，經費憑依財務有關規章辦理。
八、舉辦學藝競賽活動	辦理書法、演講、壁報、作文或有獎徵答活動	80.09.03 ～ 80.10.20	縣市教育廳局縣市政府教育局各國中小	
九、呈報實施項目		81.01.01 ～ 81.02.28	縣市教育廳局縣市政府教育局各國中小	

就學生對象而言，專案項目之設計多元活潑，已喚起一股「誠實心、快樂心」風潮，符合學生需要，可證明本計畫已做了最切要、最有效之工作。

惟「誠實教育專案」之主要目的，在宣導教育之誠實本質，希望透過專案活動之歷程，增進學校中行政人員（如校長、主任）、教師、學生之誠信修養造成教育清流之好形象，尤其是校長及老師具有楷模示範作用，應為計畫項目實施之主要對象。詳查教育部之「實施計畫」及各單位研議之「實施細則」，均屬學生執行之項目，缺乏校長及教師們應執行工作之規劃，似有聲東擊西之嫌，確當性有所不足。

三、從實施策略評估

就「誠實教育專案」實施計畫本身而言，關及策略層面者有兩部分：「二、實施方式」及「三、推行要項」中之三大項——「㈠推動組織，㈡教育宣導，㈢活動辦理。」

其中實施方式有三點：

> ㈠各級學校推動誠實教育應與學校行事曆及學生生活教育相結合，有計畫、有步驟，一點一滴的去做，期使誠實蔚為風氣，形成校園新文化。
>
> ㈡教師指導學生，要用啟發的方法；事先的啟迪重於事後的糾正，積極的輔導重於消極的制裁。
>
> ㈢設計活動應具教育性、省思性、生活性、趣味性及實踐性，並兼顧學生參與意願及教育目標之達成。

實施方式之內涵實為「原則」之提示，即提示本計畫應依據前述三大原則，透過推動組織的運作、加強教育宣導工作，積極辦理各項活動，以有效達成專案計畫目標。

整體而言，採行之策略應屬合宜，可謂為計畫之推動找到了尚稱合適的手段與方法，惟「呈現方式」卻有待斟酌，以「實施方式」提示原則，以「推行要項」兼具「實施策略」功能，均非一個理想行政計畫合適之呈現方式。

肆、誠實教育的執行過程層面評鑑

一個周延的行政計畫，為求計畫之落實執行，通常有「執行要點」之規範，執行要點中包括「行政協調」及「考核評估」事項，必要時加上經費籌措與執行事項，行政協調在策動有關單位，透過行政之溝通協調聯絡，有效地執行計畫工作，考核評估則在提列考評督導程序及考評基準。因此，評估計畫之執行過程層面通常在檢討下列三方面：㈠行政協調事項是否運作順當，能否有效執行各項工作？㈡督導考評過程是否嚴謹？能否收到改善缺失，發揚績效之功能？㈢所需經費之籌措是否順利？經費之運用是否恰當？

一、從行政協調評估

「誠實教育專案實施計畫」中並無所謂「執行要點」或「行政協調」事項之規範，惟列有「四、執行時程」規定如下：

㈠準備階段：八十年七月至八月

1. 規劃推動誠實教育執行細項及具體措施。
2. 製作有關誠實教育方面之輔助教材。
3. 舉辦各級學校行政主管座談會研商推動誠實教育，交換意見，建立共識。

㈡第一階段：八十年八月至十月

1. 配合學校訓導工作行事曆，安排推動誠實教育有關之各種宣導、教育與活動。

2. 本階段宣導與教育以學生日常生活為重點（如食、衣、住、行、育、樂等，每一～二週設計一項單元。）

3. 在動態方面：期以各種新穎、活潑的活動，掀起誠實運動之熱烈迴響。

4. 在靜態方面：教師應輔導學生利用班（級）會或週（日）記，反省自我，檢討誠實。

㈢第二階段：八十年十一月至十二月

1. 繼續推展第一階段各項既定計畫與活動。

2. 本階段重點：應將校園活動主題，與社會脈動切合；期能發揮影響並帶動社會誠實風氣。

3. 運用大眾傳播（如電視廣告短片），或邀請演藝人員分區舉辦「誠實演唱會」活動，藉以擴大影響社會層面。

㈣延續階段：

本專案自八十一年起，列為年度經常性各級教育行政機關及學校重點工作辦理。

事實上在「實施計畫」中係將行政協調事項隱含於各執行階段中辦理，但亦僅止於原則性提示。

倒是各單位研提之「實施細項」（如前述國教司所提），表中列有「辦理單位」及「備註」兩欄，部分之行政協調事項亦有呈現。

就實際執行情形而言，教育部、省市、縣市僅成立「專案督導小組」而未成立「執行小組」或對等組織，以行政作業立場來說，「督導小組」兼具「行政協調」功能。

就周延行政計畫而言，計畫之執行組織，輔導組織及考評組織三者允宜釐清分開，由「執行組織」運作溝通、協調、聯絡工作較為理想。

二、從管制考核評估

「誠實教育專案實施計畫」明列「六、管制考核」如下：

㈠第一層：教育部由政務次長擔任召集人，高教司、技職司、中教司、國教司、社教司、軍訓處、人事處、訓委會、秘書室、電算中心等業務單位主管組成「誠實教育專案督導會報」，負責本專案之策劃、協調、督導及考評事宜。

㈡第二層：省（市）政府教育廳（局）由副廳（局）長擔任召集人，主管科長、駐區督學、軍訓室主任、軍訓督導組成「專案督導小組」，負責本專案之核轉及定期、不定期督導事宜。

㈢第三層：縣（市）政府教育局長召集主任督學、督學、學管課課長，負責本專案工作計畫之彙報與督導平時查考事宜。

㈣本專案之推動，各級教育行政機關應加強輔導訪視，以協助解決學校推動上所遭遇之困難。

㈤執行本專案評定為特優學校，除依本計畫規定獎勵外，校長等有關人員循行政系統敘獎；執行不力者，除列入年度績效考評外，並依情節予以議處。

實際執行結果，各層級教育機關均成立「專案督導小組」，實地至各級學校瞭解與輔導，各級學校亦無不配合，積極辦理各項活動。各級學校將辦理情形按月報送主管教育行政機關，中小學部分由省市廳局呈轉教育部，教育部有關司處定期於「督導會報」中檢討協調，「管制」層面而言，周延而落實。教育部對於各級學校績優單位或人員，亦陸續予以公開頒獎表揚，其有「不誠實」情節之個人，透過「管考月報」不斷追蹤辦理結果，「考核」層面而言，實已達到預期理想。本計畫並未正式進行「評估」工作，僅於「督導會報」中逐次協調，以實際執行結果檢討調整各項措施。由「督導會報」方式檢討改善實施計畫工作，與方案之評估，仍有差異，本文之發表，或可以在這方面有所彌補。

三、從經費運用評估

「實施計畫」中有「五、所需經費」提列下列三點：

㈠規劃經費：製作以誠實教育為主題之宣導海報、廣告短片及舉辦演唱會、雷射晚會等，所需經費由教育部年度相關經費預算項下匀支。

㈡各級學校執行本案所需經費，由年度預算匀支。

㈢績優補助：對執行本案表現優異學校酌予補助以資鼓勵。（由省市教育廳、局專案報部補助所需二分之一經費）

顯示「誠實教育專案」係一臨時性推出之行政計畫，不是一規劃周延的中長期計畫，可代表政府的教育政策；亦非重要的年度施政計畫，沒有「專案經費」。從「計畫的三條件」——固定的項目、固定的經費、固定的期程而言，並未符合良好行政計畫之理想。

根據直接參與本計畫行政工作人員反映，就整體計畫而言，付出之經費十分有限，與所產生的效果對照衡量，實已做到了「經濟而有效」之行政原則，至屬難能可貴。亦有人反映，本計畫之經費運用之所以會有如此效果，水準超過一般規劃周延之中長期計畫，或由於計畫主題——「誠實教育」內涵所致，「花錢更需要誠實」，錢都花在「刀口」上所致。

伍、誠實教育的績效層面評鑑

評估計畫執行績效有三種方法：一、核對計畫數量與實際執行數量是否吻合（包括項目數量與經費額度），二、檢討計畫實施成效與預期成效的契合程度，三、在計畫實施之後，以實證調查方法，檢核大眾對於計畫目標達成程度的看法。（鄭崇趁，民78年）

由於事實上之限制，「誠實教育專案」並未列明具體的計畫數量，實際之執行量亦無從核對，為文之前亦未有學者針對本案目標達成程度進行調查，無法以具體之數據呈現其執行績效。僅就筆者與多位實際參與人員訪談後之心得提列下列三大績效如後：

一、重新喚起「誠實為教育本質」之重視

教育的主要目的在「教人之所以為人」，亦即透過教育歷程

傳遞人類的意義、尊嚴、與價值，「誠實」原本係人類之所以具有意義、尊嚴、價值的基礎，為教育的重要本質。然而由於當前社會功利主義的流行，人心腐敗，爾虞我詐層出不窮；升學主義禍害，嚴重造成教育措施偏差，原本教育清流的好形象起了變化，以致教育活動的價值與意義缺乏「誠信」之內涵，甚至動搖了教育根本。「誠實教育專案」推動以來，讓整個學校教育回歸原本應有的「基點」——誠信，重新以誠實本質來檢討各項教育措施的價值與意義，喚起國人重視誠實為教育的重要本質。

二、有效維護校園安寧、協助國家完成兩次民意代表選舉

第二屆國民大會代表及立法委員選舉，為政府播遷來台之後首次的民意代表全面改選，對於國家將來發展至為重要，在人心不古，世風日下之當前社會，選舉的複雜程度大幅增加，幾近難以掌控之地步，幸賴教育部「誠實教育專案」的先行實施，校園中「反賄選、反暴力」的措施也就成為全體師生理所當然應予接受並且力行的事務，也因此，八十年的國民大會代表選舉，以及八十一年的立法委員選舉，社會其他層面或許仍有部分瑕疵，在學校裡頭始終安定如一，選舉前後亦未有重要學生運動事件，筆者以為，此應為「誠實教育專案」具體績效之一。

三、警惕「不誠實」教育人員，回復教育環境清流

誠實教育專案推動之同時，強調對於教育環境中有「不誠實行為」之人事，亦應予以檢舉，依法究辦。誠實教育專案實施前後二年有餘中，教育部接受檢舉案件多達三四百件，包括各層級教育人員之不法收受紅包、收受工程或購物回扣、變相補習、販

賣參考書、測驗卷……等等，教育部均依規定列案追蹤調查，其涉及刑責部分，依規定提送司法單位審理，對於不誠實之教育人員，產生極大之警惕作用，整個教育環境中，這些違背誠信之事件日漸減少，「誠實心、快樂心」漸成風尚，新的一股「教育清流」已隱約呈現。此亦應為「誠實教育專案」具體績效之一。

陸、結　語

「誠實教育專案」的產生與推動有其時代意義，嚴格而論，實係當前社會污染教育實體之一種反動，沒有最高教育行政主管看不慣教育人員的腐化，即無所謂的「誠實教育專案」，沒有八十年底及八十一年底兩項選舉活動的政治關鍵期，「誠實教育專案」亦將缺乏其豐富之內涵。就整體績效而言，似乎已然完成其時代任務，縱然決策過程有些荒謬，且專案之作業計畫距離理想的「行政計畫」甚遠，甚且難以界定為一完整的「計畫」，然而均將無損於其所扮演之歷史意義。「誠實教育專案」督導會報已經不再召開，各層級學校之誠實教育活動無形中免再提報成果，配合全國政治及社會層面進程，教育部主管人員的調整，相信「誠實教育專案」已經完成階段目標，今後將依據「誠實教育長期實施要點」融入一般教育措施中進行，留給各級學校教師適時「因材施教」，也不會再有行政主管會刻意去強調。或許行政措施之「時代性」和「人心」的現象是一致的，大家似乎都記得一首名詩，「人生到處知何似，應似飛鴻踏雪泥，泥上偶而留指爪，鴻飛那復計東西。」「誠實教育專案」就好比詩中的「飛鴻」，而今，飛鴻已然遠離，留在雪泥上的些許痕跡，讓我們這些教育人員品頭論足，能不有趣？

（本文原係八十二年五月「誠實教育學術研討會」專題報告，復刊載於台灣教育月刊第529期，84年元月）

參考資料

鄭崇趁（民78年）。**發展與改進國民教育計畫之研究**。國立高雄師範大學教育研究所碩士論文，未出版。

鄭崇趁（民80年）。**教育與輔導的發展取向**。台北：心理出版社。

17 我對教育白皮書的期待

第七次全國教育會議最大的成果，依據教育部郭部長對社會大眾的宣示：教育部將根據會議的結論，在八十四年二月之前，發表教育白皮書，以邁向二十一世紀為目標，規劃未來教育美景。

教育白皮書到底要寫些什麼？是一本類似教育年鑑的東西嗎？抑或是類似教育部長向立法院定期的教育施政報告？如果祇是這樣的內涵，將使社會大眾失望，也將使學者專家更加輕視教育行政人員，認為目前的教育行政人員已沒有能力為整體教育做周延妥善的規劃與發展。筆者以為，教育白皮書絕不相同於一般的施政報告，也不是類似教育年鑑手冊，教育白皮書重要的內涵應包括：教育指標的設定、教育原理的說明、教育措施的規劃、教育問題的因應等四部分。簡要說明如後：

一、教育指標的設定

教育白皮書以邁向二十一世紀為目標，為未來教育規劃美好的遠景為鵠的，亦即將公元兩千年教育藍圖作最佳的呈現，筆者以為最佳的、最具體的呈現方式應是「教育指標的設定」，也就是說教育白皮書應明確地呈現直到公元兩千年後，教育的實際運作要達到那些質和量的指標。

教育指標亟待確立者甚多，諸如量的指標上，國民中小學理想的就學率（含特殊教育對象的就學率）、高級中學階段就學率、高職高中學生比、大專階段就學率、專科大學學生比、科系類組學生比、各級學校基本設備指標、學生單位使用面積、學生單位成本佔國民平均所得合理比率……等等。質的指標上：各級學校師生比、教師進修制度（指標）、學生基本能力指標、學生健康指標、學生適應行為指標、課程修訂過程指標（如國民中小學課程標準每五年必須修訂一次，修訂過程必須符合那些基準，以儘量減低「教育落後」的本質）……等等，不勝枚舉。指標的設定為最具體的教育藍圖。

二、教育原理的說明

任何指標的設定應有其原理的依據，教育白皮書的第二部分，應逐一的說明所設定的原理依據，也就是說這些指標的背景緣由是什麼？這些指標所代表的教育理念是什麼？為什麼要這樣做？

三、教育措施的規劃

教育白皮書的第三部分，應就當前的教育實際與設定的教育指標之間，書明運用那些具體的教育措施，可以使實際的教育現況產生變化，逐步的達到指標所訂的理想情境，不但是政策（大方針）的宣示，同時也是具體做法（措施）的提列，對於邁向指標，有明確的工作項目及做法步驟之規劃，是可以逐一執行者，不祇停留在口號階段。

四、教育問題的因應

教育白皮書的第四部分，應針對邁向教育理想（指標）的各種措施，可能產生的衍生問題，預為提列，並述明因應之道。任何教育措施很難十全十美，它可能對整體的教育實際有所助益，但也可能因此而產生其它的問題，教育白皮書如能適當的說明各項措施可能產生之問題與處理原則或解決方法，則代表教育行政人員對於教育有整體的考量，而不是頭痛醫頭、腳痛醫腳，顧此失彼，以偏蓋全，方能得到大眾的信任與認同。

具體範例

就以目前大家所關切的國民中小學「小班小校」為例，教育白皮書的第一部分，應明確地指出至公元兩千年時國民中小學的每班人數設定為三十五人以下，學校規模以二十四班至四十八班為主要。（設定指標）；第二部分則應闡明「教育經濟規模」研究有關的學理與重要研究發現，以學理及實際研究結果來推論理想班級學生人數區間（如三十人至三十八人），指出最符合經濟效益與價值的學校規模（如國小八百人至一千六百人；國中一千人至兩千人），以說明指標設定的理由。（印證指標）；第三部分則應具體寫出各項行政措施，諸如推估學齡兒童人數與流動趨勢、學區重劃、增班設校或併校之推估、經費需求及歷年國教經費投資額度等，有計畫地提列達成指標之具體做法。（具體作為）；第四部分則針對衍生之問題預為規劃解決措施，例如：現存都會區超大型學校如何處理，校地取得困難地區如何增班設校、彈性原則等（配合措施）。

教育白皮書所呈現的應該是一具體的教育理想（指標），以及如何達成這一教育理想的可行方法與步驟。因此，它的內涵應該包括前述四大部分。

（本文原刊載於教育資料文摘月刊第 204 期，84 年 1 月）

18 行政上的專案研究不嫌多

行政工作在為國家策動各項合宜措施，促進國家不斷地成長發展。現代的行政工作如何方能確保其推動之措施合宜妥適？實與「專案研究」密不可分，唯有透過專案研究持續地確定各種信息，檢核需求與發展趨勢，才能提供行政決策合理性之參據。

目前行政單位，與之配合的專案研究太少，以致行政首長要做重大決策時，多憑自己主觀判斷，或重頭重新進行研究，以首長之主觀論斷行使決策，易失之武斷，整個國家所冒風險過大。重頭重新進行研究，往往曠日費時，緩不濟急，時過然後行，勤苦而難成。

目前的行政首長不一定贊同多量的專案研究，主要原因有二，一者行政上之專案研究結果，不一定能夠支持其原有政策導向。再者專案研究經費頗高，而其成果不一定能夠落實到具體行政層面。

民意單位（如立法院）委員們也從來沒有意識到「專案研究」對於行政決策妥適性之幫助，審查預算時，遇有「專案研究」經費，則頻頻質疑其成效，甚至要求行政部門要起而行，不要停留於研究，要求每一案的研究都要反映在行政措施上，不得浪費國家之公帑。

這樣的結果，造成了政府行政欠缺科學根據。就以新近公布之「中華民國教育報告書」（俗稱教育白皮書）為例，原本大家看好「教育白皮書」將為我們教育的遠景，提出各項明確的指標，以迎接二十一世紀的來臨。然而事實不然，除了「訓育輔導」及「國民教育」部分，有所謂明確之指標而外，各階層教育多付闕如，至為可惜。詳考其原因，乃「訓育輔導」有超過一百案專案研究以為基礎，而其他階層教育內涵並沒有足夠的專案研究以為佐證，行政人員不好主觀設定其指標。

現代的民營企業，為了維護企業發展競爭實力，多以相當比率的預算（百分之五至百分之十）作為研發經費，現代的行政機關亦應有此觀念，以專案研究的投資作為整體行政運作成本之一，並且要有相當的比率。

行政上的專案研究有三個功能：⑴適時反應人民對於施政措施的滿意程度與需求趨勢，⑵不斷地檢驗學理與實務結合之可行性，⑶綜合分析行政改革的關鍵事件。這三種功能是三種不同型態的專案研究，每一個專案研究祇能針對其中之一設計，也不保證研究結果必然「具體可用」。因此，要求每一個行政上的專案研究，都要落實反映在具體行政措施上並不合理。

經濟學上有所謂「80 － 20 原理」，意指企業總投資中百分之二十的精粹產品為公司賺進了百分之八十的利潤，其他的百分之八十產品祇為公司賺進其他百分之二十的利潤，甚至有些產品是賠本的，此一原理已經逐漸地被闡述於社會上的各種實質生活層面，行政上研發性質的專案研究依然適用。

筆者認為，行政上的專案研究（尤其在教育輔導上）不嫌多，所有專案研究都在累積行政措施的基礎，十案研究之中有一案、兩案被行政單位採行，則此十案皆值得投資，因為其他八案往往是這兩案的基礎。就如立法委員們的問政質詢，縱使我們祇能從所有發言中挑出百分之十或百分之二十是有建設性價值的，也不能否定其他百分之八十發言的貢獻，這是一種必要的，常態的歷程，也是常態的投資。

（本文原刊載於教育部學生輔導雙月刊第 40 期，84 年 8 月）

19 大學教育豈祇是「學生事務」?

大學法修正案終於經過立法院三讀完成，正當舉國人民關注著「軍訓教官是否退出校園」焦點時，卻忽視了次要焦點對於大學教育發展的影響，筆者深以為憾。

大學法修正案原本計畫將「訓導處」修正為「輔導處」，在送立法院審議期間並未產生大的爭議，亦未形成大家討論之焦點，直至第二屆立法委員全面改選之後，有原來擔任大學訓導長的人以不分區立委的身份進入立法院，在某些訓導人員的場合，訓導長們因為怕「訓導處」改為「輔導處」之後，大家的頭銜將改成「輔導長」，容易跟軍中的「輔導長」混淆，具有某種刻板印象的標記作用，方才蘊釀再將「輔導處」翻案為「學生事務處」。

筆者對於此一運作過程原本知悉，並且深不以為然，亦多次向教育部長官表達意見。從最近部長、次長的談話，他們仍然認為改為「輔導處」較為貼切，並且有空大組織條例在先（空大設輔導處未設訓導處），立法委員諸公考量到整體的一致性，應不至於再生變化。

沒想到立法委員諸公亦不能免俗，在大家一窩蜂關切最重要焦點時，同樣忽視了次要焦點，並未對於此一翻案意見給予應有的思考，而讓它闖關成功。

使用「學生事務處」一詞之不當有三：一、引導大學教育的行政服務低俗化；原本「教務」、「訓導」、「總務」三個處名詞之使用均有較深遠的教育意涵，而「學生事務」似乎指著處理一些學生的雜務，欠缺言教、身教導引學生發展的意義。二、名詞的內涵易與「總務」權責混淆，「學生事務」似乎由「總務處」之下的「事務組」來處理也就夠了。三、無法彰顯「輔導訓育」的本義，法令名詞貴在象徵性的導引發展，今後將使「輔導訓育工作」變成教育領域中的「學生雜務」導向，非旦無法將輔導訓育工作內涵予以展現，並且有窄化輔導訓育之意味。

「輔導」這個名詞已逐漸被社會各界所認同、接受，「訓育原理輔導化」也已成為當前時代需求的必然趨勢，以「學生事務長」的身份來推動輔導訓育的工作，受到學生和教師們的尊崇，絕不會比以「輔導長」或「輔導處處長」的身份來得崇高與貼切。大學教師似也應具備寬廣的胸襟與氣度，以做好「大學輔導長」，來引導示範「軍中的輔導長」，怎可因怕被歸為同類而作更為欠缺教育意義的選擇。

國家的發展端賴精英分子的規劃與引導，正當精英分子欠缺整體觀、粗俗化以後，要國家人民素質的普遍提昇就愈加地困難。大學法修正案此臨門一腳踩偏了，影響國家今後的教育發展豈祇是十年、二十年？能不引以為戒乎？

（本文原刊載於教育資料文摘月刊第 193 期，83 年 2 月）

20 直達式的教師在職進修並非最佳良策

政府為各級學校教師開闢各種進修管道，不斷提升教師素質，讓教師之修養與素質符合時代脈動，直接受益的是學生，提升整體教育水準，可說愈多愈好，並且是十分正確的政策導引。

最近在國小教師進修方面，出現了另一種現象，值得教育當局關切瞭解。國民小學教師，在師專未改制為師範學院以前，多為師專畢業生，其基本學歷為專科，僅少數教師透過其他途徑取得大學畢業以上資格。師專改制為師範學院之後，教育部與各師院設計了提升國小教師素質計畫，以共同抵免學分方式，提供原師專畢業生，再修習四個暑假課程（每年十五個學分，計六十學分），授予大學畢業學士學位，即所謂的「學士班」。數年來由於各師院的用心經營，參與進修之教師十分踴躍，效果頗佳，確實達到了「以在職進修方式，全面提升教師素質」之目標。然而很多第一年、第二年進修之教師，在甫經取得學士學位之後，隨即又登記師範大學研究所四十個學分班之進修，我們稱之為「直達式」的在職進修，此種直達式的在職進修模式是否妥適？值得討論。

教師在職進修應以多元型態辦理，對老師而言要有長短期的進修課程可供選擇，也要考慮教師生涯中階段式進修的實施，尤其是學分班的進修，適當的區隔，對於進修教師本身將獲益最大，直達式的進修模式並非最佳艮策。

筆者以為，每階段的進修區隔三至六年，效果最佳，也就是說師專畢業之後，有三至六年教學經驗之後，申請師院的學士班進修，取得學士之後，再繼續從事教職三至六年後，申請研究所四十學分班進修，就進修教師個人與國家整體而言，將獲益最大。

因此，師範院校在提供各種進修班次規劃時，應以獲取前一階段進修資格為基點，做年資上的區隔考量，避免直達式的在職進修現象。

（本文原刊載於師説月刊第 121 期，87 年 9 月）

輔導軌跡篇

二十一、將來學校輔導工作的金三角

二十二、「認輔制度」的教育價值與時代意義

二十三、學校生涯輔導工作要領

二十四、輔導網路的理念與實務

二十五、教育改革與輔導工作

二十六、邁向二十一世紀的輔導工作

——「青少年輔導計畫」內涵分析

二十七、建立學生輔導新體制——青少年輔導計畫的時代任務

二十八、探尋輔導政策的軌跡

二十九、釐清學校中的「輔導」工作與「諮商」工作

三十、學校專業輔導人員的時代使命

三十一、輔導人員專業化的發展趨勢

三十二、輔導專業與輔導行政孰重？

——談輔導室（中心）主任的角色與功能

三十三、當前輔導工作的檢討與展望

三十四、國民中小學設置專任輔導教師的背景與策略

三十五、新新人類的教育與輔導

——「加強公民教育方案」與「第二期輔導計畫」解析

三十六、朝陽方案試辦成果評析

三十七、防治校園暴力人人有責

三十八、輔導課程評鑑之主要向度

三十九、兩性平等教育實施策略

四十、新時代教師

——以生涯規劃的觀點談當前教師面對的挑戰與回應

21

將來學校輔導工作的金三角

——認輔制度、生涯輔導、輔導網路

探討生涯輔導內涵時， Swain 在 1984 所提出的金三角模式，讓人印象深刻， Swain 認為每一個人要決定其生涯目標時，必需考量「個人」、「環境」、「資訊」三個層面，其間之結構關係如下圖，是三個小三角形構成一個大三角形，金樹人教授即名之為「生涯規劃金三角模式」。（圖七）

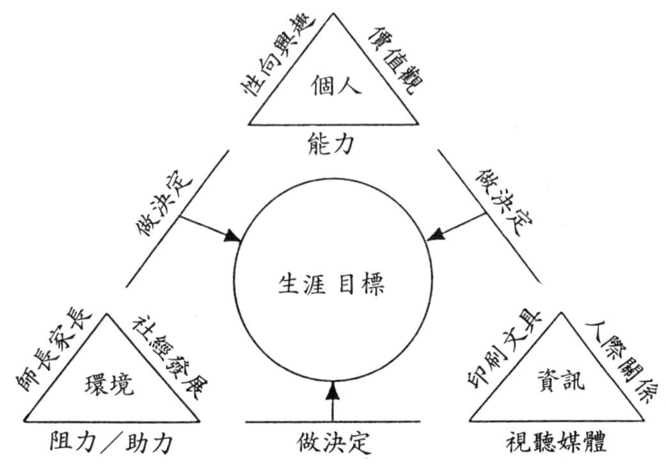

圖七　生涯規劃金三角模式

今後學校輔導工作之發展，將日愈精緻化、核心化，筆者心得，個別輔導的實施，將以「認輔制度」的型態為主，而團體輔導的進行，將集中於以「生涯輔導」為核心的活動企劃，並且，無論是認輔制度或是生涯輔導，仰賴「輔導網路」的運作更為殷切。就整體學校輔導工作而言，亦將有一反方向「金三角」的出現，概要如下：（圖八）

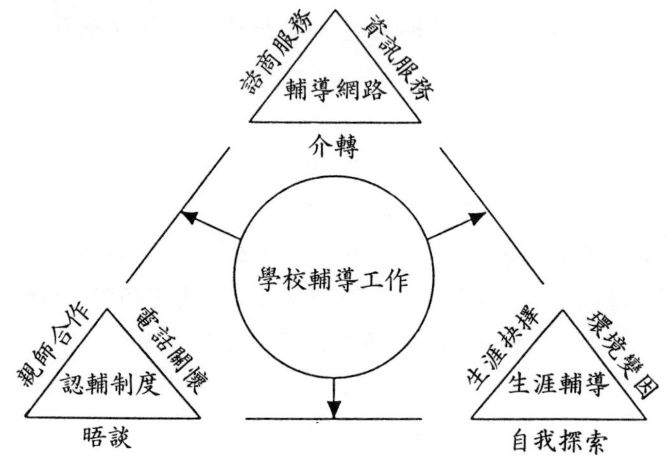

圖八　將來學校輔導工作的金三角

——「認輔制度」在鼓勵教師志願認輔適應困難及行為偏差的學生，以增進學生「受教性」，充分發揮輔導的教育功能。三角形的三個邊包括晤談、電話關懷、親師合作等重要方法。

——「生涯輔導」在協助一個人觀照現在，企劃未來。三角形的三個邊包括自我探索、環境變因，以及生涯決定等重要研究層面。

——「輔導網路」在結合整體的社會輔導資源，共同負擔輔導工作責任，三角形的三個邊包括資訊服務、諮商服務、以及轉介服務等重要網路功能。

此一模式與生涯輔導金三角模式有別，其最大不同在一個「向內」而另一個「向外」。生涯輔導的三個三角形「向內」作生涯目標之決定；而學校輔導工作的金三角，係由學校輔導室「向外」策動「認輔制度」、「生涯輔導」以及「輔導網路」等關鍵性工作。

（本文原刊載於教育部學生輔導雙月刊第 40 期，84 年 8 月）

22 認輔制度的教育價值與時代意義

教育部頒布「教育部推動認輔制度實施要點」，鼓勵中小學教師及社會義工志願認輔適應困難及行為偏差學生。「認輔制度」為教育部重大教育政策之一，教育部為何要推動「認輔制度」，其政策產生之背景緣由、主要內涵、教育價值、時代意義等層面，有進一步分析，宣達週知之必要。

壹、背景緣由

「認輔制度」之產生主要緣由有三：

一、專案輔導活動亟須進一步整合

教育部配合「輔導工作六年計畫」之執行，策動了璞玉專案、朝陽方案、攜手計畫、春暉專案等四大專案輔導活動，有「璞玉映朝陽，攜手迎春暉」之美譽。然由於各項專案輔導活動之對象及輔導方法不易區隔，引致學校一般教師混淆，績效難能持續彰顯，亟須予以簡化整合，以較為單一之制度繼續帶動輔導工作。

二、台北市認輔措施值得引介

台北市政府教育局原即推動類似「認輔制度」之認輔措施，要求學校行政人員及科任教師優先認輔學生，協助導師輔導較為特殊的學生。其基本精神與教育部推動之專案輔導活動頗為一致，結合兩者之型態，規範其具體明確之作法，乃「認輔制度」之基礎。

三、計畫性輔導工作須適時轉化為學校經常性工作

政府施政概分為兩類，經常性工作與計畫性工作。經常性工作見於各行政機關之年度施政計畫，或各級學校之年度校務計畫；計畫性工作係因應特殊需要，如解決教育問題或充實既有體制內涵之專案性、有期限之特別強調措施。「輔導工作六年計畫」係屬教育部之計畫性施政，包括十八個子項，一○二項重要輔導工作同時策動，目前已進入第四年，各項工作蓬勃發展，已活潑了學校教育內涵。唯輔導計畫有其期限，計畫期滿之前，重要之紮根輔導措施必須適時轉化為學校經常性工作，始能落實發展。「認輔制度」之推動，能夠逐步將輔導計畫中之「專案輔導活動」、「提升教師輔導知能」、「建構輔導網路」、「建構督導模式」等重點工作，由計畫性業務順勢轉化為經常性業務。

貳、主要內涵

「認輔制度」主要工作內涵，依據「教育部推動認輔制度實

施要點」規定，分「認輔教師」、「承辦學校」、及「行政機關」三個層面，摘述其要項如次：

一、認輔教師

㈠晤談認輔學生。（參考標準：每週至少一次，三十分鐘以上）

㈡電話關懷認輔學生。（參考標準：每月至少乙次）

㈢實施認輔學生家庭訪問。（必要時進行）

㈣接受輔導知能專業研習或進修。

㈤接受專業督導，提升認輔品質及績效。

㈥摘記認輔記錄。

這六項工作可概分兩類：前三項屬第一類，係認輔老師輔導認輔學生之主要方式；後三項屬第二類，係認輔教師如何幫助自己專業成長的配套措施。

二、承辦學校

㈠鼓勵教師及社區社會人士志願參與認輔工作。

㈡遴選編配認輔教師及接受認輔學生名冊。

㈢規劃學校認輔教師參與輔導知能研習或個案研討。

㈣規劃學校認輔教師接受專業督導。

㈤保管認輔學生資料記錄冊及電腦建檔事宜。

三、行政機關

㈠成立諮詢顧問小組及地區輔導團，執行專業督導。

㈡編印輔導叢書期刊，免費贈閱認輔教師。

㈢籌劃認輔教師專業研習事項。
㈣獎勵表揚認輔績效優良教師。

叁、教育價值

「認輔制度」在各級學校逐步落實發展之後，將產生下列三大教育價值。

一、闡揚教師大愛

教師的大愛在於能為學生提供「有能力的愛」，也就是說，當學生遇到困難或挫折的時候，老師能夠具體地協助學生化解挫折，恢復適應，不讓困難的情境延續，長期影響學生。「認輔制度」的實施，提供教師具體輔助學生管道，由於有認輔的關係，教師較能掌握學生問題之關鍵，由於認輔教師在專業上不斷成長，得以確保能夠提供「有能力的愛」，充分闡揚教師大愛。透過教師大愛協助學生成長發展，此為具體教育價值之一。

二、落實專業助人服務

教育普及之後，各級學校必須普遍地為全體國民開放，尤其是國民教育階段，它是強迫教育，是沒有選擇對象的教育，所有的學齡兒童都要進到學校來。然而在所有的學生中，適應困難及偏差行為之學生永遠佔著一定的比例，且隨著社會變遷，時代複雜，而有日益升高之趨勢，除了一般教育措施之加強外，需要更為專業的助人服務措施適予介入，「輔導」、「諮商」、「心理治療」的工作於是在教育的領域內逐次發展。然數十年來這些不同層次的專業助人服務工作並未確立其應有的角色地位與功能，「認輔制度」實施以後，「輔導」及簡易的「諮商」將逐步在各級學校生根發展，在教育的領域內，為學生提供更為專業的助人服務。

三、發揮輔導的教育功能

「輔導」引進國內之初，曾有不同的爭議，有人主張祇要「教務」、「訓導」、「總務」做得好，根本不需要「輔導」；也有人將「輔導」過份膨脹，幾乎以「輔導」取代「教育」。此兩種界說均妨礙了輔導在教育領域內的發展。

「輔導」係教育內涵的一部分，由於社會變遷與時代需求結果，此一部分愈形重要，逐漸成為教育的重要環結，是教育的核心工作。因此，輔導工作推展，其最終旨趣在於「發揮輔導的教育功能」，透過輔導工作的有效實施，增進學生的受教潛能，達成各級學校的教育目標。

「認輔制度」的輔導對象為適應困難學生或偏差行為學生，這些學生原本即學校中的「弱勢族群」，他們的學習效果較差，往往成為教育上的沉重負擔。這些學生經過認輔教師們的關懷與協助，適應困難之現象得以紓緩，偏差行為之傾向能有轉移，受教性提高，輔導的教育功能始能得致真正的發揮。

肆、時代意義

國內輔導工作之發展面臨關建時期，「輔導工作六年計畫」原先設定的各項指標，由於年度經費的縮編，大多祇能達成三分之一，客觀環境之孕育，尚不足以建立全面輔導體制。輔導工作六年計畫結束之後，若無第二期計畫予以延續，則改善整體輔導工作環境體質之契機，即將消逝。「認輔制度」值此關鍵時期推動起航，具有深遠時代意義。

一、調合教師教學輔導權責

過去，我們一再強調「輔導工作是全體教師共同的責任」，也一再呼籲「現代教師應該教學與輔導並重」。但是對於教師如何從事輔導工作，如何善盡輔導學生權責，始終未能明確具體地引導，因此，學校輔導工作長期無法落實發展。「認輔制度」提供教師從事輔導工作管道，並有計畫地引導教師專業進修研習，提升服務品質，有效地調合教師教學輔導權責，使「教師善盡輔導責任」不再是空談。

二、轉化學校輔導工作內涵

傳統上，學校輔導工作可分為生活輔導、心理輔導、學習輔導、及生涯輔導等四個層面。在校內，由於四者分開辦理執行，學生統合不易，因此，學校輔導人員雖已盡力，而績效始終未如預期理想。「認輔制度」實施以後，由認輔教師直接輔導接受認輔學生，得將四大層面之輔導工作，因應個殊需要，統合實施，節省部分大型活動相對浪費的資源，而學生本身幫助最大。今後學校輔導工作，中大型活動會日愈減少，以更為精緻的方式實施，且以發展性、預防性活動為主，至於矯治性或補救性輔導工作，除小團輔、成長性團體之外，悉以「認輔制度」補足。因此，「認輔制度」扮演著轉化學校輔導工作實質內涵之角色任務，將傳統的學校輔導工作表象——辦理大型活動項目為主，轉化落實到學生本身個別而具體的協助。

三、建立輔導專業督導初階模式

「學校教師是否普遍具備輔導學生的能力？」、「安排一般教師認輔學生是否符合輔導的專業水準？」素來為一般輔導專業人員所非議，國內中高層輔導專業人士對於一般教師普遍接個案，行個別輔導之實，持較為保留之看法。渠等認為，如要以教育人員接個案，做個別輔導之工作，應有嚴謹的專業督導制度以為配合，由專業督導協助接案教師專業成長，有效解決相關問題，始能維護輔導實質績效。

「認輔制度」已規劃雙層的「督導系統」，在省市、縣市成立「認輔工作輔導團」，由具備輔導專業背景之中小學校長、主任、或輔導教師組成，到校輔導訪視認輔教師，協助接案教師解決接案過程中所衍生之問題，並策劃辦理分區個案研討會、主題輔導工作坊等研習進修活動，不斷提升認輔教師輔導專業素養，此為第一層級督導系統。教育部亦已成立「認輔工作諮詢顧問小組」，邀集國內輔導學、心理學、教育學、社會學、犯罪學專家五十餘名，分區協助省市、縣市推動認輔制度，並計畫輔導訪視省市、縣市「認輔工作輔導團」及所屬重點學校，扮演第二層級的督導系統角色。

就目前國內整體輔導環境而言，由於中高層輔導專業人力不足，且專業標準尚未釐清，要建立完整而嚴謹的輔導專業督導制度，實有困難。「認輔制度」推動以後，配合成立之省市、縣市認輔工作輔導團，以及教育部認輔工作諮詢顧問小組，乃結合目前國內僅有的中高層輔導人力資源，以雙層的督導系統型態運作，嘗試為國內輔導工作，建立一專業督導的初階模式。

伍、結語──「志願」、「助長」、「佈網」、「教育」為認輔制度主要精神

政策的推動必須因應社會變遷，也要符合時代需求。國內學校輔導工作之發展，已面臨轉型確立階段，至盼吾等教育輔導人員能深入體察其教育價值與時代意義，共同為輔導工作之發展貢獻心力，讓輔導的全面體制早日建立，輔導的教育功能得到最大最有效的發揮。

「認輔制度」之教育價值與時代意義概如前述，歸納其主要精神有四：志願、助長、佈網、教育。

「志願」：認輔教師不但是「自願」參加的，還需要有「下定決心要來協助特別需要學生」的志願歷程。

「助長」：認輔教師大多沒有輔導專業背景等，協助學生之同時要先協助自己成長，是以參加認輔教師儲備研習，參加個案研討會，以及接受督導，均是必要的，自我成長，同時也協助學生成長。

「佈網」：配合行政單位規劃之輔導網路，認輔教師為基礎的網點。

「教育」：認輔本身不是目的，教育才是目的，認輔制度的實施，在協助接受認輔的學生提高受教功能。

（本文原刊載於教育部學生輔導雙月刊第 36 期，84 年 1 月。修

訂時增補）

23 學校生涯輔導工作要領

壹、緒言——生涯輔導已成為學校輔導工作之主流

學校輔導工作的主要範圍有四：生活輔導、心理輔導、學習輔導，以及生涯輔導。前三者均為矯治性、補救性之輔導工作，唯有生涯輔導屬於預防性、發展性之輔導工作。因為「預防勝於治療」，生涯輔導與其他三個層面之輔導工作比較，更為接近「教育」的本義，並且生涯輔導做得好，可以相對減低學生在生活、心理、學習上困擾的程度，所以生涯輔導已逐漸發展為學校輔導工作之主流。

貳、理論分析

周延之生涯輔導理論尚在發展之中，不過凡是探討生涯發展、生涯規劃、生涯決定、生涯輔導學者，大多提及 Super

（1985）人生彩虹圖、Holland（1970）生涯類型論，以及Swain（1984）生涯規劃金三角模式，簡要分析其內涵及其在教育輔導上之應用如次：

一、Super（1985）人生彩虹圖

蘇伯（Super）認為每一個人的一生由三個層面所構成——「時間」、「角色」以及「涉入之程度」。此三者交互作用結果，人生就如彩虹一般，約略如圖九。

就時間層面而言，每個人必須經歷五個階段：成長、試探、建立、維持、和衰退。每一階段的轉型期間：11—14歲，18—25歲，40—45歲，60—65歲，70—75歲，乃影響生涯發展之關鍵時期，也是教育輔導上之重要時期。

就角色層面而言，每個人必須扮六種角色：孩童、學生、休閒者、公民、工作者、持家者，此六種角色重疊性頗大（多重角色），但因個別差異而有不同，因此，每人角色之消長與濃淡皆不一樣。

就涉入程度層面而言，涉入愈多的角色愈為「濃密」，涉入未深者角色呈現「稀疏」或「短暫」。

運用蘇伯人生彩虹圖，最便捷的方式，即在教習學生瞭解彩虹圖內涵結構之後，發給學生「空白」彩虹圖，要學生依自己的經歷及志願，規劃彩繪自己的人生彩虹圖（六種角色時空的起迄及涉入之程度），由具體的操作活動，啟導學生省思自己的生涯發展。

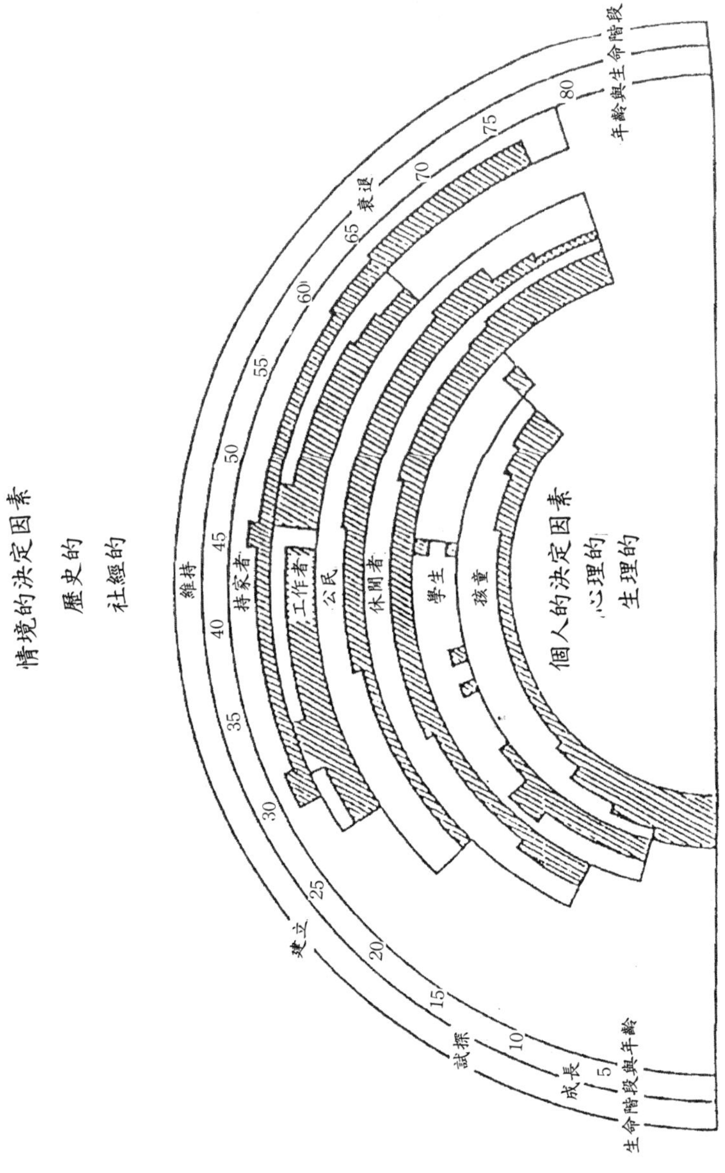

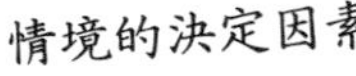

圖九　人生的彩虹：人生整體發展的三個層面

蘇伯的人生彩虹理念，在教育輔導上的應用已日愈普遍，筆者認為下列三點最具意義：

㈠體認生命時程，彩繪亮麗人生。

（達成生命階段指標，順利轉換。）

㈡規範角色任務，增益自我實現。

（清楚界定角色，理想與現實合一。）

㈢取捨進退得宜，成功快樂自然。

（涉入程度適中，潛能與表現合轍。）

二、Holland（1970）生涯類型論

何倫（Holland）認為一個人的人格興趣與職業性質吻合者，生命價值觀獲得最大之肯定，最能發揮其潛能，表現也最卓越，能夠充分自我實現。因此，每一個人的生涯發展，均應考量其工作內涵與人格性向興趣「適配的程度」。（國內學者如金樹人教授稱為適配性的檢核）

人格興趣類型或各種職業類型可分為六種：實用型（R）、探究型（I）、藝術型（A）、社會型（S）、企業型（E）、事物型（C），各類型之間的特點及關係概如圖十。

我國大學入學考試中心已依據何倫生涯類型論發展出「大考中心興趣量表」，可以透過量表分析高中學生每個人的人格興趣傾向（即自己的何倫碼三角形），再以高中學生自己何倫碼區域範圍，參照大學科系分佈區域範圍，輔導學生選填適合自己性向興趣的科系，以增加生涯發展的適配程度。

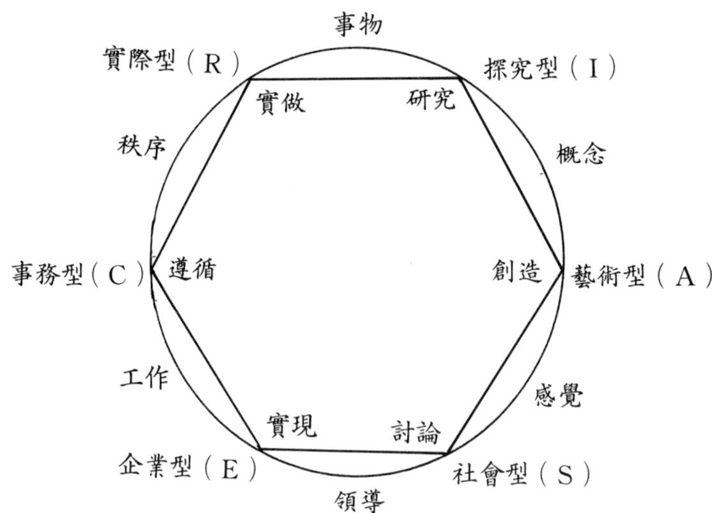

圖十　人格興趣與職業類型

例如某高中學生甲生透過量表求得的何倫碼為AIS，其何倫碼三角形區域如圖十一，參照大學科系分佈圖後，宜輔導甲生選填音樂、美術、人類、商業設計、廣告、英語、公訓……（愈近三角形核心愈符合其性向）等科系。

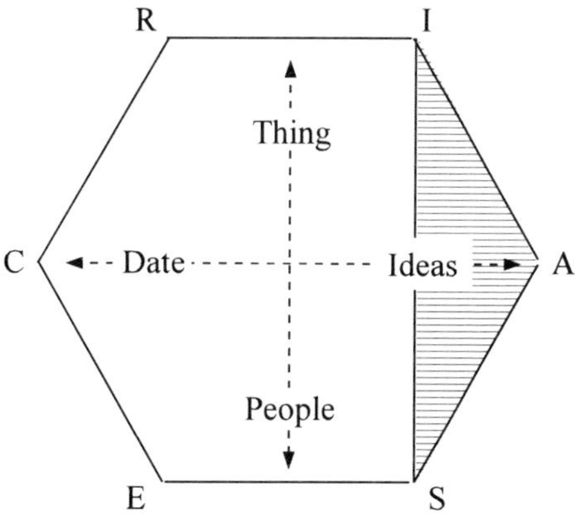

圖十一　生涯類型中的性向發展

大考中心興趣量表如能持續發展，進一步電腦化，並建立大學生常模，成人常模、國中生常模，以及職業類型分佈圖後，其適用範圍將擴及各級學校及一般成人，乃生涯輔導中「理論」與「實務」結合最為緊密的有效工具。

三、Swain（1984）生涯規劃金三角模式

史旺（Swain）認為，一個人要做好生涯目標之決定，必須同時考量「個人」、「環境」、「資訊」三個層面，此三個層面為三個小三角形，再構成一個大三角形如圖七，金樹人教授即名之為「生涯規劃金三角模式」。（圖七請詳本書頁 153）

個人層面小三角形的三個邊，包括個人的「價值觀」、「性向興趣」、以及「能力」等重要本質。由充分瞭解自我，逐次發展自我。

環境層面小三角形的三個邊，包括環境中重要的「社會經濟水準發展」、「師長家庭親友」對其本人所造成的「助力因素」或者「阻力因素」。以便客觀衡量工作世界，化阻力為助力。

資訊層面小三角形的三個邊，包括從「印刷品」、「視聽媒體」，以及「人際關係」等三方面得來的資訊，以便掌握資訊，創造時機。

三個小三角形代表從三個層面，向內構成一個大三角形，做為決定「生涯目標」核心之主要參據。

金三角模式讓我們在做生涯規劃時，增加其客觀性，所訂之目標較符合統整性與可行性，達成自我實現的機率增大。

叁、執行要項

學校生涯輔導工作，主要內涵在透過各種活動設計，讓學生「認識自我」、「瞭解工作世界」、「建立個人資訊系統」、「有效管理時間」、「增進社會人際技巧」、「運用生涯資訊系統」、「擬訂自己生涯規劃書」、「貫徹執行生涯規劃」……等。主要的方法則必須配合一般教育輔導活動統整規劃，包括「始業生涯輔導」、「興趣性向測驗」、「生涯進路輔導」、「生涯諮商」、「生涯小團體輔導」、「生涯輔導工作坊」、「生涯輔導課程」、以及「生涯追蹤輔導」等，其具體做法摘要介紹如後：

一、辦理始業生涯輔導

國中、高中高職、專科、大學各校，在新生入校開學之初，始業輔導活動應包括適當分量的生涯發展內涵。具體的做法，包括清楚地向學生說明學校的教育目標、課程設計、教學方法、環境設施，以及學生畢業之後各種可能的發展，提供學生進一步檢核本校所提供的教育內涵與自己興趣性向符合的程度，由「適配性」的思考，及早確立學生生涯發展目標，增進在校期間學習動機，或調整學習重點，必要時包括更換就讀更為合適的學校。

二、實施興趣（性向）測驗

國中二下、高中二下、高職一上、專科三上、大學二下，應普遍實施興趣（性向）測驗，選擇一種信度、效度較高之職業性向量表，對全校每一位學生施測，並統一說明、解釋測驗的目的、功能與限制，輔導學生參據測驗結果做好生涯規劃發展。

就筆者實務經驗所得，目前大學入學考試中心發展之「興趣量表」堪稱為最理想實用的量表，已可適用於高中、高職、大學，並持續發展中，國中常模未完成前可選擇「我喜歡做的事」（勞委會職訓局）替代。

三、辦理生涯進路輔導

各級學校輔導室，應對本校畢業生及其他性質相同學校畢業生之升學就業情形，做統計分析，以圖表方式明確呈現本校畢業生可能發展途徑，並輔導學生思考選擇生涯進路，由客觀統計數據，增加學生選擇生涯進路之妥適性。

四、籌劃生涯小團體輔導或工作坊

國中以上學校輔導室應針對「生涯規劃問題」困擾求助對象，設計小團體輔導活動課程，進行「生涯規劃」小團輔，或以工作坊方式進行。運用團體互動助力，協助求助對象，增進相關知能，解除生涯發展困擾。

五、實施個別生涯諮商

學校輔導室（中心）應會同畢業生輔導單位及實習單位，針對生涯發展困擾學生或適應困難學生提供個別生涯諮商服務，由學校輔導教師定期與個案晤談，並結合其他社會資源，發展個案多元潛能，增益其生涯適應能力。

六、規劃辦理「生涯探索」週活動

各級學校輔導室應配合學校年度工作計畫，選定一週將重要生涯輔導措施活動集中辦理，定名為「生涯探索」週。這些活動包括靜態資料的展示及動態活動的實施，靜態資料可提供生涯有關海報展、卡片製作、或生涯輔導刊物（單張）；動態活動可提供生涯有關的專題演講、座談會、電影欣賞、學藝競賽活動（徵文比賽、辯論比賽、演講比賽、書法比賽……等）參觀職訓機構或工商企業。所辦各項活動希能喚起學生生涯意識，知道以客觀的立場從事生涯規劃，並且具備簡單的規劃生涯知能。「生涯探索」週係學校輔導行政工作集中實施模式，係「重點的強調」，亦不宜影響學校整體正常教學活動太大。

七、開設生涯輔導課程

大專院校可利用學校通識課程之規劃，加強開設生涯輔導選修課程，配合學校性質，提升學生結合整體生涯理論與事務能力，策劃未來，增進生涯發展之妥適性。中小學輔導室應針對學校教師，安排有關「生涯輔導」進修研習活動，提昇老師生涯輔導知能，逐步影響其學生。

八、輔導學生有效運用生涯輔導資訊網路系統

我國輔導資訊網路系統將在兩年內（八十六年前）建立，並成為「台灣學術網路」次級系統之一，台灣學術網路連線的地方，就得以運用輔導資訊網路。輔導資訊網路中有豐富的生涯發展資訊，學生直接從網路中獲取資訊，規劃生涯發展，將是最便

捷、最有效之途徑。配合各級學校教學行政電腦化進程，學校輔導室應積極輔導學生有效運用生涯輔導資訊網路。

九、輔導學生執行具體生涯規劃事項

各級學校輔導室，宜配合全校團體生涯輔導或個別生涯諮商之實施，輔導學生執行具體生涯規劃事項，具體作法可參照表三「我的生涯規劃書」，配合學校（科系）性質酌予調整後請學生填寫，設定具體時間表落實執行。

表三　我的生涯規劃書

生涯目標：	
能力性向 環境因素 資訊評估	步驟分析 關鍵事物 解決策略
達成程度：	
總結摘述：	

十、實施生涯追蹤輔導

國民中學及高級中學輔導室應針對未升學、未就業之學校畢業生實施生涯追蹤輔導，適時提供學生升學及就業新近資訊，輔導其生涯抉擇。高職及大專院校學生輔導單位宜配合畢業生輔導實習單位，適時統計分析畢業校友生涯發展資料，必要時提供追蹤服務。

肆、實施範例

一、國民小學（生涯輔導週）

台北市興德國民小學為台北市生涯輔導示範學校，由江櫻嬌校長及簡三郎主任籌劃於八十三年十二月十二日至十二月十七日間辦理「生涯輔導週」，並於八十四年元月十一日辦理全台北市「生涯輔導示範觀摩」，其整個輔導週活動設計，足資各校規劃推動生涯輔導工作之參考，茲摘述如表四。

二、國民中學（生涯輔導工作年度實施計畫）

筆者八十年參與金樹人教授主持研究「國民中學生涯輔導具體措施」，因研究內涵需要，由筆者依據研究成果，以行政立場擬具「國民中學生涯輔導實施計畫（原稱要項）」，今日再度審閱，適足以提供各國民中學擬具年度生涯輔導工作之參據，摘述如表五。

三、大專院校（生涯探索週活動設計）

近年來教育部積極策動大專院校「主題輔導週」設計及巡迴展示活動，藉以有效運用大專院校輔導專業人力，發展學校特色，並分享輔導資源。生涯輔導為近三年來最熱門之主題，陽明大學由林一真主任及黃素菲老師所設計之「生涯探索週」活動十分卓越，在該校實施期間為八十四年三月十三日至三月十九日，其活動設計及靜態資料值資各校參考，摘述如表六。

表四　國民小學生涯輔導主題週課程表(83年12月12日至12月17日)

項目 日期	上午		下午	晚上
	生倫時間 8：00－ 8：40	8：40－12：40	13：05－14：30	
12月12日㈠	自我探索—班級團輔(個人檔案) ※各年級指定班級	生涯輔導與各科教學配合（一至六年級） ※作文課專書心得寫作 ①三百六十五個朋友 ②叫太陽起床的人 ③肯尼小勇士 ※美勞課製作—美勞教師 「認識自己」卡片及造型設計。 ※閱讀課圖書室錄音帶欣賞。 低：牧笛 中高：天堂鳥	各班參觀生涯輔導圖書資料 展覽地點：本校地下室 資料來源：青輔會、勞委會、職訓局及向辦理技職教育之國中、高中、高職學校索取。（輔）	兒童生涯輔導家長問卷調查（輔）
12月13日㈡	自我探索—班級團輔（我的盾牌）			

12月14日(三)	人際關係—班級團體（給好朋友的建議）	※健教課(角色扮演)工作成功的喜悅 ※音樂課(音樂老師)主題歌曲教唱 低：①小木馬 ②我是隻小小鳥 中：①紅蜻蜓 ②年輕不要留白 高：①讓世界多一顆心 ②明天不會有淚 辦理處室：教務處	週三教師進修—生涯輔導專題演講（輔）	
12月15日(四)	週四即席演講—假如我是老師（校長） —我的未來不是夢		分組活動—赤子心、文山情 六年一班、六年二班 文山區社區調查。 五年級：參觀木柵茶園及三峽祖師廟、鶯歌陶藝製作（訓）	學生參觀心得錄音或寫作
12月16日(五)	生涯準備—班級團體（做個快樂的小幫手）			
12月17日(六)	生涯準備—班級團體（做個快樂的鏍絲釘）		母姊會—班級家長現身說法（教、輔）	

表五　國民中學生涯輔導實施計畫

一、實施目標

運用校內外輔導資源，因應國中學生發展需要，協助學生開拓積極自我，有效規劃生涯進路。

二、實施策略

㈠認識自我及工作世界，增進生涯探索知能。

㈡分析生涯進路，建立生涯計畫概念。

㈢提供豐富資訊，輔導升學或就業。

三、執行要項

㈠規劃辦理「生涯探索」週活動

輔導室配合學校年度計畫，選定一週為「生涯探索」週，規劃辦理各項生涯輔導活動，包括：展示認識自我、認識環境及瞭解工作世界宣導資料，增進師生生涯探索知能；聘請學者專家到校演講，強化師生生涯發展觀念；辦理相關競賽活動，激發學生關切生涯計畫問題；配合課程實施加強生涯輔導教學，統合發展生涯輔導功能。

㈡提供升學與就業諮詢服務

輔導室設置「升學與就業服務」信箱，解答學生有關升學與就業問題；設置專線電話，提供學生及家長即時服務管道；辦理親職教育座談，溝通家長與學生對於升學與就業觀念；蒐集提供升學進路與職業介紹宣導媒體，增進學生多元探索知能；提供各項心理測驗服務，協助學生發掘興趣與性向。

㈢參觀訪問學校臨近工廠或成功企業設施

輔導室應針對二年級或三年級學生，規劃辦理參觀訪問學校臨近工廠或成功企業設施活動，提供學生認識實際工作環境機會，增進學生生涯規劃知能。

㈣規劃辦理「生涯規劃」工作坊

輔導室針對「生涯規劃」困擾求助之師生，以小團體活動方式，規劃辦理「生涯規劃」工作坊，藉由團體互動助力，協助求助師生增進相關知能，解決困擾。

㈤實施個別生涯輔導

輔導室針對求助個案及掌握之「不升學不就業」學生（璞玉專案對象），編配輔導教師實施個別生涯輔導，定期與學生晤談、電話聯繫、及必要之家庭訪問，整合學校、家庭、及社會資源，有效協助個案發展潛能，增益生涯規劃能力。

四、行政措施

㈠國民中學輔導室應針對前述執行要項，配合學校特色逐一訂定細部計畫，列入學校年度校務計畫中有效執行。

㈡辦理執行要項所需經費，得依據教育部核列之標準申請補助，在教育部輔導工作六年計畫「璞玉專案」計畫經費項下勻支。縣市教育局暨各國民中學亦得鼓勵社會熱心人士共同參與，有效結合民間資源。

㈢各執行要項均列為國民中學年度輔導工作評鑑主要項目，教育行政機關應依權責確實督導辦理。

㈣生涯輔導績優學校，由教育部依縣市（含直轄市）擇優獎勵，並補助其辦理觀摩活動，推廣績效。

五、預期成效

配合教育部輔導工作六年計畫之實施，迄八十六年六月以前，降低國三不升學不就業學生人數比率至百分之二以下（目前約百分之五）。

表六　大學生涯輔導週活動內容

一、動態活動方面
㈠展航大典
1.開朗的生涯
如來之美—經營多彩的人生
3/13㈠　14：00—15：30
鄭石岩教授主講
2.轉折的生涯
張洪量與你面對面—歌未央
3/13㈠　14：00—17：30
3.堅持的生涯
林秀偉的人與舞—五色羅盤
3/13㈠　19：00—20：30
4.走入紅塵的生涯
電影欣賞—歡喜城
3/13㈠　20：30—22：30
㈡生命大愛研習會
人：黃正旭老師主講
講：生涯規劃模式簡介
生涯實驗寫作與分析
澄清生涯信念
投入生涯幻遊
㈢安身立命大展—知性遊戲
人：班代預約．全班作伙分三趟來闖關、做大地遊戲。優勝者頒獎。
事：第一站—生涯階梯
以五個生涯發展階段為階梯，生涯發展任務為題目，請同學核對作答，以了解各階段之生涯任務。
第二站—生涯彩虹
以Super的生涯大週期為藍本，說明四大舞台和十種角色，以範例說明，請同學彩繪並分享自己的生涯彩虹圖
第三站—生涯抉擇
將Arroba的六種抉擇模式，用成語寫成題目，以比手劃腳的方式進行，再討論整合各類型的特色，及自己的抉擇傾向。
時：3/14—3/18　9:00—21:00

㈣生涯探索與定向小團體—與自己的深度之旅

人：郭黎灩老師帶領12位同學

事：自我探索統整、生涯規劃

時：4/25～5/31每週三　16：30—21：30

二、靜態資料方面

㈠展示海報約20張，內容含：

生涯彩虹	人生可錯
花點時間去休閒	社會新鮮人離職原因
社會新鮮人待遇（四張）	（愛人同志—你為什麼要走）
生涯規劃（四張）	學生輔導中心為你的服務
生涯發展階段	輔導室為你的服務
生涯抉擇類型	醫者情愫
做個不悔的決定	陽明人的出路

㈡生涯彩虹手冊

生涯三圖	生涯抉擇與規劃
生涯總覽	生涯準備
生涯覺知	生涯安置
自我探索	生涯進展
工作世界與進修環境探索	資源網路

㈢生涯書籍、研究、卡片、手冊共約一〇〇種

1.向訓委會、行政院、青輔會、職訓局索取資料

2.配合各校需求選購書籍

3.整合學生輔導中心及輔導室資訊

㈣生涯彩虹明信片一套八張，以蕭勤書作為設計，文字內容含：

生涯迷思	自我探索	生涯貴人	生涯四疊
沒有白活	有關生涯計劃	中年出走	生涯狂歡節

伍、結語——生涯輔導的四大階層

生涯輔導在協助一個人「觀照現在，策劃未來」，各級學校師生均有其需要，尤其是近代社會變遷加遽，整體人類環境（工作世界）益趨複雜，「生涯輔導」已成為學校輔導工作之主流。依其功能而言，學校生涯輔導工作在使全校師生獲致如圖十二之四大階層目的：（由下而上）

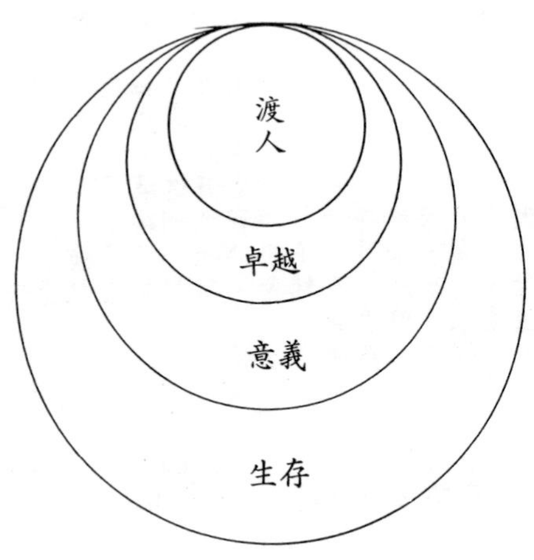

圖十二　生涯輔導的四大階層

第一階層在透過有效生涯規劃，謀求適當職業，讓自己「生存」沒問題，可以生活，可以養家活口。

第二階層不但要有工作，有職業，還要這份工作是有意義、有價值的職業，工作內涵符合自己的性向與興趣，能夠從工作環境中得致快樂。

第三階層更進一步能夠在有意義、有價值的工作環境中表現「卓越」，出類拔萃，充分奉獻，為同一領域工作同仁之楷模。

第四階層最高，不但在自己的工作領域內有卓越之表現，還能促動他人，競相效尤，也有卓越的表現，己立立人，己達達人，充分的自我實現，不但滿足個人需求，也帶動達成組織目標。

學校生涯輔導工作對老師而言，在於第三層次及第四層次，亦即如何喚醒所有教師透過生涯發展知能，增進其教學輔導工作之「卓越」表現，善盡「渡人」之終極目的。

對學生而言，至少要讓學生具有第一階層及第二階層功能，能夠找到一份合適的工作，「生存」沒有問題，並且這份工作是有「意義」的。

（本文原刊載於教育部學生輔導雙月刊第 39 期，84 年 7 月，修訂時增補）

24 輔導網路的理念與實務

壹、緒　言

建立輔導網路的主要目的，在結合整體的社會輔導資源，共同擔負輔導的責任，是一種「概念」，也是推動學校輔導工作的重要「工具」。

學校輔導工作將逐步地核心化與精緻化，團體輔導活動將以「生涯輔導」為主流，個別輔導則將以「認輔制度」為主要型態。「生涯輔導」以及「認輔制度」將是今後學校輔導工作兩大方向，也將是評鑑學校輔導工作是否務實發展的兩大指標。無論是「認輔制度」抑或是「生涯輔導」均必須藉助於輔導網路系統的有效運作，始能生根發展，輔導網路系統的建立將成為學校輔導工作是否能落實發展的重要關鍵。

「教育部輔導工作六年計畫」及「青少年輔導計畫」均將輔導網路系統的建立列為重點項目，積極發展中，惟輔導計畫執行多年來，網路系統之進程，並未達到預期的指標。究其原因有三：

㈠輔導人員對於網路系統之觀念頗爲混淆。

㈡輔導人員對於電腦資訊知能十分薄弱。

㈢輔導人員對於參與輔導網路具體工作爲何，缺乏清楚概念。

本文之目的，即在闡明輔導網路系統整體的設計理念，提列各層級行政人員及輔導人員應有之作為，希能明確分析本案具體方向，加快網路系統的早日完成。

貳、網絡概念

「教育部輔導工作六年計畫」第六個子項「規劃建立輔導網路計畫」，明確提列下列六項具體工作：

一、成立輔導網路規劃小組

二、建立鄉鎮輔導網路

三、建立縣市輔導網路

四、建立全國輔導網路

五、依輔導網路層級設置輔導中心

六、增進輔導網路功能

計畫推動之後，第一（81）年及第二（82）年建立鄉鎮輔導網路工作，請由台大心理系吳英璋教授（當時兼台大學生輔導中心主任）協助主持，吳教授從新竹縣市實驗做起，試圖發展理想的輔導網路模式。當前輔導網路的基本架構即吳英璋教授之貢獻。

然而，「網路」的觀念有所轉變，吳教授主張應以「網絡」

的概念取代「網路」的名稱。吳教授認為，本案係一種輔導資源的整合，「絡繹不絕」的人相繼投入，是我們最大的期待，這是一種「網絡」型態，不宜稱之為「網路」。

吳教授在本專案期末報告中正式提列「輔導網絡」概念圖示如圖十三：

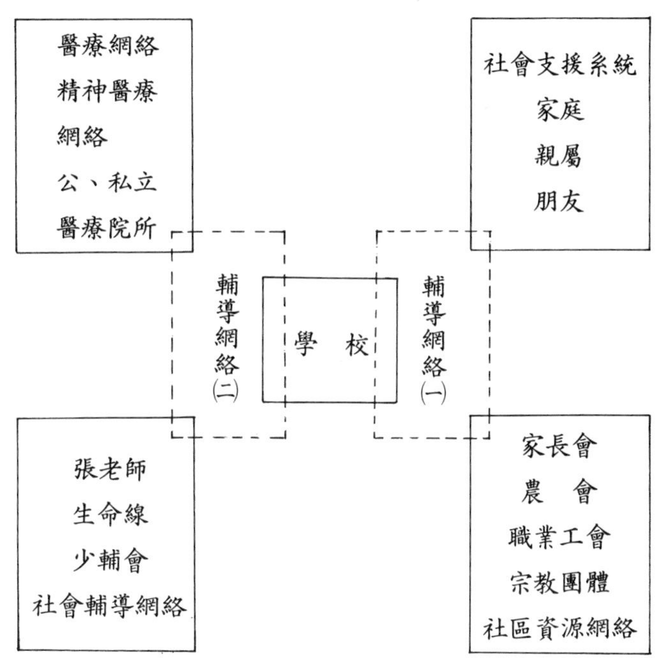

圖十三　輔導網絡概念（吳英璋，民 82）

網絡系統以「學校」為核心，分為兩個次級系統，「輔導網絡(一)」為支持性系統，學校結合的主要對象為「社會支援系統」（包括家庭、親屬、朋友），以及「社區資源網絡」（包括家長會、農會、職業工會、宗教團體等）。「輔導網絡㈡」為矯治性系統，學校結合的主要對象為「社會輔導網絡」（包括張老師、生命線、少輔會等），以及「醫療網絡」（包括精神醫療網絡、公私立醫療院所等）。

叁、網路系統

到底輔導的資訊系統宜稱之為「網路」或者「網絡」？計畫執行第三（83）年起，各級學校輔導人員不斷有人「質問」，筆者在第28期「輔導計畫報導」（83年6月）「問題與解答」專欄中，特予分析說明如次：

輔導網「路」（吳英璋老師主張稱為輔導網「絡」）的概念約可分為四個層次——理念、系統、運用、操作，每個層次均有不同的意涵。理念層次主張結合輔導整體的社會資源，策動人心，鼓勵投效輔導工作，並化為具體行動。（適合使用網「絡」）；系統層次主張建構輔導有關的有形系統資料庫，例如電腦資訊系統、電話語音系統，及輔導網路手冊等。（電腦上慣稱網「路」）運用層次則主張如何有效運作網路系統資料，實質支援輔導專業服務或資訊、諮詢服務。（以網「絡」之概念運用各種網「路」）操作層次則僅指電腦系統、電話語音系統的操弄技能（較宜使用網「路」）。折衷輔導網路的四個層次，筆者認為使用「網路」較為妥適，往後教育部所有公文書均以「輔導網路」稱之。縣市政府擬建立輔導網路之有效步驟應為，先建立可用資料系統，再運用理念宣導，喚起輔導人員操作使用，並鼓舞其熱心參與。

並且，在編印「輔導工作六年計畫八十三年度執行成果專輯」時，進一步確定輔導網路系統整體架構圖示如圖十四：

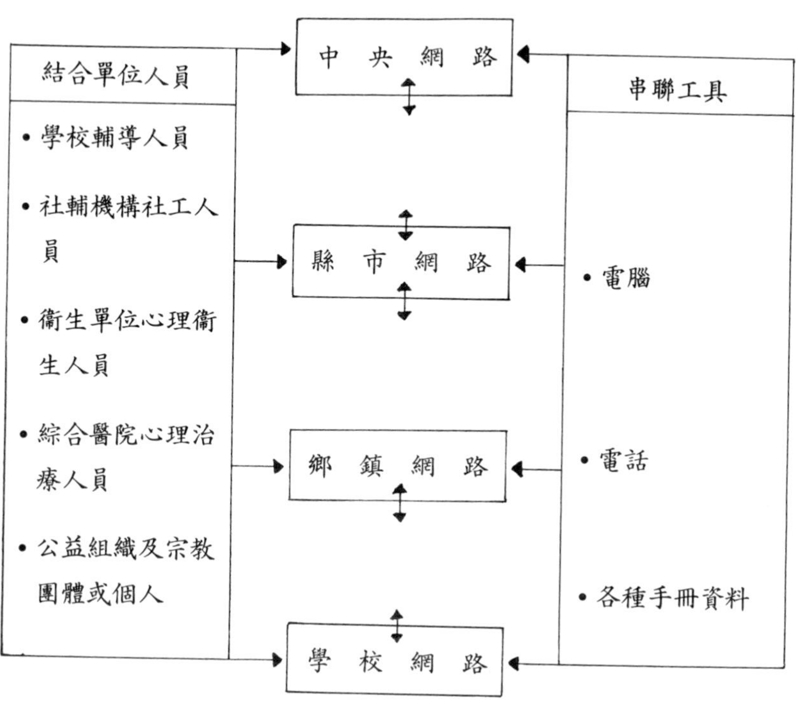

圖十四　輔導網路架構（教育部，民 84）

依此系統架構，輔導網路分成四個層級——學校網路、鄉鎮網路、縣市網路、以及全國中央網路。

輔導網路主要結合的資源，包括五方面的單位人員——學校輔導人員、社輔機構社工人員、衛生單位心理衛生人員、綜合醫院心理治療人員，以及公益組織宗教團體或個人。

輔導網路串聯的工具有三種：電腦、電話（語音系統），以及各種資源手冊。

肆、網路內涵

為整合資訊系統發展，有效推廣輔導網路，教育部已決定，待輔導網路完成之後，將列為「台灣學術網路系統」之一，為其次級系統。以後，祇要台灣學術網路聯線的單位或家庭，就可以運作「輔導網路系統」，使用上將至為普及便捷。

輔導網路系統的具體內涵。包括：「輔導人力」、「輔導資料」、「輔導設施」、「輔導活動」、「輔導測驗」，以及「輔導個案」六個次級系統。整體架構圖示如圖十五：

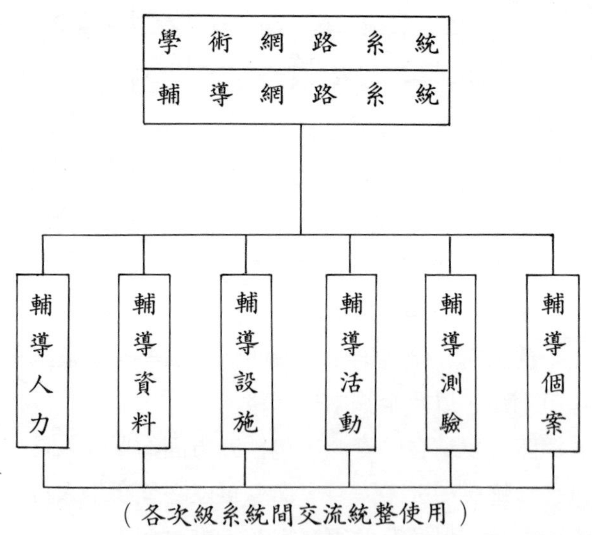

圖十五　輔導網路系統架構（教育部，民 84）

一、輔導人力系統

本系統將高級輔導人才、中級輔導人才、及基層輔導人才有系統整理建檔，主要包含下列五個次級系統：

㈠精神科醫師及心理諮商師系統

㈡大專輔導專業課程講座系統

㈢中小學輔導教師系統

㈣輔導知能研習進修系統（學分班、主題輔導工作坊）

㈤認輔教師系統。

其中㈠、㈡為高階輔導人力，㈢為中階輔導人力，㈣、㈤為基層輔導人力。

二、輔導設施系統

設施包括單位、人力、及設備，本系統包括下列子系統：

㈠各級學校輔導室諮商室設備標準系統

㈡各級學校現有輔導室諮商室設施系統

㈢社會輔導單位系統（介紹單位名稱、主要人力及設施）

㈠、㈡系統資料之比對，可以適時提供主管教育行政機關，擬訂計畫，充實各級學校輔導室諮商室設施之參據。㈢則對於現有社會輔導單位設施作概況介紹，可依區域性需要建置，也可全國串聯。

三、輔導資料系統

資料系統專指軟體而言，包括學術軟體及活動軟體，主要的子系統包括：

㈠**輔導課程系統**：大專院校輔導有關所系科課程、輔導通識課程、中小學輔導課程標準。（介紹科目名稱及教學綱目）

㈡**輔導研究系統**：重要輔導有關專案研究報告、博碩士論文。（介紹研究題目、摘要、主要發現或貢獻）

㈢**輔導書刊系統**：與輔導、心理有關的書籍、手冊、期刊。

㈣**輔導教具系統**：與輔導有關的卡片、海報、教材、教具。

㈤**輔導媒體系統**：影片、影帶、影碟、光碟、錄音帶、幻燈片等有聲媒體。

其中㈠、㈡為學術軟體，㈢、㈣、㈤則兼顧活動軟體使用。

四、輔導活動系統

活動範圍包括輔導工作的宣傳活動、演講活動、學術研討會、工作坊、座談會、及跨校際間主題輔導週之活動。可分為兩個子項系統。

㈠**紀錄性系統**：依年度將前述各項活動有系統地建檔，俾利查考。

㈡**規劃性系統**：凡已計畫辦理的前述各項輔導活動，經過審查小組確認後，建檔於網路系統，預告給教育輔導人員知道，得以安排參與計畫，或配合執行相關工作。

五、輔導測驗系統

測驗係輔導的重要工具，配合「測驗電腦化」工作之發展，輔導網路中的測驗系統應扮演兩個主要功能：㈠適用測驗的介紹，以及㈡測驗實務的執行。

因此，輔導測驗系統宜有兩個子項系統：

㈠測驗資訊系統

㈡測驗服務系統

第㈠清楚提列各級學校適用的智力、性向、成就、人格、興趣等方面測驗，包括編著者、出版處、摘要介紹、適用對象、限制等。第㈡功能希能提供直接在網路上作測驗的服務。

六、輔導個案系統

個案資料是一種成長、發展之記錄，有別於醫院病歷，適當的保密措施之後，將可以提供輔導實務上的經驗交流，以及學術研究的重要參據，輔導個案系統的建立必須十分謹慎，但絕對有其必要。個案系統得包括下列三個子項系統：

㈠**學生輔導資料卡系統**：配合「學生輔導資料卡」專案研發成果，建為「學校網路」基本資料檔之一，必要時逐步發展為鄉鎮網路、縣市網路系統資料之一，最後全國各級學校聯線。

㈡**重要類型輔導個案系統**：例如偷竊、暴力犯罪、吸安、賭博、自閉症、自我傷害、飆車……等重要類型個案資料，依個案報告格式摘要建檔，提供教學、研究、個案研討素材。

㈢**輔導策略系統**：針對前述重要類型個案系統，歸納有效輔導策略（建議策略），摘要建檔，提供各階層輔導人員參考。

伍、網路功能

輔導網路系統完成之後，主要在提供各級學校師生及民眾輔導上的資訊服務、諮詢服務、諮商服務、及轉介服務，大要如次：

㈠**資訊服務功能**：透過網路系統之運作，得讓輔導人員迅速地從電腦中，掌握到輔導活動訊息，輔導學術發展，以及輔導工作需用的專業人才、有效工具、素材。

㈡**諮詢服務功能**：網路本身即是一種諮詢系統，輔導網路建置完成之後，可以透過電腦及電話語音系統，迅速答覆有關輔導問題與需求，有效引導大眾解決問題方向、方法。

㈢**諮商服務功能**：各層級網路中心均有輔導專業人員輪值，各級學校師生或民眾，有任何心理困擾，或輔導需求，得與之約定時間，直接進行諮商，解決問題，或協助成長發展。

㈣**轉介服務功能**：網路的建置，在結合整體的社會輔導資源，共同擔負輔導的責任。從另一個層面說，也就是把需要協助的個案，安排到最適合他的助人單位或個人。例如：學校本就有輔導專業人員，但學生適應困難或偏差行為的程度或類別差異性太大，諸如自閉症學生或過動兒，學校輔導教師能夠提供的協助十分有限，我們可以透過網路為這些學生找到較為理想的轉介對象。

陸、重點工作

輔導網路系統之建立，必須各階層輔導人員全力配合始能完成，除了必要的理念宣導，求取應有的共識外，應優先掌握下列五個重點工作：

一、優先成立直轄市及縣市輔導網路中心。以縣市層級網路中心配合教育部專案小組策動各項工作。

二、規劃建立地區性及全國性各子項系統資料庫。以具體資料庫的內容，反映輔導網路系統的豐富內涵，做為宣導與運作的依據。

三、舉辦多元網路系統觀摩活動。以觀摩活動宣導網路功能，糾合社輔單位人員相繼投入網路系統運作，增益網路整體運作功能。

四、配合建立電話語音諮詢服務系統。提供第二種網路服務系統。

五、配合編製地區性社輔資源手冊。並依年度逐年更新，提供第三種系統，彌補電腦、電話服務系統之不足。

柒、執行事項

教育部、省市縣市教育廳局、及各級學校具體執行事項如次：

一、教育部

1. 規劃網路作業流程。
2. 策訂資料庫建檔模式（程式）。
3. 建立全國性網路系統資料。
4. 輔導省市、縣市建立區域性網路系統資料。
5. 補助省市、縣市網路連線設施。
6. 宣導輔導網路助人服務理念，增進運作功能。

二、省市、縣市教育廳局

1. 選定輔導網路中心學校（單位）。

2. 建立區域網路系統資料。
3. 編印區域社輔資源手冊。
4. 辦理網路觀摩宣導活動。
5. 檢核所屬學校及社輔單位連線運作情形。
6. 串聯中輟學生通報管理系統。

三、各級學校

1. 增置網路連線設施（學術網路）。
2. 協助教育局或中心學校建立區域網路資料。
3. 運用網路設施運作執行輔導工作或活動。
4. 舉辦校內教師網路操作觀摩研習。
5. 提供教師網路問題諮詢服務。
6. 協助教育局或中心學校適時更新資料。

捌、結　語

人類文化面對第三波的衝擊，已逐步走進資訊時代，「輔導資料資訊化」，「輔導組織網路化」，乃今後輔導工作發展的必然趨勢，輔導網路系統之完成與運作，將是學校輔導工作正式邁入資訊時代的重要里程碑。資訊是文化的工具，也將是文化的主人。願吾等教育輔導人員，由於我們的通力合作，讓我們早日掌握了這可貴的工具，也學習做自己的主人。

（本文原刊載於教育部學生輔導雙月刊第 38 期，84 年 5 月）

25 教育改革與輔導工作

壹、緒言——教育改革需要強化輔導工作

行政院教育改革審議委員會已於日前向行政院提報第四次（總結）諮議報告，提列的改革理念與作法頗具前瞻性，如能依據總結諮議報告書之建議，在行政院教育改革審議委員會完成階段性任務之後，由教育部依據各期諮議報告書，落實執行各項改革措施，相信對於革除當前教育上之積弊，創造活潑生機的校園環境有最大之幫助，也是教育工作再度展現其豐厚國力、傳續民族命脈之契機。

然而就整體的諮議報告書而言，大都提列一些構想性的理念與看法，少有具體明確之工作項目，尤其是彼此之間缺乏「結構性」，不容易見樹又見林。筆者長期從事教育行政工作，面對當前教育改革之衝擊，亦不時思索相關問題，筆者認為，當前教育改革能否成功的兩大關鍵在於：

㈠必須有優秀的教育計畫人才相繼投入，配合改革之理念，

將目前的教育現況有計畫、有步驟地，調整到所謂理想境地。

㈡必先強化學校輔導工作，普遍提升各級學校教師輔導知能，積極迎接變革，帶領學生在變遷中順利成長發展，為整體教育環境營造活潑祥和的氣氛，激發生命的活力，使各項教育改革工程成為可能，也拓增改革之實效。

針對第一項看法，筆者已撰述專文「真正的教育改革需要務實的教育計畫」，收於本書第三篇，原刊載於第八期改革通訊（84 年 5 月），本文則針對第二項看法進一步析論，強調教育改革之動力必須以強化輔導工作為基石。尚祈大家指正。

貳、當前教育改革之焦點

數年前，舉國上下均在談論著教育改革，民間團體不時發表改革意見，教育部也在八十四年二月發表中華民國教育報告書（亦即所謂教育白皮書），行政院教育改革審議委員會在兩年中發表了四期教育改革諮議報告書，累積之資料洋洋灑灑，難以計數，各種意見之差異亦十分龐雜，就改革之理念與共同作法而言，可說尚未有具體共識，是以今後教育改革如何進行，統整與規劃是最為急切的課題，尚待教育部接續努力始能實現。

儘管如此，筆者綜合所蒐集到的資料，歸納當前教育改革之焦點有五：鬆綁、開放、多元、自主、人性，玆扼要分析如次：

一、鬆綁

行政院教育改革審議委員會在第一期諮議報告書中揭示了「鬆綁」的改革理念，而後鬆綁兩字逐漸成為教育改革最重要的指導原則。

所謂「鬆綁」主要針對當前僵化之教育制度提供另一層面之思考，鬆綁的主要層面在「教育體制」與「思想觀念」，在鬆綁的原則下，傳統顛撲不破之優良教育體制無一不被檢討，例如國民教育為什麼一定要由政府辦理？當前的教育行政組織及學校行政組織如何調整，才能符合當代企業管理理念？在鬆綁的原則下，象徵者教育實務各個層面皆有待新體制的建立，以展新的型態帶動教育的發展，例如私人興學的風氣打開之後，如何規範引導私校發展，而不淪為販賣文憑或變相補習的合作場所？例如在聯考制度的相繼鬆動之後，學生的升學與學校的選才，如何才能做到適才適所適性發展？「鬆」是「開放」、「多元」，「綁」是「規範」、「自主」，是一種「思想觀念」，祇有教育人員，尤其是學校經營者——校長、主任及全體教師普遍具備之後，教育改革的各種措施始能產生實際效果。提供具體的教育改革意見較為容易，有效地帶動教育人員思想觀念之提升與發展，則需長期的努力。

二、開放

「開放教育」追隨著教育改革的腳步，逐漸受到重視，台北縣的「開放教育」發展多年，經過二十個學校實驗試辦之後，已發展成可觀的模式，在縣內國民小學中全面實施，台北市、高雄市及台灣省其他各縣市均派員觀摩學習，也是民進黨縣長結合國民黨局長，教育改革最具實效的縣市。台北市自去年起也開始規劃發展「回歸教育本質的開放教育」，雖然「教育的本質」是什麼？台北市還在建構之中，開放教育的導向則已十分明顯。

筆者探索開放教育內涵多年之後，認為開放教育的本質有三：㈠尊重師生個體，㈡結合整體環境，㈢運用資源網路。就第一個本質而言，開放教育的前提是相信每位教師都是健全而有效能的老師，學生則存在著個別差異。老師有能力因應學生的個別差異做最佳的教學，實施最合適的教育。教育行政之運作必須尊重教師的專業處置，老師有權決定實際教育的內容，同時也負教育的成敗。行政措施也要尊重學生的需要與選擇，學生有能力判斷選擇他最需要接受的教育型態。開放教育的結果，各級學校均有不同風格教師引導，學生充滿著活潑激昂的學習熱誠。

就第二個本質而言，開放教育要學校教師揚棄傳統的點線面的教學型態，進一步與整體的環境結合，運用大自然，安排整體校園設施，使校園環境能夠配合引導現代學習的需求。開放教育強調教育的實際必須與大自然環境互動，不再是單純的教師教學知能或技術。

就第三個本質而言，開放教育強調整個地球是一個開放的空間，教育實施應善用此一開放空間中任何一種可資運用的資源，祇要對學生的學習與成長有幫助，教師或學校即應設法協助提供。因此，學校當務之急，即在為全校之學生建構學習資源網路，讓整體的社會資源能夠透過適當的管道，絡繹不絕地投入教育的實際。

三、多元

教育改革的第三個焦點，在蘊育多元發展的教育型態，所謂多元的教育型態主要在兩個層面：㈠多元參與學校經營，㈡多重選擇教育的提供。

今後學校教育之經營，在社會急遽變遷，民主理念的發達之下，將逐漸發展成多個團體組成分子所共管，除了學校校長及行政人員之外，教師透過教師會、評議委員會、校務會議；家長透過家長會、家長聯合會、校務會議；學生透過學生會、社團、校務會議等之組織與運作，均有相當程度之經營權限。祇要是真正有能力的人，真正關心學校教育者，奉獻於學校教育者，均能透過各種管道，多元參與經營學校，帶動學校進步與發展。

今後學校教育之實施，在鬆綁、開放的引導下，學校勢須提供多元選擇的教育，國民中小學教育，家長及學生可以選擇公立學校或私立學校，可以在學區內就學，也可以越區就讀，甚至可以另外付費選擇老師或選擇某種特別的教育課程。大學必修學分也由不同的老師開授不同風格的教學內涵，完全由學生自由選擇，能夠充分因應學生的個別差異與適性發展。至於教育的績效是否能夠達成一定的標準或目標，則有待客觀多元評鑑制度的發展與之配合。

四、自主

自主也是教育改革重要趨勢之一，自主的層面包括經營管理的自主與教學歷程的自主。

經營管理的自主表現在「大學自主」與「教授治校」的延伸理念，不但大專院校本身會由「學校的主要成員」來主導經營學校，連中小學也逐漸會結合「社區意識」的發展，日益強調同一社區的人共同來經營管理這一個社區之內的學校，因為社區之內的人最瞭解社區的環境與社區學生之需要，「社區自主」會追隨著「大學自主」的腳步，影響各級學校的經營管理。

教學歷程的自主則指各級學校實際的教與學過程中，教師專業完全受到尊重，教師對於課程安排、教材設計、教學方法、教學評鑑擁有完全的自主權力；相對的，學生對於選擇何種課程，選那位老師，如何來完成學習歷程也有完全的自主權力。進一步延伸，則學校的發展特色，學校教育目標的擬訂也配合前述的經營管理理念，自主的程度日益加深，自主的內涵日益多彩豐富。

五、人性

誠如台北市推展開放教育所標榜的指標——回歸教育的本質。教育的本質究竟是什麼？前述所謂鬆綁、開放、多元、自主又與教育本質有何關連？值得重視與探究。教育的功能在「發展人性提升人格，改善生活創造文化」，教育的本義（本質）即在人性的發展，更為白話來闡述，也就是在教「人之所以為人」，教育在透過教與學的活動歷程，讓每一個人活得更像理想中的「人」。每個人理想中的人均不完全一樣，有相同重疊之部分，也有個殊獨特之部分，類似哲學家所謂的共相與別相。「理想中的人」共同之特質（共相）是：活得有意義、有價值、有尊嚴，也就是活得很符合「人性」。

因此，「鬆綁」乃教育改革的前提，有鬆有綁之後教育的實際才能展現新的面貌；「開放」、「多元」、「自主」三者均是教育改革的重要趨勢與內涵，各級學校教育將在此三大原則之下，逐步發展活潑豐富、生機盎然的教育型態；「人性」則是教育改革的最終指標，為學校教育營造更為符合人性需求與發展的環境。

叁、學校輔導工作的配合

教育改革在本質上實為整體教育環境改造運動。整體教育環境實質改善之後，教育改革才算成功。整體教育環境包括三大層面：物理環境、心理環境以及文化環境，其意涵與關係如圖十六：（鄭崇趁，民 85 年 5 月；同本書第七篇，頁 42）。

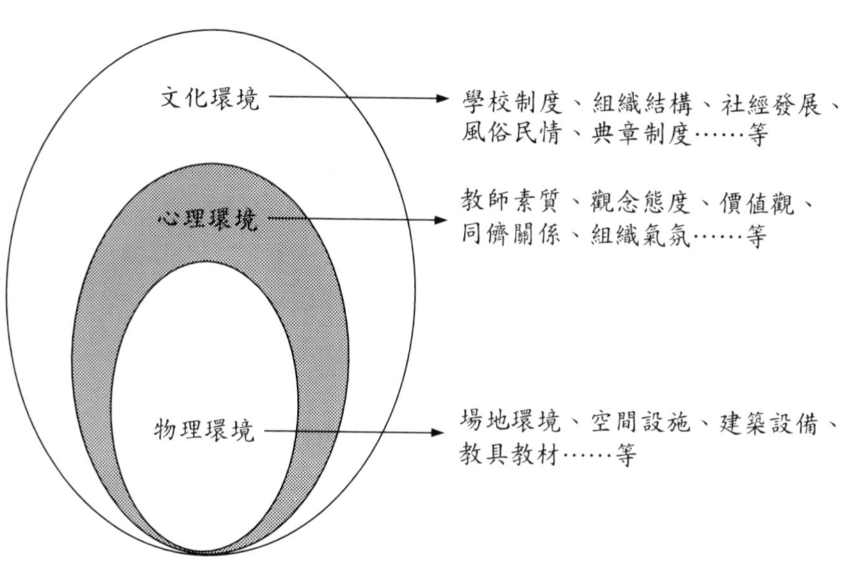

圖十六　校園環境的意涵與關係圖

教育的物理環境即硬體、軟體設施，與「錢」有關，祇要增加教育投資，有效地規劃運用即可解決。教育文化環境的改善必須靜待整體國家社經水準、政治文化的發展達到一定的程度，始有具體效果，無法單獨完成。最好的改革途徑應是透過教育人員心理層面之改善，以積極、正面的心態帶動學校師生迎接變革，追求效能與卓越，有效運用教育資源，並營造優勢教育文化，由優勢的教育文化直接促成整體社會文化環境之改善。

教育人員心理層面之改善與學校輔導工作攸關，其如何與前述教育改革五大焦點配合，大要如次：

一、助長——帶動學校師生自我成長

教育改革之前提必須要學校的師生認同改革是對的，是有效的，同時也是可行的。如果教育人員仍然停留在傳統的認同，認為教師祇要把書教好即可之情形下，教育改革就難以進行，難有成效。

如何使教育人員認同教改，進而迎接變革？輔導工作的「助長」原理可茲運用，教師參與各項輔導知能研習進修，普遍提升輔導知識技能，並透過「認輔制度」，帶動學生自我成長。學校師生同時處於成長發展之階段，最容易認同改革的正面功能，亦是最佳之改革契機，此類輔導工作之推動，可為教育改革奠基，擴展具體改革績效。

二、發展——增進師生生涯規劃知能

學校輔導工作約略分成四個範疇，生活輔導、心理輔導、學習輔導以及生涯輔導。前三者均為補救性、矯治性輔導工作，唯有生涯輔導為發展性、預防性輔導工作，因為「預防勝於治療」，生涯輔導已逐漸成為學校輔導工作之主流。

生涯輔導之目的在協助學生了解自己，適應成長，觀照現在、策劃未來，進而務實發展，達成自我實現。教育改革最需要有前瞻的眼光，策訂達成目標的具體途徑，逐步發展以成，與生涯輔導的內涵實為吻合。各級學校加強推動「生涯輔導」工作，有利於營造規劃前程，面對未來的氣氛，此一心理環境的改善，豐富了教育改革的內涵，也將引導改革的過程重視前瞻性與步驟性。

三、佈網——建立全面輔導網路系統

今日教育改革的內涵已突破了點、線、面改革之傳統窠臼，必須策動整體社會教育資源，以網路的型態，共同投入改革的行列，才能彰顯其實效。因此，配合改革列車的啓動，各種教育資源網路的建立如雨後春筍，競相傚尤。

輔導網路之建立亦在積極進行中，依據教育部輔導工作六年計畫之設計，目前輔導網路所結合的單位及人員包括：㈠學校輔導人員，㈡社輔機構社工人員，㈢心理衛生單位心理衛生人員，㈣綜合醫院心理治療人員，㈤公益組織及宗教團體或個人等五方面。網路之層級有四：㈠學校輔導網路，㈡鄉鎮輔導網路，㈢縣市輔導網路，及㈣全國輔導網路。至於網路之內涵則包括六大次級系統：㈠輔導人力，㈡輔導設施，㈢輔導資料，㈣輔導活動，㈤輔導測驗，㈥輔導個案。目前全國性資料已掛進台灣學術網路，成為其次級系統，地區性資料則以縣市為中心，可遍及所屬鄉鎮及轄區之學校。

就網路之性質而言，輔導網路以支持性網路資源及矯治性網路資源，提供學校適時有效推動各項輔導工作，充分發揮輔導之教育功能，尤其是「佈網」協助適應困難及行為偏差之師生，使教育改革具備更為豐厚之內涵。

四、標準——輔導策訂學生教育指標

在教育改革鬆綁、開放、多元、自主發展之下，學生得到了更符合「人性」之教育，但學生實際的教育成果如何？則有待教育人員進一步釐清與要求，為避免形成弱勢，雜碎的教育品質，應透過「輔導活動」輔導學生策訂自己的教育指標，要求自己逐步完成各階層學習標準。教育行政單位則須結合學者專家以及學校實務工作者，依據國情及學生發展擬訂共同的教育指標，俾使各級學校師生有具體指標可資遵循。輔導工作適可以協助教育改革，亦步亦趨地邁向教育的理想。

五、計畫——協助擬訂應對教育計畫

教育計畫最大的功能在結合教育的理想與實際，真正的教育改革需要務實的教育計畫，乃筆者一再強調之看法，教育改革如欲有效，有賴各種教育計畫將改革的理想進一步與實際結合。因此，教育行政單位及各級學校，必須儲備計畫行政人才，有能力擬訂各種不同階層，適合改革需要之教育計畫。「教育部輔導工作六年計畫」以及即將接續之「青少年輔導計畫」，則為透過「計畫行政」進行實質改革之具體範例。

就當前企管策略而言，計畫、管理、輔導已成為一體三面，有其共同點（共相），也具備相輔相成之關係，學校輔導工作之加強，有利於透過計畫，進行實質且有效之教育改革。

肆、結語——輔導工作是教育改革的核心之一

輔導已經是教育的核心工作，輔導工作之加強，可以透過「助長」、「發展」、「佈網」、「標準」、「計畫」五者呼應「鬆綁」、「開放」、「多元」、「自主」、「人性」之教改理念，輔導工作亦是教育改革的核心之一。

（本文原刊載於教育部學生輔導雙月刊第 47 期，85 年 11 月）

26 邁向二十一世紀的輔導工作

——「青少年輔導計畫」內涵分析

壹、新新人類的挑戰

教育部最近完成了「青少年輔導計畫」草案之規劃，並已列為「跨世紀國家建設計畫」教育文化部門重要軟體計畫之一，教育部再徵詢各界人士意見修飾，循正式行政程序核定後頒行，預計自八十七年度起執行，以接續原有之「教育部輔導工作六年計畫」，為第二期輔導工作計畫。

「青少年輔導計畫」之擬訂，來自於當前青少年所呈現的文化特質——「新新人類」的挑戰，析而言之，主要背景緣由有三：

一、青少年心理特質與行為現象值得關切

依據「輔導工作六年計畫」長期委託多種專案研究及國內外學者專家研究調查結果顯示，我國青少年問題中下列的心理特質與行為現象值得重視：

㈠青少年生活困擾多，且以課業及情感問題最為顯著；
㈡情緒管理不佳，心理衛生狀況不理想；
㈢抱負水準提高，挫折容忍力降低；
㈣發展「個人色彩的價值體系」，而道德認知發展卻有待加強；
㈤青少年性教育有待加強；
㈥偏差行為仍然嚴重，校園暴力頻傳，少年犯罪以偷竊、暴力、嗑藥最多。

二、青少年面對的環境令人憂心

再者，青少年面對的整體環境更令人憂心，在家庭方面：單親家庭人口逐年上升，再親家庭子女適應不良；父母缺乏管教自信心，家長與學校教師時有衝突。在學校方面：老師過度依賴體罰管教學生，教師輔導知能尚嫌不足，教師責任感日益低落，輔導課程及輔導人員編制均有待加強。在社會方面：社會功利主義盛行，社會色情資訊氾濫，錯誤資訊迷亂青少年，校園及社會暴力行為頻傳。

因此，如何有效輔導青少年學生，協助青少年成長發展，充分達成其自我實現，乃教育單位必須持續關注之課題。

三、第一期輔導計畫僅達成原計畫目標三分之一

「教育部輔導工作六年計畫」自八十年七月執行至八十六年六月，從「培育輔導人才」、「充實輔導設施」、「整合輔導活動」、「擴展輔導層面」等多方面著力，以計畫性之措施，帶動輔導工作發展。

輔導工作計畫實施五、六年來，已逐漸彰顯其成效，諸如學校教師輔導知能普遍提升（有70%教師參與基本輔導課程講習），大部分教師已能用輔導的觀念和態度來教導學生，為校園營造了祥和氣氛。再者，透過專案輔導活動之實施（由朝陽方案、璞玉專案、攜手計畫、春暉專案至認輔制度的建立）已發展出輔導適應困難學生及行為偏差學生之有效模式，對於當前青少年問題、校園暴力問題具有相當程度之紓緩。

由於受到教育經費縮編及中高層輔導專業人力不足之影響，原「教育部輔導工作六年計畫」之執行，僅能達成計畫目標三分之一，部分重要工作層面，諸如輔導網路、專業人員證照制度及全面輔導法令體制之建立等事項，亟待第二期計畫予以接續完成。

教育部於是多次徵詢輔導行政專家學者及實務工作者之意見，以第一期計畫執行成果為基礎，參酌「教育部輔導工作六年計畫整體評估」過程之發現，以及行政院教改會各期諮議報告之建議，以「兼顧普及化及專業化」、「結合正式課程與潛在課程」、「建構輔導網路系統服務」、「促使核心業務落實發展」為政策導向，規劃第二期輔導計畫，期能透過十九項具體措施之執行，有效帶動學校輔導工作發展，由計畫性工作逐步進階為經常性工作。

第二期輔導計畫，以學校輔導工作為核心，以解決青少年問題為前提，配合「跨世紀國家建設計畫」之需，定名為「青少年輔導計畫」，並列為其教育文化建設重要軟體計畫之一。

貳、目標策略的設定

「青少年輔導計畫」預定執行六年，為中長期行政計畫，中長期行政計畫「目標」與「策略」之設定，必須能夠反映國家的重要政策，並能言簡意賅，有效導引同仁工作方向。具體言之，「目標」之設定必須是統觀、前瞻、關鍵之標示；而「策略」之擬定則為可行、明確手段方法之引導。

「青少年輔導計畫」計畫目標如次：

結合整體輔導資源，落實輔導工作，以促進學生自由、適性的發展，陶冶現代社會適應能力。

「目標」文字共計三十六字，分成兩段，將重要「策略」與「目的」合併敘寫，「重要策略」有二，輔導資源的整合，與促成輔導核心業務的落實發展。「目的」則在協助青少年達成兩大指標：「自由適性的發展」與「現代社會適應能力」。符合統觀、前瞻、關鍵之原則。

「青少年輔導計畫」計畫策略如次：

一、開發輔導模式，推廣計畫活動，以預防青少年負面行為，增進其心智發展。

二、提升學校整體輔導效能，結合全校教師員工力量，有效輔導學生。

三、整合校內外輔導資源，建立輔導網路，全面提升輔導效果。

此一「計畫策略」呈現推動本計畫之三大階層手段方法：㈠由「因應焦點問題」入手，㈡以「提升輔導效能」為歷程，㈢達「發展輔導資源網路」為終極標的。

在第一階層，針對當前青少年最需要之核心焦點問題如情緒、校園暴力、少年犯罪、中途輟學、法律教育、性教育、親職教育、生涯發展等規劃因應措施。

在第二階層，則以提升學校整體的輔導效能著眼，包括一般教師輔導知能的提升，導師輔導職能，設置國中專任輔導教師，輔導人員專業化的發展等。

在第三階層，則透過輔導網路與青少年文化心理態度指標之建立，訓輔工作諮詢服務網路、學校輔導工作評鑑之實施，開發並整合輔導資源，全面提升輔導效果。

叁、重要工作的規劃

依據前述「計畫目標」與「計畫策略」之設定，「青少年輔導計畫」已發展甚為詳明具體之「計畫項目」，「目標」、「策略」、「項目」間之結構，概要如表七所示（見下頁）。

至於每一項計畫所做的重要工作，總計九十五項，為使讀者瞭解具體計畫內容，摘要如次：

一、加強情緒教育及心理衛生教育

㈠成立青少年情緒教育研究小組

表七　青少年輔導計畫

目標	策略	計畫項目
結合整體輔導資源，落實輔導工作，以促進學生自由、適性的發展，陶冶現代社會適應能力。	推廣輔導活動	一、加強情緒教育及心理衛生教育
		二、防制青少年犯罪與校園暴力
		三、推動認輔制度
		四、輔導中途輟學學生復學
		五、推動性教育及兩性平權教育
		六、加強新生家長親職教育
		七、推動學校生涯輔導工作
	提升輔導效能	八、全辦理教師輔導知能進修研習
		九、提升導師輔導職能
		十、充實學校輔導室諮商室設施
		十一、落實輔導活動科教學活動
		十二、執行「國民中學逐年設置專任輔導教師方案」
		十三、建立學生輔導體制
	發展輔導資源	十四、建立青少年文化與心理態度指標
		十五、推廣輔導資訊網路系統服務
		十六、開發及整編心理與教育測驗
		十七、重視休閒教育增設活動設施
		十八、建立訓輔工作諮詢服務網絡
		十九、實施學校輔導工作評鑑

㈡策動各級學校師生情緒管理小團體輔導
㈢推廣引介情緒管理實用技巧
㈣引導各級學校教師重視情意教學
㈤營造師生和諧人羣關係
㈥補助民間團體青少年假期活動成長營隊

二、防制青少年犯罪與校園暴力

㈠成立跨部會「防制校園暴力會報」
㈡辦理「各級學校校長及訓輔人員處理校園暴力知能研習」
㈢編印高危險羣暴力傾向學生輔導手冊
㈣輔導暴力傾向學生參與社會服務
㈤成立「校園特殊個案輔導會報」
㈥配合認輔制度，加強輔導高危險羣暴力傾向學生

三、推動認輔制度

㈠遴選適應困難及行為偏差學生為接受認輔學生
㈡鼓勵教師及社區人士志願認輔學生
㈢編印認輔教師手冊及認輔個案記錄冊
㈣辦理認輔教師儲備研習
㈤辦理團體輔導教師研習活動
㈥推廣認輔學生小團體輔導活動
㈦成立省市、縣市輔導計畫輔導團督導各校認輔教師
㈧分區辦理個案研討會
㈨結合大學校院推動攜手計畫
㈩加強執行春暉專案

㈦獎勵績優認輔教師

四、輔導中途輟學學生復學

㈠落實執行「國民中小學中途輟學學生通報辦法」
㈡籌設中途學校
㈢配合認輔制度，加強輔導中輟復學學生

五、推動性教育及兩性平權教育

㈠辦理性教育及兩性平權系列講座
㈡推動性教育主題輔導工作坊
㈢製作性教育及兩性教育輔助教材視聽媒體
㈣編撰兩性教育手冊
㈤成立性教育資源服務站暨兩性教育輔導諮詢專線。

六、加強新生家長親職教育

㈠印送「國民中小學學生家長手冊」
㈡配合國民中小學新生報到辦理新生家長始業輔導
㈢加強學校親職教育月各項活動
㈣辦理親職教育觀摩活動

七、推動學校生涯輔導工作

㈠規劃辦理「生涯規劃」工作坊
㈡提供生涯發展諮詢服務並實施個別生涯輔導
㈢成立省市、縣市「生涯輔導」示範學校
㈣辦理生涯輔導週及示範觀摩活動

㈤執行「加強生活教育措施」加強實用生活教育
㈥編印推廣「生活教育卷宗」

八、全面辦理教師輔導知能進修研習

㈠辦理中小學教師基礎輔導知能研習
㈡辦理大專教師輔導主題研習
㈢推動中小學教師主題輔導工作坊研習
㈣開設輔導學分班
㈤定期辦理計畫學術及實務研討活動

九、提升導師輔導職能

㈠鼓勵導師參加基礎輔導知能研習及輔導學分班進修
㈡規劃推廣導師計畫職能主題工作坊
㈢辦理初任導師傳承座談活動
㈣編印各級學校導師手冊

十、充實學校輔導室諮商室設施

㈠修訂各級學校輔導室諮商室設備標準
㈡配合輔導網路建立學校輔導設施資料系統
㈢逐年充實中小學輔導室諮商室
㈣逐年充實大專院校輔導室諮商室
㈤設計製作輔導媒體

十一、落實輔導活動科教學活動

㈠成立省市、縣市「輔導活動教學」中心學校

(二)辦理「輔導活動教學」觀摩
(三)策劃大專院校輔導主題週及巡迴展示活動
(四)編印輔導活動手冊

十二、執行「國民中學逐年設置專任輔導教師方案」

(一)訂頒「國民中學逐年設置專任輔導教師暫行要點」
(二)修訂「國民中學班級編制及教職員工員額編制標準」
(三)擴大甄選輔導活動科合格教師
(四)開設輔導學分班
(五)辦理初任專任輔導教師研習

十三、建立學生輔導體制

(一)實驗推廣訓導處輔導室整合實施模式
(二)規劃輔導專業人員證照制度
(三)依據專業標準開闢輔導人員培育管道
(四)辦理輔導專業人員定期進修研習活動
(五)編印各級學校輔導工作手冊

十四、建立青少年文化與心理態度指標

(一)定期蒐集青少年研究資訊
(二)建立校園事件通報管理系統
(三)進行青少年文化與心理態度時事性指標研究
(四)進行青少年文化與心理態度長期性指標研究
(五)建立青少年文化與心理態度指標

十五、推廣輔導資訊網路系統服務

㈠成立輔導網路諮詢小組及維修小組
㈡定期蒐集輔導資訊
㈢定期維修輔導網路資訊系統
㈣辦理輔導網路服務觀摩活動

十六、開發及整編心理與教育測驗

㈠規劃各級學校需用心理與教育測驗
㈡編製心理與教育測驗
㈢編印心理與教育測驗使用手冊
㈣籌設心理與教育測驗研究發展中心
㈤辦理測驗學術及實務研討活動

十七、重視休閒教育增設活動設施

㈠系統設計休閒教育，融入各級學校之各科教學中
㈡積極規劃設置青少年活動場所，並鼓勵民間參與
㈢重視校外教學，落實課外活動、童軍教育與公民教育
㈣提升成人社會休閒內涵

十八、建立訓輔工作諮詢服務網路

㈠成立省市、縣市訓輔工作諮詢小組
㈡成立大專分區訓輔工作諮詢聯絡中心
㈢辦理訓輔工作傳承座談活動
㈣辦理訓輔人員業務研習

十九、實施學校輔導工作評鑑

㈠訂頒各級學校輔導工作評鑑標準

㈡辦理各級學校輔導工作評鑑

㈢辦理輔導績優學校觀摩活動

㈣舉辦輔導工作年度檢討會

㈤頒獎表揚輔導工作績優人員及績優單位

肆、預期成效的評估

中長程教育行政計畫「預期成效」的評估，可以從三方面分析：量的成效、質的成效，以及潛在成效。「量的成效」指計畫預計投資的經費額度、計畫工作具體預估執行數量等。「質的成效」指未能數量化的計畫工作，計畫執行完竣之後與執行之前比較實質提升之程度。「潛在成效」指計畫實施結果對於主題（教育輔導）長遠影響之程度。

「青少年輔導計畫」預計執行六年，重要工作包括十八大項，九十六小項，預期成效評估如次：

一、量的成效方面：重要者有

㈠投資經費：每年預計投資五億一六四〇萬元，六年共計三〇億九八四〇萬元。

㈡中小學教師均完成三十六小時輔導知能研習，大專院校教師完成十八小時輔導知能研習，中小學教師中有十分之一參與輔導學分班進修。（接續第一期輔導計畫成效）。

㈢國中增設專任輔導教師一六九六人。

㈣出版「學生輔導」雙月刊三十六期，「青少年研究新訊」季刊二十四期。

㈤每年至少有十萬名認輔教師，認輔十二萬名以上學生。

㈥出版輔導計畫叢書三十六種以上，各類輔導工作手冊五十種以上。

㈦每年至少推出十個主題輔導工作坊，二〇〇梯次，一〇〇〇〇名教師參加研習。

㈧每年開設輔導學分班五十班，二〇〇〇名教師參加進修。

㈨每年編製或修訂十種心理與教育測驗。

㈩每年辦理訓輔工作傳承座談活動至少三〇〇場次，各級學校訓輔有關人員一五〇〇〇人次參與經驗交流或研習進修。

⑾每年辦理大型學術研討會四至六次，中小型地區性輔導實務工作研討會二十場次，五〇〇〇名教師或輔導工作者參與討論研習。

⑿每年策動各級學校辦理性教育、兩性關係、民主法治、父母效能、親職技巧等輔導知能講座一〇〇〇場次以上，配合社會脈動，宣導輔導知能。

二、質的成效方面：重要者有

㈠教師輔導知能普遍提升，能以輔導的觀念和態度對待學生。

㈡師生情緒商數增長，校園氣氛祥和，導師亦能善盡職責，有效發揮教導功能。

㈢青少年法律知能提升，具有合宜的性知識，能夠尊重異性，懂得規劃生活情趣與生涯發展，適應困難及偏差行為學生亦得致妥善照顧，中輟學生、校園暴力與青少年犯罪率惡化程度大幅紓緩。

㈣輔導人員日益專業化、有明確之資格規範、頒授專業證照，定期的進修、實習與督導，能夠充分發揮輔導專業功能，帶動學校輔導工作發展。

㈤輔導網路資訊定期更新，有效結合社會輔導資源共同擔負輔導責任。

㈥青少年文化與心智態度指標逐次建立，提供訓輔人員配合時代脈動，規劃推展適宜之輔導措施。

三、潛在成效方面：重要者有

㈠輔導體制逐步建立，輔導工作在教育領域內的角色定位明顯，教育人員與輔導人員分工合作，共謀精緻卓越教育之實現。

㈡學校整體師生教學環境日益改善，預防性、發展性輔導工作與補救性、矯治性輔導工作均衡發展，各盡其功能。

㈢學校師生觀念與態度普遍接納輔導的觀念與做法，能善用發展性生涯輔導規劃亮麗人生，並藉由輔導諮商策勵成長。

㈣由於青少年偏差犯罪行為大幅紓緩，正面而積極的行為模式逐漸確立，將為整體社會文化注入新生，蘊育真正的新新人類現代文明。

（本文原刊載於教育部學生輔導雙月刊第 46 期，85 年 9 月）

增訂補註：

「青少年輔導計畫」正式頒行時將原有的十九個計畫項目

中，第十項「充實學校輔導室與諮商室計畫」刪除，（併同地方國民教育補助經費優先執行），實際爲十八項。

27 建立學生輔導新體制

——青少年輔導計畫的時代任務

教育部正式頒行「青少年輔導計畫」，每年預計投資約四億元的經費，執行十八項青少年學生有關的重點輔導工作。「青少年輔導計畫」之內涵分析，筆者已於第二十六篇摘要介紹，本文僅就「青少年輔導計畫」任務功能層面，再予剖析，期能對整體計畫之推動有所助益。

壹、擴增「輔導工作六年計畫」基礎功能

「教育部輔導工作六年計畫」七十九年策訂，自八十年七月執行至八十六年六月，原計畫六年間投資近九十億元，以有效結合整體輔導資源，帶動國內輔導工作發展。無奈國內高階及中階輔導人力不足，及行政政策經費上之縮編，六年來僅投資約二十四億元，原有「輔導工作六年計畫」目標，亦僅達成約四分之一。「青少年輔導計畫」為「輔導工作六年計畫」之延續計畫，其第一個時代任務即擴增「輔導工作六年計畫」之基礎功能。

「輔導工作六年計畫」基礎功能有三：㈠整合輔導資源，㈡

貫串學校輔導工作，㈢紓緩青少年問題嚴重程度。

在整合學校輔導資源方面，「青少年輔導計畫」延續原有「輔導網路」之設計，增加「青少年文化與心理態度指標」之建立，以及成立各級學校訓輔人員諮詢運作系統，並將透過諮詢顧問與省市、縣市輔導計畫輔導團之運作，整合國內輔導人力與資源設施，帶動其發揮最大功能效益。

在貫串學校輔導工作方面，中小學教師基礎輔導知能研習、主題輔導工作坊研習，輔導學分班進修等，均以大專教師來協助中小學教師，大專與中小學輔導工作之實際可以逐步貫串。另由學校輔導工作評鑑之執行，以及中小學輔導活動課程之銜接設計，亦將日益擴增此一方面功能，避免以前缺失。

在紓緩青少年問題嚴重程度方面，此乃本計畫之根本功能，本計畫定名為「青少年輔導計畫」，又增列了「情緒教育與心理衛生教育」、「防制校園暴力」、「推動認輔制度」、「加強生涯輔導與實用生活教育」等重要工作項目，相信對於青少年問題嚴重程度之紓緩，具有更大之助益。

貳、帶動學校重點輔導工作發展

行政單位之所以策訂中長程計畫，運用經費投資，引導人力辦理活動，最重要的功能之一，即期望在原有的體制之內，注入新血，改變方式，帶動重點工作之發展。「青少年」為本計畫之主要對象，「學校輔導工作」為本計畫之核心，因此「青少年輔導計畫」時代任務之二為帶動學校重點輔導工作發展。

學校輔導工作概分為個別輔導與團體輔導，在「青少年輔導計畫」之設計中，「推動認輔制度」將是學校「個別輔導」之主要型態，「生涯輔導」亦將逐次發展為「團體輔導」之主流，配合計畫資訊網路之運作，以及中小學「輔導活動」正式課程與潛在課程之逐步結合，將來學校輔導工作之發展脈絡已十分明顯。

因此，青少年輔導計畫將帶動中小學做好認輔制度、生涯及生活輔導，輔導網路的瞭解與運用，以及落實輔導活動科教學，等項重點工作發展。

至於大專院校方面，分區輔導諮詢中心的建立與運作，將有效結合現有大專輔導人力資源，提升輔導諮商人員專業化程度，確保專業服務品質。主題輔導週之設計與巡迴展示，既能發展主辦學校輔導工作特色，亦能收到資源共享，普及輔導功能之任務。

叁、提升教師輔導職能

教師法公布施行之後，各級學校教師生涯發展面臨嚴苛的挑戰，往後的學校教師聘用權在於學校教評會，教評會根據教師平時的教學與輔導學生具體表現，決定是否續聘。也就是說，教師這一行業不再是鐵飯碗或金飯碗——取得教師資格之後，祇要不犯錯，即可任職一輩子。教師法不再保障教師的「永遠資格」，教師法授權學校教評會逐年檢核每一位教師的服務品質，能夠善盡教師職能者，始能繼續擔任教職。

教師的責任概可分為兩部分，教學與輔導。教學屬於教育專業範疇，對於教育哲學、課程、與教材教法修養豐富的老師，愈能提供專業教學服務，有效引導學生學習。輔導部分本為陪襯角色，然而已逐漸發展為教育的核心工作，現代一位稱職的教師，除了要具備有效教學之基本條件外，尚須擁有輔導學生的能力。

輔導學生有三大前提：㈠志願：立志要協助學生成長發展，㈡義務：不求其他額外報酬，㈢有效：能夠提供學生有能力的愛，有效紓緩學生困難。

青少年輔導計畫積極辦理教師輔導知能研習，主題輔導工作坊，輔導學分班進修活動，全面提升教師輔導知能，並以導師為優先。如此設計，即希望有更多的老師，志願投入輔導學生工作，發揮教育愛不求報償的精神，並且能夠真正有效地協助學生。此亦即青少年輔導計畫第三個時代任務——提升教師輔導職能。

肆、建構輔導網路系統服務

輔導網路的概念及建立本即「輔導工作六年計畫」重點工作之一，原本的功能重在輔導資源之整合，希望結合整體社會輔導資源，與學校教師共同擔負輔導學生之責任。

青少年輔導計畫將進一步正式成立輔導網路諮詢小組及維修小組，定期蒐集輔導資訊，維修輔導資訊網路系統，分區設置諮詢服務中心，使網路的功能，能提供完整的資訊、諮詢、諮商、轉介之服務。

輔導網路之資源，配合中小學省市、縣市訓輔工作諮詢小組，將形成具體的網路型態，啓動絡繹不絕的人力投入青少年輔導工作，此乃青少年輔導計畫第四個時代任務。

伍、結合輔導活動正式課程與潛在課程

學校輔導工作，除了輔導室（中心）之行政體系外，中小學「輔導活動」科教學，以及「輔導活動配合各科教學」之強調，亦為主要核心。輔導工作六年計畫並未觸及當時國中輔導活動科教學，今日回顧檢視，實為一大缺失。

青少年輔導計畫有鑑於此，已列專項辦理各級學校輔導活動科正式課程與潛在課程整合實驗計畫，期能透過實驗歷程，提升輔導活動科教學品質，試探與現實生活有效結合模式，一般教師能夠與輔導活動科教師分工合作，各從不同的角色立場積極投入輔導學生工作。

就輔導工作潛在課程而言，包括全校教師對於輔導工作的觀念態度，輔導知能素養，以及組織氣氛。因此，如何透過行政運作，有效帶動全校教師接納支援輔導工作，並以輔導學生為榮，將輔導學生視為自己應予善盡之責任。此為青少年輔導計畫第五個時代任務。

陸、建立學生輔導新體制

青少年輔導計畫更挑戰了兩個輔導工作上最困難解決的難題——訓輔整合以及專業普及的均衡發展。在訓輔整合方面，吸納了教改會總諮議報告之建議，實驗推廣訓導處輔導室整合實施模式，結合學校教師會、家長會及義工組織推動訓輔工作。在專業普及的均衡發展方面，規劃輔導專業人員證照制度，依據專業標

準開闢輔導人員培育管道，辦理輔導人員定期進修研習活動等專業化活動；全面辦理教師輔導知能研習活動，編印各級學校輔導工作手冊，導師手冊等普及工作資料。

訓輔工作的整合發展，最終可能調整為原有「訓導處」改為「輔導處」，原有輔導室（中心）可能調整為「師生諮商中心」。調整後輔導處用輔導的觀念及原理原則來辦原有的訓育工作及生活輔導，提供學生普及化的協助服務。師生諮商中心為學生提供更為專業化的輔導諮商服務，並為一般教師提供輔導工作諮詢服務。

學校訓導處與輔導室重新調整，輔導活動科課程已與潛在課程結合，老師的輔導觀念普及了，專業輔導人員有更多專業進修機會，學校輔導的重點工作——認輔制度、生涯輔導、輔導網路。均已在各校發揮功能，並且建構了輔導網路系統服務，儼然建立了學生輔導新體制，此為青少年輔導計畫第六個，也是最重要，統合性的時代任務。

（本文原刊載於教育部學生輔導雙月刊第51期，86年7月）

28 探尋輔導政策的軌跡

壹、緒言——大家都十分模糊的輔導政策

筆者曾與在職進修的中小學老師討論，新任教育部部長接受電視台訪問，提出了他對解決青少年問題，輔導工作的四點做法，算不算「輔導政策」？答案十分茫然紛歧，莫衷一是。筆者再多次與輔導專業人員接觸，輔導行政人員接觸，結果相去不遠，大家都在從事輔導工作，但對於什麼是「輔導政策」均十分模糊。

因為輔導工作同仁對於什麼是「輔導政策」，未能給予適度的關懷與釐清，以致造成部分的誤解與紛爭，嚴重傷及輔導園地的發展，至屬遺憾。

貳、政策與措施

「政策」與「措施」是有區別的，「政策」指大方向、大方

針，屬策略手段的層面，「措施」指具體的做法，屬實際工作事項層面。

「政策」的產生必經「蘊釀→準備→形成」之歷程，不會憑空驟降。「政策」表現在「法律」或「行政命令」之中，「法」有明文規定者即為國家具體明確之「政策」，例如憲法基本國策中對於教育文化之規定，各級學校法之條文，均為國家「教育政策」的具體規範。「行政命令」中各部會則以擬訂「中長程計畫」來帶動政策之執行，因為就計畫原理而論，最重要、最關鍵、最需要而且經常性事務難以處理解決的工作，政府才會以中長程大型的計畫來規範，採取策略性整合性的方法來推動。一個優良周延的中長程計畫，往往能明確呈現「政策」導向。

「措施」乃實現政策的具體做法，就經常性工作而言，各部會的「年度施政計畫」各項設定之工作即是；就計畫性工作而言，各子項計畫及其所屬的重要工作項目即是。

「輔導政策」及重要「輔導措施」之所以未受到輔導從業人員應有的關注與瞭解，在於輔導的法源基礎薄弱，尚待努力建立，以及輔導人員性格上的偏頗，排拒以統觀的立場來瞭解「輔導計畫」的整體設計。

叁、輔導計畫之前的輔導政策

「教育部輔導工作六年計畫」頒布執行之前，國家輔導政策並不明確，從既有的法令及教育部、廳、局的重要施政措施，約略可以歸納三項：「輔導工作列為中小學正式課程」、「所有教師均有輔導學生之權責」、「學校輔導行政與輔導專業合流」。

一、輔導工作列為中小學正式課程

「國民小學課程標準」自六十四年起，列有「國民小學輔導活動實施要領」，明定國民小學輔導工作實施目標，實施綱要、及實施方式。

「國民中學課程標準」自五十七年起，即列有「指導活動」一科，每週排定一小時，並自七十二年起改為「輔導活動」。

高中高職課程標準自六十年起，總綱中亦均增列輔導工作，強調其重要性。

「課程標準」屬重要行政命令，由前述之現定，明顯地看到，政府對於「輔導政策」之執行，已逐次地將「輔導工作」列為中小學正式的課程，代表國家對於輔導工作的重視。

二、所有教師均負有輔導學生之權責

「國民小學課程標準」雖列有「輔導活動實施要領」一項，編訂有「教師手冊」作為實施之參考，然而實施時不另訂科目進行，亦不另訂時間，是在各種教學情境及活動中，融入實施。省市教育廳局多次督責學校，強調「輔導活動配合各科教學」，就政策層面而言，無非要求「所有教師均負有輔導學生之權責」，一般教師即須具備基本的輔導知能與態度，能夠執行「輔導活動配合各科教學」之任務。

高中高職自七十三年、七十四年、高職學生輔導辦法相繼頒布後，雖有「專任輔導人員」之設置，不需授課，專責辦理輔導工作，然而行政單位仍然要求導師及科任教師是第一線輔導工作者，負有「輔導學生權責」之政策任務並未改變。

國民中學相關法令亦規定每十五班設一位「輔導教師」，但卻是兼任，不佔全校整體教師員額，能夠實際分擔輔導工作十分有限，真正輔導學生事務，仍然落在一般教師身上。

因此，就政策導向而言，長期以來，「輔導工作就是全體老師共同的責任」、「輔導工作絕不是輔導專業人員的專利」。部分輔導專業人員不斷的質疑「一般教師都來做輔導工作，那我們輔導專業人員算什麼？」應是掉入「專業偏執」的迷失；試想，所有的教師都需要真正專業人員來引導他們如何來做輔導工作，專業輔導人員是多麼重要，而輔導工作本身亦有程度上的差異，初級預防工作由專業輔導人員指導一般教師來做，二級預防工作、三級預防工作才是專業輔導教師的核心工作。

部分輔導專業人員亦反對廣泛開設「輔導學分班」，不願意讓一般教師有進修輔導知能的機會，更忌諱一般教師取得了輔導學分之後，會與輔導心理系所畢業的科班「專業人員」搶奪市場，形成威脅。筆者以為這是「專業信心不足」的迷失，一般教師加修二十個輔導學分之後，他是可以把「初級預防」工作做得更好，可以讓學校輔導工作落實發展，他們沒有能力做二級、三級預防工作，萬一有人不自量力進來了，很快會被「專業的要求」推回去原來的位子。除非真正科班專業人員與這些人員做同樣的工作也沒什麼區別，專業的工作表現無法區隔。

三、學校輔導行政與輔導專業合流

國民中小學「輔導室」是學校一級行政單位，高中高職未設「輔導室」，由「輔導工作委員會」負責行政運作。

八十四年未修訂之前的「國民中小學教育人員甄選儲訓及遷

調辦法」，明確規定，參加輔導室主任甄選者，除應具備一般主任之條件外，並應合於教育部關於輔導專業知能之規定。

高中高職「輔導工作委員會」由校長召集，「主任輔導教師」擔任執行秘書，主任輔導教師類似行政職務，係由專任、具有輔導專業資格之輔導教師聘兼。

就前述之各項規定而言，明確顯示學校主要輔導行政人員，應由具備「輔導專業」資格人員擔任，是一種「行政」與「專業」合流的政策。

「輔導行政」與「輔導專業」合流的最大優點是：內行人領導外行人，內行人做內行事。最大缺點是：形成小圈圈，難與教務、訓導、總務主任交流，行政的統觀能力，不如其他主任來的優秀。

肆、輔導計畫呈現的輔導政策

「教育部輔導工作六年計畫」自民國八十年七月起實施，係教育行政單位針對「輔導工作」整體設計的中長期計畫，包括十八個子項計畫，一〇二項重要工作。筆者七十九年曾就整體計畫之「目標設定」與「計畫項目」之間關係進行內涵分析，本計畫「目標設定」中的「策略」層面，展現了政府的六大「輔導政策」——培育輔導人才、充實輔導設施、整合輔導活動、修訂輔導法規、擴展輔導層面、以及實施輔導評鑑。十八個子項計畫，以及其中之一〇二項重要工作，即為實現「政策」的「具體措施」。整體結構如下頁之表八：

表八 「教育部輔導工作六年計畫」政策結構

<table>
<tr><th colspan="2">輔導政策
(策略)</th><th>具體措施
(計畫項目)</th><th colspan="2">時程</th><th colspan="2">目的</th></tr>
<tr><td rowspan="18">建立全面輔導體制</td><td rowspan="2">培育輔導人才</td><td>一、培育輔導人才計畫</td><td rowspan="12">第一階段</td><td rowspan="18">第三階段</td><td rowspan="12">厚植輔導基礎</td><td rowspan="18">統合發展輔導效能</td></tr>
<tr><td>二、設置輔導研習中心計畫</td></tr>
<tr><td rowspan="3">充實輔導設施</td><td>三、充實輔導室及諮詢室計畫</td></tr>
<tr><td>四、整編心理與教育測驗計畫</td></tr>
<tr><td>五、充實輔導活動經費計畫</td></tr>
<tr><td rowspan="7">整合輔導活動</td><td>六、規劃建立輔導網路計畫</td></tr>
<tr><td>七、規劃辦理輔導知能宣導計畫</td></tr>
<tr><td>八、加強心理衛生教育計畫</td></tr>
<tr><td>九、推動問題家庭輔導計畫</td></tr>
<tr><td>十、實施璞玉專案(國三不升學學生輔導計畫)</td></tr>
<tr><td>十一、加強生活及生涯輔導計畫</td></tr>
<tr><td>十二、實施朝陽方案(問題行為學生輔導)計畫</td></tr>
<tr><td rowspan="2">修訂輔導法規</td><td>十三、整編修訂輔導法規計畫</td><td rowspan="6">第二階段</td><td rowspan="6">落實輔導工作</td></tr>
<tr><td>十四、規劃修訂各級學校學輔導課程計畫</td></tr>
<tr><td rowspan="2">擴展輔導層面</td><td>十五、規劃建立全國輔導體制計畫</td></tr>
<tr><td>十六、設置青少年輔導中心計畫</td></tr>
<tr><td rowspan="2">實施輔導評鑑</td><td>十七、建立輔導專業人員證照制度計畫</td></tr>
<tr><td>十八、建立輔導評鑑制度計畫</td></tr>
</table>

計畫性之工作可貴在「整體設計」，必須瞭解其全貌，方能有合理確當之評鑑。最近國人不察，因鑑於本計畫持續推動「朝陽方案」、「璞玉專案」、「春暉專案」、「攜手計畫」、「自我傷害防制小組」、「認輔制度」等專案輔導活動，批評輔導計畫專做些「頭痛醫頭，腳痛醫腳」的工作，缺乏前瞻性、發展性、治本的措施。

事實上本計畫經過四、五年實際執行結果，已經循著兩大脈絡發展——「因應性措施」與「發展性措施」。因應性措施是應急的、治標的、從專案輔導活動著手，包括前述朝陽、璞玉、春暉、攜手、自我傷害防制、認輔制度等。發展性措施是紮根的、前瞻未來的、治本的，從逐步建立輔導體制著手，重要工作包括：全面增進教師輔導知能、策動學校生涯輔導、建立輔導網路資訊系統、促成輔導體制法制化（訂頒輔導法）等。摘介如次：

一、發展性措施（逐步建立輔導體制）

㈠全面增進教師輔導知能

——辦理基礎輔導知能研習

——開設輔導學分班

——推動主題輔導工作坊研習

——教育專業學分增列輔導原理學科

㈡策動學校「生涯輔導」活動

——學校輔導工作主要範圍包括生活輔導、學習輔導、心理輔導及生涯輔導

——前三者為補救性、矯治性輔導措施，生涯輔導為預防性發展性輔導措施

——加強預防性、發展性生涯輔導可相對減低前三者的困擾程度

㈢規劃建立輔導網路系統

——結合學校輔導人員、社輔單位社工人員、綜合醫院心理治療人員、社會公益團體及個人共同擔負輔導責任

——規劃建立學校輔導網路、鄉鎮網路、縣市網路、及全國網路

——運用電腦、電話語音系統及手冊之分送策動網路功能

——增益輔導工作資訊、諮詢、諮商、轉介服務

——將國民中小學中途輟學學生資料通報管制系統併入輔導網路次級系統之一

㈣促成輔導體制法制化

——擬訂「輔導法」，藉以規範學校及社輔單位輔導人員員額編制、經費編配標準、專業層級畫分、權責與義務、專業倫理等重要事項

二、因應性措施（專案輔導活動）

（見下頁，表九）

表九 專案輔導活動的對象與方法

名稱	輔導對象	輔導方法
朝陽方案	1.犯罪有案返校就學學生 2.嚴重行為偏差學生	1.個別輔導 2.團體輔導 3.成長營活動
璞玉專案	國中畢業未升學、未就業之青少年(最可能犯罪青少年)	1.主要—追蹤輔導(畢業後) 2.次要—「生涯輔導」(畢業前加強)
攜手計畫	國中適應困難學生	同儕輔導—以年齡、文化相近之大學生協助國中適應困難學生攜手走過人生狂飆期
春暉專案	校園中用藥成癮之學生	1.組織春暉小組協助勒戒 2.濫用藥物防治之宣導 3.各級學校學生尿液篩檢
自我傷害防制小組	自我傷害傾向之學生	1.印送「防制學園自我傷害處理手冊」提供教師輔導參考 2.發展「高危險徵候量表」有效甄別學生 3.成立「諮詢小組」支援各校
認輔制度	適應困難及行為偏差之學生（八十五年度起全面實施，整合專案輔導活動）	1.個別輔導 2.團體輔導

伍、「第二期輔導計畫」的政策導向

「教育部輔導工作六年計畫」將在八十六年六月執行完竣，教育部目前正研議擬訂「第二期輔導計畫」。就筆者所瞭解，第二期輔導計畫將以三大基礎考量：㈠第一期輔導計畫未竟全功之重點工作，㈡整體評估結果必須新增之關鍵性措施，㈢「計畫性」工作逐次轉為「經常性」工作之設計。

「第二期輔導計畫」已於八十六年核定執行，前述三大基礎並未改變，其政策導向明顯可見，就筆者之心得，其重要者有四：

一、兼顧專業化與普及化發展

「輔導人員專業化」一直是專業輔導人員長期以來的心願，「所有教師均具備普遍的輔導知能」也是目前教育界難得的共識。這兩項目標，在第一期輔導計畫已有相當程度之進展，在第二期輔導計畫中將以「法制化」及輔導知能進修「制度化」進一步促成，兼顧輔導工作專業化與普及化的雙重發展指標。

二、加強正式課程與潛在課程之配合

第一期輔導計畫已完成促動輔導工作蓬勃發展的時代任務，然其最大之缺失，在於未能有效融合學校「輔導活動」在正式課程上及潛在課程上之設計，是以輔導工作在各級學校中落實發展仍有隔閡。

第二期輔導計畫重點之一，將著力於如何整合「輔導行政人員」、「輔導教師」、「輔導活動科教師」、「導師」、「一般科任教師」一系列輔導人力的統合協力、共負輔導工作權責，在校園中「正式課程」——「輔導活動科教學」與「潛在課程」——「教師輔導知能與輔導工作」能貫穿統合，發揮最大的「輔導的教育功能」。

三、發展輔導網絡（路）系統服務

除了學校輔導系統的整合規劃外，第二期輔導計畫亦將著力於學校輔導資源與社會輔導資源的結合及發展。第一期輔導計畫，已經建立了全國性輔導網路及區域性輔導網路，並且附屬於「台灣學術網路」之下，為其次級系統。隨著教育部 E-mail 到中小學之實施，已普及到各級學校均能使用，就網路之內涵而言，輔導人力系統、輔導資訊系統多已建立，「支持性網路」及「矯治性網路」亦已具備其功能。第二期計畫將以第一期既有之成就為基礎，持續建立、更新資料系統，加強宣導及運用，增進輔導網路資訊、諮詢、諮商、轉介服務功能。

四、促使核心業務落實發展

第一期輔導計畫包括十八個子項計畫，一〇二項重要工作，就當時學校及社會整體環境而言，有其需要。然而「計畫性措施」乃特定期程、特定項目、特定經費之設計，計畫結束之後能順勢轉化為經常性工作者，始能有長遠之影響。第二期輔導計畫之所以有其必要，在於第一期計畫之重點工作尚須以計畫之型態持續推動，才能逐次轉化為經常性業務。因此，第二期輔導計畫將祇執行第一期計畫中的「核心化」、「精緻化」工作，並且以能引渡為經常性工作者為前提。「認輔制度」、「生涯輔導」、「輔導網路」、「教師輔導知能研習」、「輔導法」等重要事項將是計畫的核心工作，也是將來各級學校能夠落實發展的具體事項。

陸、結語——輔導政策的軌跡耐人尋味

長期以來，「輔導政策」是什麼？大家十分模糊，也往往將「政策」與「措施」相提並論，就筆者所瞭解的「輔導政策」實有軌跡可尋，並以「教育部輔導工作六年計畫」、「青少年輔導計畫」扮演關鍵性角色，其間之發展耐人尋味。

（本文原刊載於教育部學生輔導雙月刊第 41 期，84 年 11 月）

29 釐清學校中的「輔導」工作與「諮商」工作

一、「輔導」與「諮商」的混用已造成輔導工作進程上的阻力

最近學校輔導工作同仁不斷地呼籲「輔導人員專業化」，「祇有把輔導工作交給真正專業的人來做，輔導工作才能真正做好」。筆者本即十分贊同，然而再進一步討論，「什麼是輔導工作？」「怎樣才是專業的輔導人員？」答案則十分模糊，似是而非，而大多把「輔導」與「諮商」混用，造成了溝通上的困擾，各在其不同的基點上堅持己見，甚至彼此誤解，致使輔導工作的進程受到阻力。

二、教育、輔導、諮商、心理治療均係專業助人服務的工作

不少輔導工作同仁好似掉入了「專業迷失」的陷阱，直以為「輔導」比「教育」專業，「諮商」比「輔導」專業，「心理治療」又比「諮商」專業。學校賦予他的是「輔導教師」角色，為了顯示自己的專業，不斷地往「諮商」及「心理治療」工作層面

發展，不屑於一般的「教育活動」，甚至於「輔導活動」。此為教育行政單位雖然在「輔導工作」上的策動不遺餘力，而始終不能讓部分輔導專業導向人員滿意的癥結，也是輔導工作推展至今不能為其他「非輔導」教育人員認同接納的主要因素，因為一般教育人員在其他層面的「專業」絕不在一般輔導人員之下，他們也在從事專業的服務工作，從不同的層面協助學生，幫助學生成長，貢獻有時還超過臨床心理師或精神科醫生。甚至他們經常懷疑：所謂輔導諮商人員，既不像「教育專家」，也不像「醫師」的半調子專業，對人類整體貢獻的定位又在那裡？

筆者認為：「教育」、「輔導」、「諮商」、以及「心理治療」均係專業助人服務，雖有對象及內涵之不同，沒有高低優劣之別，「教育」與「輔導」偏向普遍的專業，一般教師即應具備；「諮商」與「心理治療」則為個殊化的專業，是精神科醫師、臨床心理師的範疇，不是一般教師所能發展，也不必發展。

三、學校設置輔導人員，功能漸被模糊

學校內設「輔導教師」，主要目的在為學生提供進一步的「專業助人」服務，並且是隨著時代需求，社經文明達到相當水準後，逐步達成的。最原始的教育活動衹是一個老師帶著幾個學生一起學習，然後逐漸發展成有幾個老師帶一羣學生，老師們再進一步分工，有的帶班級，有的擔任專門科目之教學，再進一步發展則形成學校，增加行政系統來為教師及學生提供服務，從教務、訓導、輔導、總務的立場為教師提供資源，為學生籌辦共同性的事務。另外，則因應學校規模逐次擴大上的需要，有職員、護士、醫師及各種專業人員的設置。「輔導教師」也就在此一情

況下，進入了學校。

然而「輔導工作」是什麼？學校中的輔導工作指的是那些工作？近年來有被「濫用」、「誤用」的現象，「濫用」最嚴重的情況即把任何協助學生的大大小小事務均稱為輔導，輔導即生活，輔導與最廣義的教育已沒什麼區別。例如高中職、大專軍訓教官也在做「輔導」工作，圈內人拍著胸膛引以為傲，圈外人卻大不以為然。「誤用」的情況則將輔導侷限於「接個案」，強調祇有輔導教師與個案的直接接觸才叫輔導，實與「諮商」及「心理治療」沒有差異。輔導被「濫用」、「誤用」的結果，已經模糊了原來學校設置輔導教師的目的與功能。

四、「輔導教師」必先取得「教師資格」，致使「教育專業」優先於「輔導專業」

學校是教育單位，教師本即專業行業，無論中小學或大專院校對於教師之進用，專業上之規範至為明確（中小學修教育專業學分，大專碩博士學位），且日益嚴謹，例如大學非博士學位已難為專任教師。目前學校輔導人員之進用必先取得各該層級學校教師任用資格，以致形成「教育專業」優先於「輔導專業」，就一般學校教師心目中，「輔導人員」僅係「教育人員」之一系，與輔導人員本身之看法落差極大，也是「輔導工作」始終難以在學校中落實發展原因之一。

五、教育行政單位積極策動「輔導觀念普及化」及「諮商人員專業化」

輔導工作之推展應兼顧專業化與普及化，已獲致大多數教育人員之贊同，教育行政單位積極策動中，其實際內涵有必要進一步闡明：「普及化」指「輔導觀念普遍化」，透過各種層次之輔導知能研習，希望所有的教師均有基本的輔導觀念與知能，願意用輔導的態度來對待學生。「專業化」指「實際從事諮商或心理治療人員素養專業化」，鼓勵大專院校培育心理輔導人才，也不斷為現職工作同仁提高其專業素養，最後希望能建立「諮商人員專業證照制度」，並在「輔導法」中規範其層級及專業標準。

六、「認輔制度」旨在策動一般教師參與預防性與發展性的輔導工作

八十五年起中小學全面實施「認輔制度」，絕大多數教育人員咸表支持與認同，但仍有部分輔導專業人員不以為然，認為一般教師沒有任何輔導專業背景，如何來認輔學生。

教育部訓委會宣導認輔制度時曾特別逐一強調下列諸點：㈠認輔教師不是擔任心理治療或心理諮商的工作；㈡認輔教師晤談學生是「簡易、初步的諮商」，是一種「預防性的輔導」，算不上深度諮商；㈢個案適應困難嚴重時，應轉介心理治療師或精神科醫師；㈣個案轉介精神科醫師或心理治療師之後，認輔教師不應抽離，認輔教師繼續協助個案其可以協助、有能力協助之部分。或許由於認輔教師的持續協助與鼓勵，個案接受心理治療得以儘快產生效果。

因此，認輔制度實施之後，簡易晤談，預防性、發展性輔導工作將在學校中落實發展，教師循此管道得以闡揚教育愛，善盡其輔導學生權責。學生適應困難及偏差行為之程度不再惡化，進而逐漸恢復常態，提高「受教性」，展現了輔導的教育功能。

七、名稱的使用上「輔導」改為「諮商」，「訓導」改為「輔導」或許為今後訓育輔導工作的發展取向

「輔導人員專業化」的指標，無非在強調諮商的重要，以及由真正專業人員始得從事諮商工作，如果能將學校中的輔導室（中心）更名為「諮商中心（室）」，則可以更為明確地要求其專業導向與實質內涵。

「輔導觀念普及化」之後，任何一位教師均應具備基本的輔導觀念與知能，都願意為「輔導工作」奉獻心力。「輔導工作」的範圍包括對學生一切事務的協助，廣義之下，已包含了目前學校中的「訓導工作」，在目前「訓」字不合時宜之背景下，「訓育原理輔導化」已成為必然的趨勢，若能順勢將「訓導」更名為「輔導」，則能進一步整合「訓育輔導」工作，由「輔導處」負責初級預防及大部分輔導行政事務，再由「諮商室（中心）」負責更為專業之第二級、第三級諮商心理治療工作。

八、發揮「輔導的教育功能」乃學校「輔導工作」及「諮商工作」最重要之旨趣

學校中的「輔導工作」及「諮商工作」並不相等，但同是為了發揮「輔導的教育功能」，希望藉由輔導的實施，諮商的協助，讓適應困難的學生以及行為偏差的學生得以紓緩，提供「受教性」，亦即幫助他接受一般正常的教育得以有效。因此，「輔導」與「諮商」本身均不是目的，「教育」才是真正的目的。

（本文原刊載於教育部學生輔導雙月刊第 42 期，85 年 1 月）

30 學校專業輔導人員的時代使命

您是專業輔導人員嗎？您是否瞭解輔導行政人員對您的期待？本文從行政的立場，分析一專業輔導人員在學校教育中所應肩負的時代使命，提供大家反省檢核的方向。

壹、體認輔導的教育功能

「輔導」已逐漸成為「教育」的核心工作，但是輔導不能取代教育，我們不能為輔導而輔導，我們應該為教育而輔導。

學校中的輔導工作包括兩大脈絡，一者協助正常適應的學生順利成長發展，另一者協助適應困難或行為偏差之學生紓緩其嚴重程度，降低或排除其接受教育、學習歷程上之障礙。一言以蔽之，兩大脈絡均在提高學生之「受教性」，因此，輔導本身不是目的，輔導是協助學生接受有效教育的手段或方法之一，唯有專業輔導人員體認輔導的教育功能，方能在學校教育中扮演確當之角色，展現最大的輔導績效。

貳、掌握教改的重要內涵

教育改革是當前學校教育最引人關注之課題，專業輔導人員本即學校的一分子，應掌握教育改革的重要理念與具體作法，配合推動輔導工作，始能如虎添翼，事半功倍。

當前教育改革的重要理念包括：鬆綁、開放、自主、多元、人性。當務之急則又包含：㈠建立教育共同願景，㈡策訂務實可行計畫，㈢引進學習型行政組織，㈣營造健康安全校園環境，㈤全面提升教師輔導知能。（鄭崇趁，民 85 年；本書第一篇，頁 1－10）

學校輔導工作應從下列幾個層面協助配合教育改革的推動：

㈠助長——帶動學校師生自我成長

㈡發展——增進師生生涯規劃知能

㈢佈網——建立全面輔導網路系統

㈣標準——輔導策訂學生教育指標

㈤計畫——協助擬訂應對教育計畫（鄭崇趁，民 85 年；本書第二十五篇，頁 206－209）

教育部吳部長在八十六年十一月八日，教育部頒獎表揚八十五年度執行輔導工作六年計畫有功人員典禮致詞中表示：教育改革之後，學校教育中留給老師及學生自主的空間與時間加大，這些彈性空白的時間如何有效運用？有賴輔導的實施予以補足。可見學校專業輔導人員亟須掌握整個教育改革的重要內涵，從學校師生的心理層面，營造有利於教改的整體環境。

叁、瞭解輔導政策的發展

學校專業輔導人員很少關心輔導政策，部分專業輔導人員總認為，祇需把自己的專業做好，政策怎麼變與吾何干？殊不知政策發展與專業前途息息相關，各行各業「專業」之確立乃政策持續推動累積的成果，專業功能的發揮需要政策的支持，由於政策帶動相關措施，始能擴展專業工作運作空間與條件。例如「教育部輔導工作六年計畫」的執行，代表政府的輔導政策，此一政策使國內中高階層之專業輔導人員充分發揮其專長，行程幾近全數滿檔，專業人員的自我實現也應以此一時期最為顯著。

筆者曾經分析國內輔導政策之發展（鄭崇趁，民 85 年；本書第二十八篇，頁 233−244），我國輔導政策之發展有軌跡可尋，約可分作三個時期：㈠輔導計畫之前的輔導政策，㈡輔導計畫所呈現之輔導政策，以及㈢青少年輔導計畫之輔導政策。三個時期輔導政策摘述如次：

一、輔導計畫之前的輔導政策

㈠輔導工作列為中小學正式課程

㈡所有教師均負有輔導學生權責

㈢學校輔導行政與輔導專業合流

二、輔導計畫所呈現的輔導政策

㈠培育輔導人才
㈡充實輔導設施
㈢整合輔導活動
㈣修訂輔導法規
㈤擴展輔導層面
㈥實施輔導評鑑

（以上各項）——建立全面輔導體制，統合發展輔導效能。

三、第二期輔導計畫（青少年輔導計畫）的政策導向

㈠兼顧專業化與普及化發展
㈡加強正式課程與潛在課程之配合
㈢發展輔導網路（絡）系統服務
㈣促使核心業務落實發展

瞭解輔導政策的發展，配合己身專業能力之投入，將使專業發揮最大的貢獻，對國家社會幫助最大，也是最大的自我實現。

肆、策動輔導的重點工作

專業人員應善加使用其專業知能在學校最需要的地方，配合輔導計畫之實施，學校專業輔導人員最需策動的工作有四：認輔制度，生涯輔導，輔導網路，以及協助教師輔導知能進修。

「認輔制度」鼓勵學校教師志願認輔適應困難或行為偏差的學生，認輔教師一面進修一面協助學生成長，自長而後助長，將是今後學校輔導工作中個別輔導的主要基本型態。

「生涯輔導」在協助學生觀照現在，策劃未來。學校的各項團體輔導活動多與生涯輔導有關，具體指標在協助學生瞭解自己，有效運用時間，增進人際關係，善用資訊科技，規劃生涯進路並擁有實現生涯目標之知能。將是學校團體輔導活動之主流。

「輔導網路」乃當前資訊時代與輔導資源整合之後的產物，已逐漸成為辦理輔導工作最重要的工具，專業輔導人員應該協助教育部完成全國輔導網路之建置，並帶動學校教師靈活操作網路系統，結合整體社會資源，共同擔負輔導青少年學生之工作。

教師輔導知能的普及與進修已成為當前學校教育的重要課題，教育人員肩負著教育新新人類的神聖使命，新新人類的特徵複雜多變，其面對的環境又令人十分憂心，如何有效地進行教育與輔導，先決條件，必須要全體教師具備的輔導知能，能夠用輔導的觀念和態度來對待學生，面對學生的問題，能有效的輔導，協助其紓解。因此，專業輔導人員除不斷地要求自己持續專業進修外，應協助全校教師全面進修輔導知能，為學生進一步營造祥和之心理環境。

專業輔導人員能夠策動核心業務在學校中落實發展，則能扮演成功的專業諮詢服務角色，由輔導工作普及化中確立自己的專業地位，也最能拓增學校輔導工作績效。

伍、協助督導制度的建立

就專業的內涵而言，輔導的專業比教育的專業還要深層，然而在學校中專業輔導教師沒有充分彰顯其專業職能，主要在於輔導教師的養成過程中缺乏實習督導制度，大都祇是一般教師專修輔導，或多修了二十個輔導學分。專業輔導人員往往強調，輔導工作不能由非專業的人來做，就像看病祇能由醫生來看一樣。但問題是輔導的專業人員目前缺了像醫師培養過程中的實習督導制度。專業輔導人員的督導制度一天未能建立，則輔導的專業地位就無法像醫師一般地被認同。

配合輔導計畫之實施，教育部策動省市、縣市成立了輔導計畫輔導團，邀集具備輔導專業背景的優秀校長、主任及教師擔任團員，負責縣市學校認輔教師的督導訪視，試圖建構督導制度初階模式。

師範院校心輔系所培育學校專業輔導人力時，應將實習督導課程列為必修，實習時應分成多組，由數位資深教師負責督導，實習督導累積一定的時數始准予畢業。

督導制度的建立，有待專業輔導人員共同促成。

陸、營造新新人類的文化

新新人類的意涵歷經三個時期的轉變，最初使用之時通常與青少年之負面行為糾結在一起，例如飆車傷人、吸安頹廢、奇裝異服、特異獨行等等，第二個時期則強調正面、負面特質兼具，例如大專南區學生輔導中心主任歷經一個下午的討論，歸納新新人類的行為特徵有：勇於嘗試、與眾不同、流行時髦、講求效率、獨立性強、喜唱反調、裝模作樣、好逸惡勞、大膽開放、善於模仿。前半是積極面，後半則屬消極面的描述。迄第三個時期（新近）對於新新人類則持完全積極正面的看法，筆者曾予分析，所謂新新人類文化係指能夠承續傳統，邁向現代，又能統整

串貫各年齡層共同需要的文化內涵。（本書第三十五篇，頁 298-299）

專業輔導人員也是教育人員的一環，教育輔導人員的神聖使命，即在經營健康安全的校園環境，從物理環境、心理環境、及文化環境層面著手，蘊育新新人類的現代文化。屆時學生以新新人類自居，教師（含專業輔導人員）也以新新人類的老師為榮。

由於社會變遷急遽，學生適應困難日益嚴重，輔導人員必須同時擔任一般教師的諮詢服務，是以輔導工作專業化的需求日益殷切。專業輔導人員亦將在校園中逐步建立其專業地位。從輔導行政鉅觀的立場而言，專業輔導人員必須體認輔導的教育功能，掌握教改的重要內涵，瞭解輔導政策之發展，策動輔導重點工作，協助督導制度的建立，以及營造新新人類文化等六大使命。您是專業輔導人員嗎？這六點期待是否合宜？我們一起來檢核思考。

（本文原刊載於教育部學生輔導雙月刊第 48 期，86 年 1 月）

31 輔導人員專業化的發展趨勢

壹、緒言——學校輔導工作的偏頗發展影響輔導專業人員的界定

教育的對象是人，教育領域之內所以要有「輔導」，主要在因應「適應困難」程度不同的學生，提供不同的專業助人服務。它的整體設計就如圖十七：

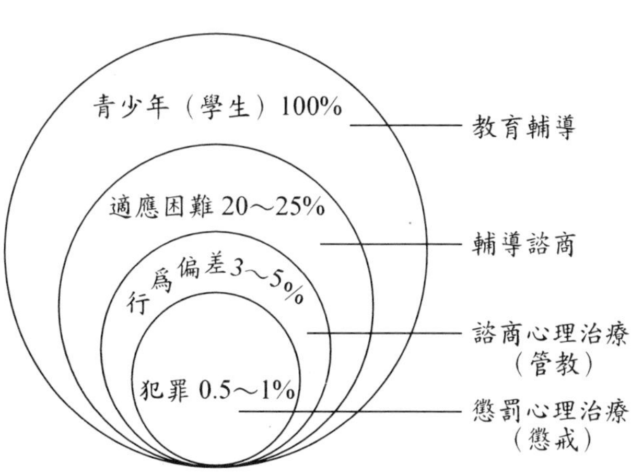

圖十七　專業助人服務的層級

輔導的體系為教育→輔導→諮商→心理治療，而訓導的體系則為教育→輔導→管教→懲戒。

就輔導的體系而言，教育、輔導、諮商、心理治療之間的關係，又可以圖十八呈現：

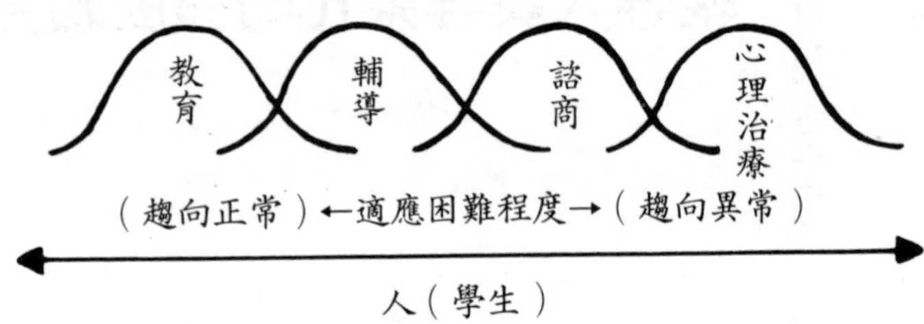

圖十八　適應困難程度與專業助人服務

當前學校輔導工作的偏頗在於兩極化，大專院校偏於諮商與心理治療，「輔導工作」與「諮商工作」混淆不清；而中小學則偏向於一般的教育活動，所謂「教育工作」與「輔導工作」困難區隔。

學校輔導工作如此的偏頗發展，阻礙了專業輔導人員標準的界定，也阻礙了整個輔導人員專業化的進程。

筆者以為，祇有各級學校的輔導工作都回復到以「輔導」為核心的設計，輔導人員專業標準才能夠獲致共識，輔導人員專業化的腳步才能往前邁進。

貳、層級劃分與專業標準

「學校輔導工作應由全校教師共同負責」，已獲致各級學校教師們的普遍認同，然而對於學生的求助過程中，那些應由一般教師負責處理，那些應由輔導教師負責處理，以及那些該適時轉介，始終爭議不斷，一般教師與專業輔導人員的看法，長期以來存在著「對立」與「互不賞識」的現象。

筆者以為，要解決此一問題，惟有全面提升教師輔導知能，讓各級學校教師能夠初步接觸輔導，瞭解到「輔導」基本內涵，才能真的認同「輔導」，尊重「輔導專業」，另一方面輔導專業人員也要具備紮實的「教育理念」，以整體的教育觀點來界定自己的輔導工作，有能力協助一般老師在目前的基點上，發揮輔導的教育功能。基於前述基本看法，八十四年二月公布之「中華民國教育報告書」（即所謂的教育白皮書），對於學校輔導人員的層級劃分與專業標準，已有初步的規劃。大要如次：（教育部，民 84，頁 157－158）

一、學校輔導人員概分為一般教師、輔導教師、心理諮商師以及精神科醫生。前兩者為學校專任教師，「心理諮商師」及「精神科醫生」為兼任，「心理諮商師」在大型學校輪值，但不必具有教師資格。「精神科醫生」在輔導網路中心輪值，支援學校。

二、一般教師至少應有三十六小時以上的「基礎輔導知能」研習，公元兩千年以後，「教育專業學分」中亦包括「輔導原理」學科，使中小學教師具備基本的輔導知能。

中小學輔導教師應以輔導本科系畢業生為主，惟一般教師亦得透過進修，取得二十個以上輔導專業學分及一〇〇小時以上的接案經驗後登記為輔導教師。大專院校輔導教師必須具備輔導相關研究所博碩士學位，並符合各校教師基本資格規定（進用規定）。

三、心理諮商師基本資格有三：⑴博碩士以上學位，⑵豐富的臨床經驗（一○○○小時以上），⑶通過檢定考試。凡符合前述三項資格者，由政府發給「心理諮商師」證照，取得證照心理諮商師，由各級主管教育行政機關優先安排大型學校輪值，協助一般教師及輔導教師處理較為嚴重之個案，並擔任認輔教師、輔導教師之督導。心理諮商師兼取各級學校教師資格者，學校得比照專任輔導教師晉用。

四、精神科醫生：由醫師系統培育，取得精神醫學專科醫師者，各主管教育行政機關得聘請於各層級輔導網路中心輪值，協助鄰近學校師生心理治療工作。

叁、員額編制

就前述學校輔導人員層級之劃分，學校輔導專業人員係指「輔導教師」而言，不包括兼任部分的「心理諮商師」及「精神科醫生」。

「中華民國教育報告書」（教育白皮書）已對各級學校輔導專業人員員額編制有進一步設定，大要如次：（教育部，民84，頁 154–155）

⑴單位名稱：中小學稱「輔導處」，下設輔導組、資料組及特殊教育組三組；大專院校稱「學生輔導中心」，下設輔導、資料、研究三組。學校設「輔導工作會議」，由校長擔任主席，輔導處（中心）主任為執行秘書，輔導處（中心）均為各級學校一級行政單位。

⑵輔導教師編制：各級學校每校至少一名專任輔導教師，國

小每增十五班、國中及高中職每增十班再增一名專任輔導教師，大專院校每增七百五十名學生，再增一名專任輔導教師。

(3)專任輔導教師不占學校班級編制教師員額以及行政職務員額。

(4)不足額之專任輔導教師，各校應聘請具備輔導專業知能教師兼任補足之。

(5)專兼任輔導教師及輔導行政人員，應負責各級學校全校輔導課程之教學、輔導活動之辦理，以及中小學認輔教師之督導。

配合國民中小學小班小校之發展，迄公元二千年時，國民中小學平均每班學生人數為三十五人，高中高職每班為四十人至四十五人，大專院校彈性較大，約亦在五十人左右。整體而言，各級學校均置專任輔導教師，專任輔導教師與學生人數比例：國民小學一比四○○；國民中學一比三五○；高中職一比四五○；大專院校一比七五○，整體平均而言達到一比五○○之指標。且專任輔導教師不占教師名額及主任、組長之行政員額，兼顧輔導行政與輔導專業之統合發展。

肆、焦點討論

「學校輔導人員專業化」，本即「教育部輔導工作六年計畫」重要指標之一，何以輔導計畫實施四年將屆，而進程緩慢？下列現象乃最大的阻礙，必須優先面對解決，取得共識方能有效推動輔導人員專業化的進程。

一、在大學裡面如何釐清「輔導工作」與「諮商工作」

學校設的是「輔導中心」不是「諮商中心」或「心理治療中心」，諮商與心理治療所能照顧的對象甚少，輔導中心可以做，但絕非輔導中心的主要業務，學校設輔導中心，很明確地，它要照顧支援的對象是全校學生，輔導中心有更多的事可做，並且預防重於治療。理想的折衷是學校應先行設計好整體的「輔導工作」，而整體的「輔導工作」中包括「諮商工作」。

二、如何公平看待「教育」、「輔導」、「諮商」、「心理治療」四個不同層級的專業助人服務

四個不同專業助人服務，有其層次深度之區別，但並沒有優劣好壞之分。目前大學裡部分輔導工作同仁，頻頻追求「諮商」或「心理治療」的專業，認為「諮商」、「心理治療」的專業優於一般的教育、輔導的專業，鄙視非諮商專業人員從事輔導行政工作，實乃最大的迷失。就好比一位更為專精的「精神科醫生」，他或許可以治好很多「病人」，但他沒有修過教育學分，沒有專精於輔導原理，要他來做教育輔導工作，他並「不適合」，相同地，一個專精於「諮商」領域的人，就比專精於「教育」或「輔導」領域的人，更適合於在「教育」領域內推動「輔導」工作嗎？值得深思。

筆者以為「教育」、「輔導」係普遍化的專業，一般教師及輔導教師最好多能兼具。而諮商、心理治療係特殊性的專業，那是較為少數心理治療師及精神科醫生的範疇，學校輔導人員需要心理諮商師及精神科醫生的協助，本身也可以兼具心理諮商師的

資格，但沒有必要一味追求「諮商」，而忘記了「教育」領域內的「輔導」。

三、學校「輔導專業人員」之規劃專指「輔導教師」，抑或應包括「心理諮商師」

「輔導人員專業化」最理想的情境為，將輔導人員劃分為不同的層級，發給不同的輔導專業證照，取得專業證照的輔導人員受聘到學校任職。然而國內證照制度並未普及，不像美國各種職業均有其專業證照，取得專業證照的人均得到合理尊崇與待遇。並且國內的學校環境一向劃分兩大系統，教師系統與職員系統，教師系統領導職員系統，教師身分優於職員，學校輔導人員即使取得專業證照，仍然要具備教師資格，要不流為職員系統，此乃大家所不樂意看見。因此，所謂「學校輔導專業人員」之設定與規劃，似應僅止於「輔導教師」為限，無法兼顧「心理諮商師」層級，因其困難相容於「教師系統」，且僅能設定為「兼任輔導教師」。

四、所謂「輔導專業證照」的核發對象，即以「心理諮商師」為限，抑或要包括「輔導教師」

學校系統內的輔導人員以取得「輔導教師」資格登記為優先，輔導教師登記宜比照視同專業證照的一種，而「心理諮商師」不一定是學校輔導教師，因此，專業證照的取得最為重要，「輔導專業證照」的核發對象，似應以「心理諮商師」層級人員為限。

五、學校輔導室（中心）主任之角色與功能如何定位

學校輔導室（中心）主任，原本係行政職務，但因為他要推動輔導工作，由具備「輔導專業」的人來擔任主任，較能「行政」與「輔導」兼顧。但如果兩者無法兼顧時，如何考量方屬正確？就多年來之經驗，輔導專業人員並未善長「行政」工作，以致今日輔導的發展困難重重。「行政專業」重於「輔導專業」，或者「教育專業」優先於「輔導（諮商）專業」應是今日學校輔導室（中心）主任角色功能的時代界定。

伍、發展趨勢

筆者負責「輔導行政」工作必須直接面對前述各項焦點問題之爭議，並尋求可行解決途徑，積多年來之經驗，已約略可歸納其主要發展趨勢，大要如次：

一、「輔導教師」及「心理諮商師」為輔導人員專業化規劃之主要對象。

二、「輔導教師」必須兼取教師資格，是學校輔導人員之主力。

三、「心理諮商師」應取得專業證照，證照取得後可以自行開業，或到大型學校或輔導網路中心輪值，也可兼取教師資格，為學校輔導教師之一。

四、師範院校輔導系所應廣為開設輔導學分班，培育各級學校所需「輔導教師」人力。

五、學校輔導工作重點，回歸到以「輔導」為核心的活動設

計，避免太過於趨向「諮商」、「心理治療」以及「類似一般教育活動」的偏頗。而教育、輔導、諮商、心理治療不同的專業層級，應得到相等的專業地位與重視。

六、輔導專業人員更加重視本身的「教育專業」素養，能夠以教育的統觀立場來執行輔導工作，發揮「輔導的教育功能」。

七、訂頒「輔導法」規範輔導人員專業層級、專業標準、權責與義務、員額編制、專業倫理等重要事項，始能建立全面輔導體制，落實發展輔導效能。

陸、結　語

「專業化」的進展，需要專業人員本身「持續努力」，能夠清楚地界定其「專業內涵」，也需要其他各界人士的「認同」與「支持」。祇有兩者兼俱，「專業化」始能成立，也才有意義，才有專業價值。

目前「輔導專業人員」與「諮商專業人員」糾結不清，輔導專業領域人員，無法清楚劃分「教育」、「輔導」、「諮商」、「心理治療」四種不同的專業助人服務，以致讓學校輔導工作發展偏頗，也沒有得到其他各界人士應有的認同支持，專業化進程遲滯不前。

「輔導工作六年計畫」執行以來，學校輔導工作已展現了蓬勃發展的景象，各界人士逐漸認同輔導，正是「輔導人員專業化」的良機，凡我輔導工作同仁，實應順勢掌握契機，放棄「輔導」與「諮商」爭議，早日促成「輔導法」的訂頒，為學校輔導工作奠基，達成真正的輔導人員專業化。

32

「輔導專業」與「輔導行政」孰重？

——談輔導室（中心）主任的角色與功能

壹、緒　言

「國民中小學教育人員甄選儲訓及遷調辦法」將國民中小學輔導室主任必須具備輔導專業資格之規定取消後，引起輔導工作同仁爭相討論，認為教育部在走回頭路，今後輔導工作專業導向的發展將受到嚴重的影響，甚至強調，今後輔導工作人人能做，那輔導到底算什麼？

筆者個人而言，非常支持國教司規劃此一政策的轉變，取消國民中小學輔導室主任專業資格之規定，非但不影響輔導專業的發展，反而將有助於國內輔導工作的生根落實，輔導行政與輔導專業的明確劃分，以及全面輔導體制之逐步建立。

此一政策之轉變，實與輔導室主任角色功能之詮釋有關，我們可從法令規範、現實需求、以及未來發展三個層面進行分析：

貳、法令規範層面分析

國民中小學輔導室原本即學校四個主要一級行政單位之一，行政體制的運作要求宜列為輔導室最重要功能。

以前輔導室主任除具備一般主任之資格而外，必須兼具輔導專業資格（如國小輔導專業學分十學分以上，國中二十學分以上），乃行政命令補充規定，希望輔導室主任負責輔導行政工作而外，還能提供專業的助人服務。

「主任」一職之角色，在法令規範上的本義是一種行政職務，當行政功能的發揮與專業導向的領導無法得兼時，仍應以行政功能的發揮為優先考量。「教育部輔導工作六年計畫」推動之後，學校中具輔導專業或半專業的老師日益增多，輔導室主任的角色功能宜回歸原本法意，如何運用行政運作的力量來做「輔導專業」服務較為重要。

叄、現實需求層面分析

學校輔導工作的範圍包括生活輔導、學習輔導、心理輔導、以及生涯輔導，每一輔導工作層面內涵，就功能導向來分，又可分為補救性或矯治性功能，以及預防性或發展性功能。在學校教育領域之下，預防性或發展性功能的需求重於補救性或矯治性功能的需求。並且「教育」、「輔導」、「諮商」、「心理治療」四個不同專業助人服務層次而言，在教育領域之下的輔導工作，其預防性或發展性功能的發揮比較接近教育的本義。

「輔導專業人員」同時扮演理想的「輔導行政主管」，仍然是大家共同期盼的目標，然而經過長時期以來之觀察，就人格特質而言，輔導專業人員性格較不適合行政工作，由輔導專業人員擔任輔導行政主管時，較難發揮現代行政的特質——提供積極主動的服務。縱使輔導主任本身之專業修養豐厚，在學校中的影響力仍然十分有限。學校輔導工作長期以來未能蓬勃發展，或許這也是主要原因之一。

當前學校的現實需求在於輔導室能否策動積極多元、主動服務的各項輔導措施，以發展性、預防性的活動來發揮專業的服務品質，而逐漸揚棄「坐著」，「等大家來找」的被動傳統做法。

肆、未來發展層面分析

或許擬訂「輔導法」，以法律具體劃分學校輔導人員之階層，明確規範學校輔導人員的員額編制，再配合證照制度之實施，賦予輔導人員應有的角色地位與功能；以法律保障輔導活動經費的來源與運用，規範輔導人員專業倫理等，是建構全面輔導體制的根本做法。

「輔導法」能否順利地產生，並頒布實施，需要相對條件的配合，相對條件未成熟之前，或許輔導法的產生亦將遙遙無期。這些條件，包括輔導專業的層級及標準是否已經獲致初步共識？輔導人員是否足夠？輔導工作助人的積極意義是否為學校師生及各界人士所認同？教育經費的整體投資是否足以支持輔導工作的發展？所有的教師是否均已具備相當的輔導觀念與態度，在扮演教育人員（教學為主）的同時，也有能力輔導學生？祇有這些條件具備了，「法」的基礎才穩固、才可行，「輔導法」的產生也才有可能。

前述這些條件的蘊育，乃輔導工作未來發展的主要脈絡，蘊育這些條件的手段，筆者以為，首要之途在於努力宣導輔導工作，將輔導助人的積極意義廣為各級學校教師及各界人士所認同，願意藉助輔導諮商的協助，豐富人生的內涵；其次在積極培育輔導人力，使高層、中層及基層輔導人員足以發揮整體運作功能，而不產生偏失。因此，如何讓輔導工作蓬勃發展、打動人心呢？如何鼓舞教育人員投入研習進修，同時兼具相對層級的專業輔導人員資格？是輔導室主任必須扮演的最重要角色功能，它需要的是一個行政長才，而不一定是一個專業輔導專才。

伍、結　語

由「法令規範」、「現實需求」、及「未來發展」三個層面分析，目前教育部的政策調整——不再強調國民中小學輔導室主任必須兼具輔導專業資格之規定，乃恢復「主任」一職之法定主要角色功能為「行政」職務，「專業」尚在其次；目前國民中小學的現實環境，有需要更多具有行政長才的教育人員來帶動輔導工作，而不一定被所謂的「專業資格」卡住；它的改變也將為未來的輔導工作發展營造更有利的環境。它的方向是正確的，即將產生的功能與績效，也將是可期的。

此一政策之調整，對於具備輔導專業之教育人員出任輔導室主任並無影響，而為具有輔導行政長才，缺乏專業資格者開闢管道，目前學校已經有更多的專業輔導人員存在，輔導室主任不一定要再具備輔導專業的修養，輔導室主任是要讓這些專業的輔導人員發揮專業服務功能，而不一定要自己直接做諮商專業工作。這不牽涉外行人領導內行人的問題，「主任」是行政職務，行政職務是一種策動，是一種服務。依據行政組織原理，半專業的主管對於真正專業的部屬會更加的尊重，受尊重的專業人員更能夠發揮積極服務的功能。

（本文原刊載於教育部學生輔導雙月刊第35期，83年11月）

增訂補註：

一、本文發表之後，引致教育及輔導學界反映兩極化，部分贊同筆者說法，部分卻對筆者嚴厲指責，認爲筆者主導輔導室主任不須專業資格。

二、事實上，主張國民中小學輔導室主任不再強調（一定要）專業者爲國教司，筆者服務之單位（訓委會）僅係配合，本文之旨趣在分析其間之利弊得失，以及長遠之計對於輔導工作的貢獻。

三、爲避免部分輔導界人士持續誤解，訓委會在鄭石岩常委主導下，八十四年間曾正式函發省市教育廳局，要求省市教育廳局甄選主任及校長時加重輔導相關試題，錄取後培訓時亦加強輔導課程時數。並優先進用具有專業資格者爲輔導室主任。未有專業資格者擔任輔導室主任，應在兩年內進修二十個輔導專業學分。

33 當前輔導工作的檢討與展望

壹、現況分析

回顧近幾年國內輔導工作之發展，有四個事件扮演了關鍵的角色：㈠七十九年七月起教育部推動「璞玉專案」暨「朝陽方案」，以專案活動帶動輔導工作之重點。㈡八十年七月起教育部執行「教育部輔導工作六年計畫」，輔導猶如春天來臨，百花爭放，一片璀璨光明。㈢八十二年十二月教育部訂頒「大專院校輔導工作協調諮詢委員會設置要點」暨「大專院校主題輔導週設計及巡迴展示活動實施要點」，有效結合大專學生輔導中心主任人力，發展各區及各校輔導工作特色。㈣八十二年十二月立法院三讀通過「大學法修正案」，臨門一腳將原有修正內容「訓導處改為輔導處」，翻案成「訓導處修正為學生事務處」，且經過三讀定案。如此一來，今後輔導工作之推展，將在「名不正言不順」及「降格」情形下，荊棘叢生，遲滯不前，至少十年二十年。

筆者由於職務關係，對於前述關鍵事物之發展，均必須面對，或投入實務策動規劃工作，或承擔解決衍生之有關問題，可謂無法置身事外。七十九年筆者為工作推動之需要，曾兩度為文，撰寫兩篇文章，第一篇「璞玉映朝陽——教育部因應青少年犯罪的兩大措施」，即在介紹「璞玉專案」與「朝陽方案」，俾便實際執行工作人員能夠掌握兩大專案輔導活動之精神與重點。第二篇文章「當前輔導政策與發展取向——教育部輔導工作六年計畫內涵分析」即以學術的觀點來分析「教育部輔導工作六年計畫」，將輔導計畫有系統、有結構、有內涵、有方向、有目的地予以呈現，俾增進學者專家及實務工作同仁之普遍認同、支持，進而積極投入，以有效達成計畫目標。

八十二年底大學法修正案事件，筆者認為將是影響今後輔導工作發展之最重要關鍵，筆者極不願意見到，而今卻也不得不予以面對。遭此變局，或抑正是檢討當前工作，策訂調整未來方向之時機，本文之目的，旨就近年來直接負責推動各項輔導工作之具體心得予以分析說明，期使關心「教育部輔導工作六年計畫」之同仁有所瞭解，亦期能喚起各級學校實務工作者有所因應調整。

貳、問題探討

輔導工作引進國內已有四十餘年的歷史，四十多年來發展的結果，並未如預期理想。審其原因，「教育部輔導工作六年計畫」推動之前，在於輔導工作的橫斷面（家庭、學校、社會）與縱貫面（小學至大學）未能有效統合；輔導計畫實施之後，則又陸續發現了下列五大問題，這五大問題乃困擾阻礙當前輔導工作發展的重要因素：

一、教育部輔導工作六年計畫的推動遇到阻力

民國七十五年至八十年之間，國內治安亮起了紅燈，青少年問題嚴重程度日益受到關切，由於教育單位必須擔負解決青少年問題之責任，進而檢討整體的教育輔導制度，發現了輔導工作的困難與缺失。也因為教育輔導工作乃解決青少年問題最積極最有效的策略，而當前的輔導工作面臨困難，是以有「以解決青少年問題為對象，以輔導工作為核心」之「教育部輔導工作六年計畫」的產生與執行。輔導工作六年計畫共有十八子項，分三階段執行，每階段兩年，預計使用經費八十五億九千五百萬元。

就任務使命而言，教育部輔導工作六年計畫肩負著兩大時代使命：紓緩青少年問題嚴重程度，以及建立全面輔導體制。第一個使命係因應性治標措施，以策動辦理各項專案輔導活動（如璞玉專案、朝陽方案、攜手計畫、春暉專案、生涯輔導等）為主；第二個使命乃發展性治本措施，以專案研究方式逐一檢討現行輔導法規、課程、員額編制、評鑑制度、行政體制、專業輔導人力層級等，期能透過計畫之有效實施，逐步建立合理體制，統合發展輔導效能。

本計畫目前已進入第三年，就階段之劃分，應為第二階段，照原計畫目標之設定，第一階段應達成之目標為：「培育輔導人才、充實輔導設施、整合輔導活動、厚植輔導基礎。」，而第二階段之目標為：「修訂輔導法規，擴展輔導層面，實施輔導評鑑、落實輔導工作。」就前兩年來的執行結果，第一階段的各項工作之執行，實未達到預期目標，是以第二階段各項工作之規劃

有格格不入之現象。根據筆者觀察，造成此一現象之原因有三：

㈠**經費縮編**：輔導計畫第一年之經費由行政院以專案動支方式核列五億四千萬元，又因專案動支申請過程之波折困擾，實際僅支付不到四億元，不能為整體計畫帶入好的開始。八十二年初行政院改組後重新檢討國建六年計畫，而輔導計畫本即國建六年計畫重要軟體項目之一，受到「減肥」影響，整體計畫經費亦予縮編，最近郭部長已明確指示，八十四、八十五、八十六三個年度本計畫之經費，最多編列五億元，如此一來，累加前三年之實際編列經費，六年總經費至多二十八億二千六百萬元，與原計畫預估之總經費八十五億九千五百萬元相較，約為原計畫的三分之一，經費乃實際事務工作之主要基礎，經費縮編為原有的三分之一，各階層行政人員即使再努力，亦僅能執行原有規劃工作量之三分之一左右，其餘未完成部分，祇好以後續計畫或融入其他方案辦理。經費之縮編為本計畫推動上之第一個阻力。

㈡**人力不足**：本計畫包括十八個子項計畫，一〇二項重要工作，全面展開之後，中高階層輔導人力明顯不足，雖動員了整個輔導學界及實務人員積極投入，仍無法順利承接各項工作負擔，因為每一輔導人士大多同時負責多項工作，是以品質與時效上均面臨極大考驗，兩年多以來，已積壓不少應做而尚未完成之工作進度，第一階段與第二階段之間的轉換實際上已延緩一年左右。中高階層輔導人力無法配合負擔起整體計畫之策動職能，乃本計畫推動上之第二個阻力。

㈢**輔導觀念尚未普及，輔導工作未被普遍認同**：「輔導」工作係介乎專業與半專業間的助人服務工作，整個輔導計畫的設計在策動專業輔導人員，半專業輔導人員分別投入專業程度不同的各項助人服務工作，也因應助人服務工作的普及化、通俗化積極培育輔導人力，全面辦理中小學教師基礎輔導知能研習、大專院校導師輔導知能研習、開辦輔導學分班、及主題輔導工作坊研習，希望各級學校教師均能普遍具備輔導觀念與知能，以輔導的觀念與態度對待學生，達到實質改變學校師生心理環境之目的。在社會、家庭層面，亦透過多元途徑普遍辦理宣導活動，包括演講、座談會、電視宣導短片，影片、錄音帶、錄影帶等，兩年多下來單就輔導知能有關演講及座談會已超過五百個場次，參與人員已超過十萬人次。唯就工作推動之整體過程評估，因輔導觀念尚未被普遍認同，參與人員多屬輔導圈內人員，輔導的發展雖已在學校領域造成一股風潮，但社輔單位暨其他各界人士並未進一步認同而積極投入，其間亦有由於與輔導專業之間的隔閡，進而反對輔導者。然而整體計畫之最終目的，無非在喚起民眾認識輔導、接納輔導、認同輔導、運用輔導，爭取社會各界人士之支持，建立合理確當的輔導體制。因此，輔導觀念尚未普及，輔導工作未獲得應有的認同與支持，乃本計畫推動上之第三個阻力。

二、輔導專業人員的迷失

就筆者多年來直接參與輔導行政之心得，當前輔導工作發展之所以遲滯不前，與輔導專業人員之心態有莫大關係，目前輔導專業人員為數不多，專業之定位亦有爭議，在「輔導專業證照制度」尚未發展成熟之前，「專業」？「半專業」間之糾葛將永遠存在。目前國內輔導專業人員普遍具有二大不甚合宜的觀念：

㈠**窄化輔導工作範圍**：部分輔導專業人員不主張廣義的輔導工作，甚至將輔導工作的範圍侷限在「個別諮商」與「小團輔」，其他對於學生非結構性的資訊、諮詢、轉介服務均不是「輔導」。

㈡輔導工作不是一般教師有能力參與的：部分專業輔導人員認為輔導工作是專業輔導人員的「專職」，似乎不太歡迎一般教師的共同參與，對於教師普遍參加輔導知能的研習與學分班的進修持不同的看法，尤其對於透過進修兼取「輔導教師」資格的措施極力反對，他們認為透過研習進修獲得的輔導知能仍與科班出身者有別，不能同樣擔任輔導工作的重責大任。

前述兩項「迷失」，前者阻礙了輔導工作積極功能之發揮，後者讓優秀教育人員很難投入輔導工作，造成輔導的蓬勃發展困難重重。

三、青少年問題不再是社會焦點

七十五年至八十年間，由於治安上的需求，青少年問題是社會上關切的焦點，當大家都覺得青少年問題嚴重時，輔導工作的推展被大眾接受與認同程度較大，近年來因治安層面已有相當成效，國內社會人士熱衷討論的趨勢集中於政治與經濟，青少年問題已不再是主要的焦點，似乎社會大眾又恢復了以前的看法，「輔導工作可以做，也可以不做」。影響到輔導工作發展的契機。

四、大學法修正案學生事務處的設置影響深遠

筆者向來認為，如果大學法修正案，將傳統的「訓導處」改為「輔導處」，將是「訓育原理輔導化」的具體里程碑，在中國教育史上之發展應有其地位。而今將其改為「學生事務處」，明

顯地阻礙此一趨勢的順利發展。

使用「學生事務處」一詞之不當有三：㈠引導大學教育的行政服務低俗化；原本「教務」、「訓導」、「總務」三個處名詞之使用均有較深遠的教育意涵，而「學生事務」似乎指著處理一些學生的雜務，欠缺言教、身教導引學生發展的意義。㈡名詞的內涵易與「總務」權責混淆，「學生事務」似乎由「總務處」之下的「事務組」來處理也就夠了。㈢無法彰顯「輔導訓育」的本義，法令名詞貴在象徵性的導引發展，今後將使「輔導訓育工作」變成教育領域中的「學生事務」導向，非但無法將輔導訓育工作內涵予以展現，並且有窄化輔導訓育之意味。

五、輔導行政的傳統弱式風格

傳統上「輔導」是等著學生來找我們的，等個案來找我們之後，我們才給予回應與輔導，輔導室很少積極主動地策劃要為學生服務，亦甚少宣導。長久下來，輔導人員的性格亦一向溫文儒雅，不忮不求，與現代化的行政需求「積極」、「主動」、「效率」往往格格不入。凡是由輔導專業人員擔任行政工作，其「弱式」的傳統風格至為明顯，例如目前國中、國小輔導室主任仍有被稱為「涼主任」的封號，仍有被認為「失意（勢）主任」的避風港，或「準備全力投入校長甄試主任」的溫床等偏差之印象。此一弱式風格的影響乃學校之內「輔導室」或「學生輔導中心」無法與其他處室相提並論的主要緣由，也是輔導工作發展上的一大阻力。因此，輔導行政主管是否一定要由輔導專業人員來擔任？值得進一步探討。

叁、發展策略

行政的功能無非在調整有關措施以因應社會變遷與國民需求，或許輔導工作發展最有利的契機已然轉變，但近年來輔導工作六年計畫帶動的風潮與紮下的部分基礎，已有別於往年「一片荒蕪」的窘態，如能再繼續因勢利導，三五年之後，達到小成階段似仍有可能。筆者認為，後述六點應為今後輔導工作最予優先重視之處，簡述如後：

一、調整輔導計畫內容，落實執行重點工作

「教育部輔導工作六年計畫」雖有周延整體的設計，就前兩年半來的執行結果，經費及人力上均受到相當的限制，按原有之規模執行已不可能，如今當務之急乃適當裁併原有過多的項目工作，以另外一個型態和方法來推動。目前教育部已將十八個子項計畫規劃為三大系統——輔導資源、輔導體制、輔導活動，依據系統內涵配合原計畫設定之「執行要項」擬訂年度作業計畫，唯工作項目仍顯太多繁瑣，未能見到明顯效果。八十四年度之後似可依據三大系統為主軸，然後僅就兩年半來經驗累積心得，再選擇最重要工作來做，放棄一般性事務工作，讓真正的核心焦點工作，能夠透過計畫的有效運作，達到落實發展之效果。

二、優先建立輔導網路，逐步完成輔導資訊系統

輔導工作如欲真正落實，單靠學校輔導人員及教師已力有未逮，必須結合整體的社會輔導資源，以社會整體的輔導人力，來

做大家的輔導工作，輔導才能生根，輔導績效也才能彰顯。在此一前提之下，輔導網路之建立應予最優先規劃完成。目前教育部規劃的輔導網路系統分成四個層級——學校網路、鄉鎮網路、縣市網路、及全國中央網路，每一網路系統預定結合的主要單位人員包括學校輔導人員、社輔機構社工人員、衛生單位心理衛生人員、綜合醫院心理治療人員，以及輔導公益組織（含宗教團體）社團或個人。輔導網路串聯的工具有三——電腦、電話、及各種手冊資料的分送。輔導網路成立以後主要功能有四——提供比較周延的輔導資訊、諮詢、諮商、及轉介服務。

「輔導資訊系統」為輔導網路的真正內涵，輔導網路能否真正發揮其助人之實際功能，有待各類輔導資訊系統的實際建立，輔導資訊系統必須周延地包括輔導人力、輔導資料、輔導設施、輔導活動、輔導測驗、輔導個案等次級系統，並且各系統間能方便交流統整使用，全國性資料及地區性資料亦須能相容串聯。

因此，教育行政單位應優先規劃逐步完成這些地區性及全國性輔導資訊系統，再配合學校行政電腦化進程，將這些資訊系統以網路的型態提供至每個學校及社輔機構。如若將來能以縣市（或大都會區）網路為範圍設置「電話語音諮詢服務」，及定期（半年或一年）更新資料性質的手冊分送，輔導網路才能發揮真正之效果。

三、擴展認輔制度，整合各項專案輔導活動

教育部為完成紓緩青少年問題的嚴重程度責任，配合輔導計畫的實施，推動一連串之專案輔導活動，包括璞玉專案、朝陽方案、春暉專案、攜手計畫等。璞玉專案係針對國中畢業未升學未

就業的青少年實施追蹤輔導；朝陽方案係針對犯罪有案返校繼續就學的國中生實施個別輔導及團體輔導；春暉專案係針對吸食安非他命成癮的學生組織「春暉小組」協助其勒戒；攜手計畫係策動大學生輔導國中適應困難之學生。這些專案輔導活動實施以來毀譽參半，雖有部分具體績效，仍存留多處缺失與爭議。例如璞玉專案與朝陽方案輔導津貼之發放，雖有正面意義與價值，卻也造成部分教師認為「輔導工作」是額外、非分內工作之偏頗觀念；四種專案活動同時在國中策動實施，接案之教師有部分未能掌握個案之個殊性，混淆輔導內涵。

事實上，無論受輔之對象如何，輔導方法仍以個別晤談及團體輔導（或活動）為主，祇要教師有意願要認輔學生，充實其基本「個別晤談」及「團體輔導（活動）」知能後，多能勝任。因此，目前台北市推動的國小認輔制度，經過適當充實補強之後，應可擴展到各層級學校實施，並整合取代朝陽、璞玉、攜手、春暉等專案輔導活動。

四、全面提昇教師輔導知能，鼓勵教師以擔任輔導教師為榮

輔導工作有賴全體教師的共同參與，祇有在全體老師都普遍具有基本的輔導觀念與知能，能夠用輔導的態度對待學生之後，輔導工作的落實發展始有可能。因應當前時代的需求與輔導專業層級之劃分，行政機關在明確推估各階層輔導人力需求之後，允宜依據推估之結果，規劃培育不同專業層級之輔導人才，凡是師範養成過程中未有專業輔導背景之教師，至少要參加一次三天或六天的「基礎輔導知能研習」，使每位教師均能普遍認識到「什

麼是輔導？」；廣開各種型態的專業輔導學分班，鼓勵教師參與進修，並兼取「輔導教師」資格，讓一般中小學教師具有輔導專業或半專業之人數比率達到總數之十分之一以上；推展「主題輔導工作坊」，以工作坊型態規劃實用性輔導主題，使參加研習教師能在一週之內習得一種輔導實務技巧，回到學校能夠面對學生實際操作輔導技術。

如若前述第三點建議──「認輔制度整合專案輔導活動」，受到教育行政當局採行，今後中小學教師均將認輔一位至兩位偏差行為或適應困難學生，教師輔導知能普遍提昇之後，教師本身從接觸輔導中，增長自我成長經驗，方能體認到輔導之正面積極意義，願意運用輔導來協助學生，「認輔學生」也就當作「分內」的教育工作之一，認輔學生的順利成長與恢復適應，教師本身的喜樂程度也就不下於優異學生的卓越表現。因此，教師本身之輔導知能研習務必於近年內積極辦理，最好能在最短期間之內達到原輔導計畫設定之指標。

五、發展「生涯輔導」暨「主題輔導週」活動，活絡校園輔導氣氛

輔導之範圍包括心理輔導、生活輔導、學習輔導、及生涯輔導，由近年來之觀察，「生涯輔導」的理論與技術日趨成熟穩定，且其輔導功能適足以為其他三層面輔導工作的前階，亦即生涯輔導做得好，一般學生對於生涯規劃均有普遍體認，則生活目標明確，務實穩定成長，其學習層面、生活層面、心理層面之困擾程度可相對減少。因此，生涯輔導已成為輔導工作之主流，教育行政機關允宜早日訂頒各級學校生涯輔導實施要領，導引學校

積極發展。

根據實務工作者之經驗，輔導活動的辦理，以週為期間採主題式的密集規劃效果最好，例如生涯輔導週、兩性關係輔導週、人際溝通輔導週……等在大專院校實施結果均獲致熱烈迴響，具有莫大成效，教育部除依據「大專院校主題輔導週規劃及巡迴展覽實施要點」積極補助鼓勵大專院校辦理之外，宜將此一活動模式推展至中小學，活絡校園輔導工作氣氛。

六、籌設「心理與教育測驗研究發展中心」暨「青少年問題與輔導研究小組」，系統整理輔導資源

測驗是輔導的重要工具，長久以來輔導工作之實施，離不開測驗，學生各種心理測驗的結果，是教師輔導措施的主要參考資料，沒有測驗的檢證，輔導亦將失去重要的憑藉與基礎。目前國內之心理與教育測驗多數修訂自國外，自著作權法修正施行以後，國內測驗之使用，普遍面臨違法問題，至八十三年六月之後將形成「無測驗可用」之環境，亦將影響輔導工作之發展，經過教育部多次邀集有關單位及專家學者諮詢結果，籌設一個國家級的「心理與教育測驗研究發展中心」乃根本解決之道，此中心初期工作重點集中在有系統地整理現有測驗與負責與國外單位談判著作權事宜，將國際間有名的測驗引進國內合法使用；中長期工作則重在有系統地發展本土化測驗，以及協助測驗出版、管制並累積測驗資料、更新及推廣測驗。此一測驗中心的成立，將為測驗及輔導工作推進邁向制度化的另一里程，目前已由教育部正式委請台灣師大附設籌設中（增訂附註：師大心理與教育測驗研究發展中心，已於 87 年 6 月成立）。

青少年的心理現象反映輔導工作的需求與重點，瞭解青少年一般的想法與思維觀念的轉變，將是規劃具體輔導措施的主要憑藉，行政及學術單位目前尚乏這方面的系統研究，宜於近期之內成立「青少年問題與輔導研究小組」，結合行政人員與輔導學者專家，針對青少年的各項心態層面進行有系統之探討與研究，並定期發表青少年各項心態指標，提供學校輔導人員調整輔導措施之參考；針對青少年較明顯的適應困難與偏差行為類型，亦宜由此一小組，有計畫編印各種輔導手冊，提供有關人員在實際進行輔導時參考，避免輔導上的處理偏差，導引採行較有效率的輔導方法，增進輔導績效。

（本文原刊載於教育部學生輔導雙月刊第 30 期，82 年 12 月）

增訂補註：

本文發表日期在八十二年底，八十三年初之間，時間上稍嫌久遠，唯當時亦引致不少輔導教育界人士討論。本文直陳輔導學界的問題與說明輔導計畫發展之方向，爲眾說紛云的現象作一折衷。所提問題之批判以及對於輔導計畫調整方向之建議，仍然影響到目前「青少年輔導計畫」之規劃與執行，有其貢獻。

34 國民中小學設置專任輔導教師的背景與策略

教育部已經認真地考慮在國民中小學設置專任輔導教師，免上課，專責輔導嚴重行為偏差及適應困難學生。此一方案將在近期的教育部、廳、局首長座談會確認後自八十六年度（八十五學年度）起執行。國民中學可望在四年內達成每十五班設置一名專任輔導教師之指標，國民小學則將視國中執行成效逐年跟進。

本文旨在分析此一政策形成的背景緣由、方案策略及討論此一政策成功與否的關鍵事項。

壹、背景緣由

教育部之所以會認真考慮在國民中小學設置專任輔導教師，主要理由有三：

一、青少年問題國中階段比高中階段嚴重，高中職有專任輔導教師，而國中卻沒有，亟待加強

當前青少年問題以國民中學及高級中學階段最為嚴重，且國

民中學階段尤甚於高級中學階段。目前學校輔導人員之設置，高級中學為專任（每十五班一名），國民中學則為兼任（每十五班一名，得減授四節課，然多數未減），因此，高級中學輔導教師得專心於學生輔導工作，成效較為顯著。而國民中學兼任輔導教師，則仍以授課為主，難以兼顧輔導工作實務，又因國中並無軍訓教官及護理老師之設置，對學生之管理亦多困難，以致績效未如預期理想，亟待補強。

二、「社工人員進入校園」之衝擊

台北縣曾選擇十所學校進行實驗，由學校教師與社會義工結合，針對行為偏差學生進行類似資源教室方式的協助與輔導，效果頗佳。是以由人本基金會聯合台北縣教育局，透過立法委員管道，辦理公聽會、專案質詢等方式，向教育部建議，希望社工人員進入校園，協助專責輔導工作之進行。

此一實驗之成果與建議，教育部給予相當的尊重，也肯定參與實驗人員為教育事業的奉獻，然而也進一步衡量有關層面後與立法委員們取得了下列三點共識：

㈠社工員之專業背景以協助學生家庭問題的解決為主，學校內設專職社工人員對學生之整體協助仍然十分有限。

㈡目前學校內為學生服務的系統有兩類，教師（含輔導教師）及職員，教師負責教學及輔導學生之責任，職員協助教師處理學生事務，依例不直接輔導學生。社工員沒有修過教育專業學分，沒有取得教師資格，在目前國內社工專業證照未建立之前，如果讓社工員進入學校，至多僅能視為職員體系，要讓他們結合老師做輔導工作，會形成領導運作上的困難。

㈢專業輔導人員仍須由具備教師資格，且有輔導專業背景之人員來做較為恰當，是以專任輔導教師之設置應優先於社工人員進入校園，由專任輔導教師來帶社區熱心教育的義工，以網路的型態輔導行為偏差的學生最為有效。

是以八十四年十一月二十日立法院教育委員會在聽取教育部有關業務專案報告及質詢後做成附帶決議如下：「為專責輔導嚴重行為偏差及適應困難學生，國民中學應逐年設置專任輔導教師，以增益輔導工作績效，紓緩校園青少年問題。並由專任輔導教師結合社區義工，辦理幹部培訓，有效支援各項輔導工作。

三、國民小學五、六年級學生面臨轉型關鍵期，最須加強輔導

以往，教育人員的一般看法均認為國民階段學生正值狂飆期，最需要輔導。最近則有不少的學者相繼呼籲，輔導工作的重心應提前到國民小學五、六年級，也有部分的研究報告（例如性防暴教育）顯示，在小學五、六年級進行效果最好。

八十五年一月二十六日訓委會曾召開省市廳局科長級人員之會議，針對「國民中學設置專任輔導教師」方案進行討論，會中除肯定國中設置專任輔導教師之必要性與可行性之外，省市廳局科長更建議國民小學亦有必要跟進，尤其是對於五、六年級學生之輔導，應有統整而全盤之考量與作為。

貳、方案策略

教育部所擬辦法將國中及國小分開，國民中學優先執行，國

民小學則待部、廳、局首長座談會做原則性決定。其大要如下：

一、國民中學

㈠省市分四年逐年設置國民中學專任輔導教師：

1. 八十六年度每一國中增置一名輔導教師（需置七○○名）。
2. 八十七年度調整為每三十班一名，即三十一班以上學校，每增三十班，再增一名專任輔導教師（需置三○○名）。
3. 八十八年度調整為每二十班一名，即二十一班以上學校，每增二十班，再增一名專任輔導教師（需置四○○名）。
4. 八十九年度調整為每十五班一名，即十六班以上學校，每增十五班，再增一名專任輔導教師（需置五○○名）。

㈡國民中學專任輔導教師員額，不佔原有學校教師員額編制。

㈢省市教育廳局督導所屬國民中學，優先鼓勵具有輔導專業背景教師，轉任專任輔導教師。

㈣教育部委請公私立大學開設輔導學分班（每年十班），提供中學教師進修輔導專業學分，積極培育輔導專業人才。

㈤教育部會同省市、縣市、教育廳局，訂定「國民中學設置專任輔導教師暫行標準」，規定專任輔導教師資格及工作範圍等重要事項。並以三年為期，修訂「國民中學班級編制及教職員工員額編制標準」，賦予國民中學專任輔導教師法源。

㈥增置國民中學專任輔導教師所需經費：

八十六年度約需三億五○○○萬元。

八十七年度約需五億元。

八十八年度約需七億元。

八十九年度約需九億五〇〇〇萬元。

由中央補助地方國民教育專款經費勻支交換科目使用。

九十年度以後由省市、縣市自行編列預算支應。

二、國民小學

㈠國民小學設置專任輔導教師以達到每二十四班設一位為指標。

八十六年度，六十班以上學校增置一位專任輔導教師（一九七名）。

八十七年度，四十八班以上學校增置一位專任輔導教師（一一四名）。

八十八年度，二十四班以上學校增置一位專任輔導教師（二七七名）。

八十九年度，二十四班以上學校，每增二十四班均再增一位專任輔導教師（一二三四名）。

㈡所需經費：

八十六年度約需八九五〇萬元。

八十七年度約需一億五五五〇萬元。

八十八年度約需二億九四〇〇萬元。

八十九年度約需九億一一〇〇萬元。

由中央補助地方國民教育專款經費勻支交換科目使用。

九十年度以後由省市、縣市自行編列預算支應。

叁、關鍵事項

此一方案尚未形成正式之政策，即使形成正式的政策之後，能夠成功與否，下列的關鍵事項將影響深遠：

一、教育行政主管對於「輔導」認同的程度

長期以來，輔導在教育領域內所扮演的角色與功能始終並未明確，也存在著一些爭議，教育行政主管，包括教育部、省市教育廳局首長，都有不同的體驗看法，雖然輔導已逐漸成為教育的核心工作，但國民教育階段是否要設專任的輔導教師專責策動輔導工作？因為增置人員所需的教育人事經費投資，值不值得在整體教育環境考量下優先處理，實有賴他們對於「輔導」認同的程度，此一決策將具體地檢證輔導工作的重要與否。

二、「國民中小學增置專任輔導教師暫行標準」的內涵

「國民中小學設置專任輔導教師暫行標準」將具體規範專任輔導教師的條件與工作事項，此一標準內涵是否妥適，將扮演著能否正確引導專任輔導教師的設置與運作方式，我們希望專任輔導教師能夠找到最具愛心、熱心又有輔導知能的教師參與，其輔導學生的基本運作模式，亦有原則性之規範，如何與一般教師之教學、輔導結合而且有所區隔。因此，暫行標準之內涵，亦將是本案能否成功發展之另一指標。

三、經費來源能否順利解決

本案所需之經費國民中學約需九億五〇〇〇萬元，國民小學約需九億一一〇〇萬元，說多不多，說少不少，教育部如意算盤在前四年由中央補助地方國民教育專款經費勻支交換科目使用，九十年度以後由省市、縣市自行編列預算支應。

在行政機關全面減肥聲浪中，本案實質上在增加學校教師，能否被破格考量，能否真的同意由補助經費勻支交換科目使用，均是一大考驗，也是影響此一方案能否順利發展的另一關鍵事項。

肆、結語——蘊育更加祥和的教育環境

輔導本身不是目的，發揮輔導的教育功能，讓接受輔導的學生回過頭來接受正常的教育有其效果，才是輔導的最終旨趣。國民中小學設置專任輔導教師，專責輔導嚴重行為偏差及適應困難學生，將有助於提升整體教師協助學生的具體能力指標，提供有能力的愛，蘊育更為祥和的教育環境，有效紓緩校園青少年問題。我們期待此一方案的順利實施與發展，也呼籲教育輔導工作同仁努力促成。

（本文原刊載於教育部學生輔導雙月刊第 43 期，85 年 3 月）

增訂補註：

本案之發展並未順利，教育部持續向行政院爭取結果，僅同

意省市以 100 名為度，先行試辦二年，並將「專任輔導教師」規範為必須具備教師資格或公務員資格之「專業輔導人員」，規模甚小，推廣可能性不高，目前教育部改以配合「建立學生輔導新體制——教學、訓導、輔導三合一整合實驗計畫」併入實驗，逐年推廣。

35 新新人類的教育與輔導

——「加強公民教育方案」與「第二期輔導計畫」解析

壹、緒言——時代需求與政策導引的巧合？

「新新人類」這一名詞已成為家喻戶曉，人人朗朗上口的用語，經筆者在八十三年十二月份「輔導計畫報導」（第三十四期），問題與解答專欄中提及相關輔導措施之後，有多位教育輔導界人士頗為關懷，電話或各種會議場合與筆者討論不斷。對於所謂「新新人類」的真義究竟為何？目前面臨「新新人類」時代之來臨，到底政府在教育上以及輔導上所能做的因應性措施、發展性措施又是什麼？實有進一步闡述之必要。

筆者認為，教育界人士及輔導界人士，接納新新人類、瞭解新新人類、教育新新人類、輔導新新人類，已是時代所趨，無法再予逃避，也須予以積極面對。而教育部新近規劃的兩個中長期方案——「加強公民教育方案」以及「第二期輔導計畫」，正是針對所謂「新新人類」具體的教育與輔導措施，政策導引已配合時代需求規劃，不祇是巧合而已。

貳、新新人類的眞義

「新新人類」一詞出自電視「開喜烏龍茶」的廣告，原創者係全麥廣告公司總經理葉兩傳先生，根據葉先生與筆者共同參加民生報主辦之座談會上親口表示，「新新人類」一詞承襲自日本的「新人類」運動，然後再加上一個「新」字而來。日本現代社會中有一股「新人類」運動潮流，老老少少均在追求所謂「新人類」的生活，「新人類」的生活與「傳統人類」的生活取向上有所不同，傳統人類的生活較尊重傳統習慣、保守、變易不大，以傳統的價值標準判斷世事，重視群性發展；新人類的生活則追求創新、自主、前衛、個人品味、充分運用現代的科技文明與資訊發展，並且落實於現實生活之中。因此，日本的「新人類」運動，不祇是青少年階段，它代表著從少到老，每一個年齡層，人人都在追求的新文化生活指標。

葉兩傳先生之所以要在「新人類」之上再加一個「新」字，成為「新新人類」，有他更為崇高而理想的涵意，葉先生認為，「新人類」生活雖然是所有人類共同追求的取向，但是人類本身因為年齡階層的差距，其實質的生活內涵是不一樣的，尤其是價值觀念及行為取向「代差」十分明顯，十多歲少年和二十歲左右青少年行為模式與心理趨向即有不同，二十多歲和三十多歲的人又有不同，三十多歲和四十多歲的人又有不同，依此類推，幾乎每隔「十年」就有不同「代差」的文化生活內涵。追求「新人類」生活取向雖然一致，但是不同年代的人類「需求」並不一致。

能夠統合傳統與現代，貫穿順應各年齡階層需要者，即為「新新人類」，例如開喜烏龍茶，茶本身是中國傳統極具代表性的產物，而開喜烏龍茶運用了現代科技文明，以易開罐包裝，攜帶方便、隨時可用，順應現代「新人類」生活的需要，而且少年、青少年、青年、中年人、老年人都需要它，它是「新人類」的共同需要。因此，誠如電視廣告：「新新人類——開喜烏龍茶」。

「新新人類」一詞已經不祗是前衛青少年行為取向的代名詞，尤其是將「飆車」、「奇裝異服」、「行為不檢」等消極負面青少年與「新新人類」劃上等號乃最大之誤解。「新新人類」代表著能夠承襲傳統，邁向現代，並且統合貫穿各階層人類的共同需求，將是人類實質生活、價值觀念、教育輔導的新指標，有其豐富多彩的內涵。（圖示請詳本書 56 頁）

叁、「加強公民教育方案」建立新新人類具體行爲指標

「新新人類」當是國家良善的公民，也是國家健康的公民，是為國家出力盡責的公民，也是十足個性伸展、自由自主的公民。這樣的公民充滿著人文素養，對本身而言具備豐富現代科技文明與資訊發展的知能，生活自主多彩，充分展現個人品味；對國家社會而言，有一分關愛他人的心，善盡其社會責任。這樣的公民，在年少時需要有一個較為理想，符合時代需求的公民教育，在取得公民資格之後需要明確的行為指標及足資參考的生活

模式。

教育部「加強公民教育方案」，規劃年餘，八十四年三月份即將定案，報呈行政院核備後正式實施（註二）。「加強公民教育方案」實即針對前述理念與問題，所擬訂之因應性以及發展性改革方案，它代表著教育部因應新新人類時代來臨所推動的公民教育政策，也代表著今後國家在公民教育方面的具體做法。而這些具體的公民教育措施，最終之目的在建立未來公民——新新人類行為指標與提示性的生活參考模式。

分析「加強公民教育方案」實質內涵，有三個主要策略：

一、豐富公民教育內容，提昇未來公民素質

公民教育包括生活教育、品德教育、以及民主法治教育，是整體教育的核心，過去公民教育沒有發揮其應有功能，培養出開放自主、卓越適應，充滿人文素養的公民，主要原因之一在於公民教育內容未能配合時代需求，適時更新其內容。尤其近五十餘年來，精緻工業與資訊革命的發展，已徹底扭轉了傳統生活價值體系，而我國各級學校公民教育的正式課程與主要教材，受到傳統保守的影響太大，與當代的新觀念、新價值、新的生活方式難以結合，更新不易，以致生活適應困難，整體素質不高。

「加強公民教育方案」有三個子項計畫針對公民教育的內容進行改善，這三個子項計畫包括：「長期發展公民教育課程」、「策動學校公民教育活動」，以及「加強辦理成人公民教育活動」。主要工作為：成立公民教育課程研究發展小組，陸續完成「公民教育課程理想模式與內涵」、「公民教育潛在課程有效實施策略」等專案研究報告，並適時修訂，充分掌握公民教育實施

情形，發展公民教育課程之深度、廣度及有效執行策略。成立「公民教育團體活動規劃諮詢小組」，完成各級學校團體活動多元模式，辦理團體活動示範研習、校際競賽活動，獎助學生社會服務，規劃執行多元公民教育活動，達成學校教育目標。補助各級學校辦理成人公民教育活動，製作成人公民教育活動視聽媒體，並於報刊雜誌、電視、電台加強宣導，喚醒民眾，積極參與公民教育各項活動，全面提昇國民素質。

二、活潑公民教育歷程，發展未來公民自主開放品格

過去公民教育的重大缺失之一在於教學方法過於僵化，學習評量以知識為主，生活習慣，品德教育與民主修養的陶冶，並沒有獲得實質的重視，以致公民知能豐厚，而難能落實於實際生活之中，遠離了新新人類自主開放之生活指標。

「加強公民教育方案」也有三個子項計畫針對公民教育歷程進行改進，此三個子項計畫為：「實驗推廣公民教育優良教學方法」、「改進公民教育評量方法」以及「統整規劃製作公民教育輔助材料」。其具體工作為：持續進行公民教育教學方法實驗研究，定期辦理公民教育教學方法觀摩研習活動，編印公民教育優良教學方法示範手冊，推動「好書選讀」榮譽制度，完成「公民教育教學評量」專案研究，訂頒「公民教育教學評量成效指標」，發展優良教學評量模式，製作編印公民教育補充教材、教師手冊、輔助教材視聽媒體、勵志文粹手冊，辦理教師使用輔助教材研習活動，以多元活潑的教學活動，豐富的輔助教材，合宜的教學評量，蘊育開放自主品格的現代公民。

三、發展公民行為指標，建構新新人類生活藍圖

當前公民教育之所以未能達到預期理想，原因之一，在於青少年缺乏適切的模仿對象與具體的生活行為指標。「加強公民教育方案」有兩個子項計畫從這方面改善加強，這兩個子項計畫包括：「加強培育公民教育師資」，以及「研究建立青少年文化與心理指標」。主要工作為：全面辦理公民教育師資研習活動，公民教育理論與實務研討會，獎助出版公民教育學術刊物，整合公民教育人員理念與實務，全面提昇公民教師素質，提供青少年學習楷模。研究建立青少年文化及心理長期性指標與時事性指標，定期公布週知，觀察青少年思想價值觀、生活態度之轉變，及其對於流行風尚事務之基本看法，一方面提供規劃輔導措施之參考，一方面提供青少年建構生活藍圖之素材。

肆、「第二期輔導計畫」豐厚新新人類生命內涵

「教育部輔導工作六年計畫」自八十一年度起實施，執行至八十六年度，包括十八項子計畫，一〇二項重要工作，原預估總經費為八五億九五〇〇萬元，主要目的有二：「紓緩青少年問題的嚴重程度」，以及「逐步建立輔導體制」。由於實際預算經費約僅原有預估額度三分之一，各項工作亦僅相對完成三分之一左右，八十四年二月教育部公布之「教育政策報告書」（即民間所謂教育白皮書），已明確指示，各項輔導重點工作由「第二期輔

導計畫」予以承續完成。教育部訓育委員會即將於輔導計畫執行四年之後，擬訂「第二期輔導計畫」，依據輔導計畫前四年執行結果，第二期計畫之核心將以「認輔制度」、「輔導法」、「生涯輔導」、「輔導網路」四者為主，此四者已然配合新新人類之時代需求，以豐厚其生命內涵為主要目標進行規劃，分析如次：

一、「認輔制度」結合「輔導網路」，增進國民適應行為

教育的領域內，受教機會應為全體國民開放，尤其是在國民教育階段，它是全民教育，是沒有選擇對象的教育，祇要是中華民國國民，無論其聰明愚賢、適應良好與否，均須到學校接受教育。受到社會變遷影響，青少年問題日益嚴重，學校之內適應困難的學生與日俱增，低成就與暴力傾向之偏差行為，使預期的教育功能受到嚴重的考驗，也扭曲了所謂「新新人類」的表象意涵。

「認輔制度」鼓舞學校教師及熱心輔導之社區人士認輔學生，並且以適應困難學生及行為偏差學生為主要對象。透過晤談、電話關懷、家庭訪問、成長團體等活動，協助學生增進適應行為，逐次改善偏差行為，提高其「受教性」，讓輔導發揮應有的教育功能。「認輔制度」的輔助措施，包括有計畫地提昇認輔教師輔導專業素養，以及建構國內輔導專業督導的初階模式，將使學校輔導工作落實發展，教師有能力善盡教學與輔導的雙重權責，而受益的對象直指學生。

「輔導網路」的建立，結合社會整體輔導資源，為國民提供更為周延的輔導資訊，諮詢、諮商、轉介服務，使適應困難程度不同或不同類別偏差行為的人，均能獲致適當的專業助人服務，

透過網路系統的靈活運作，國民適應行為將大幅提昇，共同邁向多彩多姿的新新人類。

二、「輔導法」建構專業助人服務體系

輔導引進國內已有四十餘年歷史，發展上未能達到預期理想，主要原因在於全面的輔導體制並未建立，輔導的教育功能及專業品質受到質疑。即使是「輔導工作六年計畫」的策動，各項專案輔導活動之實施，學校教師是否有能力接案輔導，教育人員與專業輔導人員之間的定位關係如何？一直爭議不斷。直到最近之發展，輔導計畫多項專案研究相繼完成之後，輔導工作績效獲致普遍認同之後，才稍有共識——「輔導法」的擬訂與頒行以及輔導專業證照的實施，將是根本解決之道。

由「輔導法」具體規範輔導專業人員專業標準、劃分輔導專業人員層級，明確規範學校及社輔機構輔導員額編制制度，保障輔導活動經費、規範輔導專業組織及專業倫理等重要事項，賦予輔導工作法源基礎，再配合輔導專業證照之實施，全面的專業助人服務體系始得建立，統合發展輔導效能之目的將逐步達成。輔導法的頒行，代表著新新人類多彩多姿的生命內涵，獲致更進一步的尊重與保護。

三、「生涯輔導」引導國民前瞻未來

「生涯輔導」者，「觀照現在，策劃未來」。因係屬發展性、預防性輔導工作，目前已然成為學校輔導工作之主流，各級學校普遍辦理「生涯輔導工作坊」，「生涯輔導週」活動，且獲致相當的成效，社會上「前程規劃」、「生涯探索」、「生涯成

長營」等活動亦隨處可見。

「生涯輔導」之所以成為當代「顯學」，主要原因在於其透過輔導歷程，有效引導學生或國民瞭解自己、瞭解環境、掌握資訊、規劃未來，以前瞻性的眼光，思考籌措生活的實質。「生涯輔導」的實施愈普及，未來新新人類的生命內涵，則愈豐富。

伍、結語——「新新人類」時代已然來臨

「新新人類」是一種新文化，是現代人共同的行為取向。教育新新人類、輔導新新人類，已是當前教育上與輔導上的重要課題。「加強公民教育方案」從公民教育課程內容及實施歷程教育新新人類，逐步建立具體行為指標及參考生活模式。「第二期輔導計畫」則承續「輔導工作六年計畫」之成果，推動「認輔制度」、「生涯輔導」，建立「輔導網路」、頒訂「輔導法」，建立全面輔導體制，豐厚新新人類生命內涵。這不祇是巧合，是針對新新人類所提出的教育政策與具體輔導措施。

（本文原刊載於教育部輔導雙月刊第37期，84年3月。修訂時增補）

增訂補註：

一、本文「新新人類意涵圖解」修訂時增補，由筆者將葉兩傳先生創作原意予以圖示，圖見第56頁。

二、「加強公民教育方案」完成方案規劃後並未公布實施，教育部幾經考量（鄭石岩常委主導）後，以「加強生活教育措施」替代，執行工作更爲生活化，更能符合中小學教育需要。與

青少年輔導相關工作則併入第二期輔導計畫「青少年輔導計畫」中規劃。

36 朝陽方案試辦成果評析

壹、緒言——朝陽東昇

朝陽方案係針對犯罪有案返校繼續就學學生實施輔導，給予這些學生具體的關愛與協助。從七十九年十二月起至八十年六月止，選擇台北市縣、高雄市縣及台東縣五個縣市的十七所國中試辦。

朝陽方案主要的實施策略有四：一、充實學校輔導設施，強化學校輔導資源。二、辦理教師輔導研習，增進教師輔導知能。三、掌握問題行為學生資料，研議適當輔導措施。四、編配輔導教師，實施個別輔導及團體輔導。

過去，對於犯罪有案學生的具體協助與輔導，向為警政法務單位之事，受刑完竣返回學校繼續就學之犯罪青少年，由法務單位安排觀護人員進行輔導，學校行政除了提供一般正常的教育之外，並未刻意安排其他輔導措施。甚至，由於這些已有「記錄」的學生，通常被認定為「壞孩子」，同學排擠他，老師也不容易接納他，惡性循環的結果，這些所謂的「壞孩子」很容易「再犯」——因為他們得不到信任，大家不認為他們已經變好；也很容易「感染」其他同學——把一些邊際學生帶壞。到頭來，青少年問題日愈嚴重，而整體社會成本的支出也日愈龐巨。（根據非正式的調查統計，祇要一位青少年犯罪，平均約要花費政府四十五萬元來處理有關事宜。）朝陽方案的推出，主要目的在改進現有學校內面對這些犯罪有案學生的態度，將以往的消極排擠，轉換為積極接納。

就策略的選擇而言，前兩者係整體環境的改善，包括物理環境（輔導設施）的改善及心理環境（教師輔導知能研習）的改善；後兩者則對於朝陽個案具體的協助——安排輔導教師實施個別輔導、團體輔導、及成長營活動。

朝陽者，早晨之太陽也，象徵著希望無窮，亦象徵剛剛起步，邁向光明。教育的對象是「人」，以往祇能重視到一般的人，無法兼顧及行為偏差的人，朝陽方案的實施，具有擴充教育內涵的意義。

貳、成果——光芒乍現

根據筆者服務於教育部訓育委員會的瞭解，朝陽方案試辦七個月以來，至少有下列五方面成果值得申述，讓我們共同來體會這「朝陽光輝」。

一、就朝陽個案接受輔導而言，試辦期間有二五三名個案接受輔導，十七所試辦學校編配一五四名個別輔導老師協助關懷個案，並設計三十三種團體輔導活動，十二個梯次成長營活動（每一梯次一〇〇名學生採異質團體進行），透過個別輔導及團體助力，共同協助個案成長。

二、就整體輔導環境之改善而言，試辦期間達成下列具體目標：

㈠試辦學校輔導室及諮商室均達到國中設備標準中「輔導活動」設備標準之規定；各校有足夠的空間及設施供輔導學生時使用，達到改善學校學生物理環境之目的。

㈡試辦學校全體教師全面分梯次接受三天（十八小時以上）輔導知能研習，得使全體教師均具備基本的輔導知能，達到改善學校學生心理環境之目的。

㈢定期蒐集問題行為學生資料，分析各校、各地區各類型問題行為學生之消長，並針對較嚴重類型研議具體的預防及輔導措施（例如竊盜犯、自殺傾向學生的預防與輔導）。

㈣成立「朝陽方案諮詢顧問小組」，實際到試辦學校輔導各校，解決本方案推動上之疑難問題，結合輔導理論與實務。

三、編印「個別輔導手冊」、「團體輔導手冊」及「成長營活動手冊」三種，提供朝陽方案輔導教師參考，據以研議適合個案之輔導措施，增進輔導效果。

四、開發「教師效能訓練」、「父母效能團體」、「親子歡樂週末研習營」、「接案模式研討會」、「攜手計畫」等多元化高階輔導知能研討活動，有計畫、有步驟地為當前輔導工作擴展層面。

五、辦理「烈火青春演唱會」、「親子公路溜冰賽」、刊登「親子教育問卷」、攝製「選擇正確健康的路」宣導短片等活動，積極開發青少年正當健康休閒活動。

叁、評析——雨過天晴

朝陽方案是否要實施？本有爭議，因為「犯罪有案」本來就具有「標記」，曾經犯罪而被知，而被安排一連串之輔導活動，是否更強化了它的標記？有部分人士之所以反對本案的推出，是因為認為「刻意的輔導」並非教育的「常態」。而幾經討論，我們仍然認為「朝陽方案」對於這些人的正面協助功能要大於負面作用。因此，我們經過「試辦」之後檢討修正方案內涵才擴大普遍辦理。

筆者認為，朝陽方案最大的貢獻在於它代表的「時代意義」，朝陽方案的推出，代表著學校教育單位不但接納過去曾有行為偏差的人，並且對他們提供了具體的關愛與協助，教育的目標在啟發人性，朝陽方案在為那些失去人性尊嚴的青少年，重新拾回他們應有的尊嚴與價值，活得更像「人之所以為人」。

其次，朝陽方案試辦期間，達成了「試辦學校全體教師全面分梯次接受三天（十八小時）輔導知能研習」目標，至屬難能可貴。本項研習活動規劃過程中困難重重，甚至部分的長官主張「放棄」或「折半」，因鑑於本項目標係「教育部輔導工作六年計畫」之重要指標，朝陽方案係其試辦方案，不宜打折，最後在補助學校「代課費」及「學員交通費」的配合提供下，勉力達成。歷程雖然艱辛，從每期教師研習後的回饋，仍然肯定了它的價值，也肯定了行政上的功能——雖屬難為，仍然可為。

另外，筆者以為，為配合「朝陽方案個別輔導教師及團體輔導教師輔導知能研習」，編製之「個別輔導手冊」、「團體輔導手冊」及「成長營活動手冊」十分珍貴，為輔導人員增添了一份具體實用的參考資料，如能再參酌試用手冊教師們的意見加以修訂，俟朝陽方案擴大辦理以後及「輔導工作六年計畫」全面推動之後，其貢獻將愈加深遠。

唯就試辦過程而言，仍有多處尚須改進。諸如：為了達成試辦學校全體教師全面參加研習之目標，在不到三個月之中要學校連續安排八分之一至六分之一教師赴校外參加研習活動，以致校務安排，代課問題，及研習教師差旅費問題困擾學校及行政主管機關，亦被批評，教育部以降低學校教學品質（代課比例太高）來提昇教師素質。其次，對於犯罪學生之輔導，首重「淡化標記」，而教育部透過研究提供給學校之個案名單，並未以全名提供（全名三個字，名單中第二個字以×替代，以求保密），同校之內名字第一個字及第三個字相同者甚多，學校輔導室在掌握個案過程時，往往傷害及無辜之個案，至屬不宜。再其次，朝陽方案之重點工作在個別輔導的實施，依據方案內涵之設定，編配之個別輔導教師必須透過晤談、電話聯繫、家庭訪問等方式對個案進行個別輔導，並按照「個別輔導手冊」設計之表式填記輔導紀錄。依據試辦期間十七所學校的資料來檢核，個別輔導教師並未按設定指標次數實施輔導，亦未確實填記輔導記錄，就以「實施過程」層面來評估，實不十分理想。

肆、建議——普照眾生

試辦成果的檢討，適可以作為調整方案內容的依據，朝陽已經東昇，我們企盼著它能普照眾生，發揮其應有的光芒，筆者建議，本方案八十一年度擴大辦理之前，能適度地調整改進下列事項，始臻完善。

一、配合「教育部輔導工作六年計畫」之推動，進行整體規劃，不單獨辦理。

二、提供朝陽個案全名，減少各校掌握對象過程中可能引起的傷害。

三、朝陽個案的確定，由學校組織委員會先行評斷，有必要者才列冊編配輔導教師進行個別輔導。情節輕微之個案得免列入輔導，避免強化標記。

四、按季檢核輔導情形，適度調整輔導策略（含個案的增列與結案）。

五、早日核發各項輔導經費，落實輔導績效。

（本文原刊載於高市鐸聲季刊第二卷第1期，82年1月）

增訂補註：

本文發表於82年1月，時間稍嫌久遠，唯朝陽方案及璞玉專案係當前「認輔制度」之前身，「朝陽方案」的實施有其時代意義，本文仍筆者心得筆記之一，留供紀念。

37 防治校園暴力人人有責

校園暴力問題應與教育的歷史一樣長久，凡有教育活動就有校園暴力，因為教育活動本質上是一種人的集合，凡屬人的集合就有暴力問題存在。最近校園暴力問題受到特別的關注，至少代表了下列三個意義：

㈠國民對於校園內長期存在的暴力問題，已漸不能忍受。此一現象，再經媒體的渲染報導，促成各界關注情懷，甚至形成人心鼎沸。

㈡國內社會經濟之發展達到一定的水準，有能力要求政府提供更為「卓越」的教育，尤其在「民主素養」一併提升之後，對於傳統較具權威式的管教方法，莫不口誅筆伐。在新的管教方法尚未形成之前的「斷絕時代」，造成校園暴力問題愈為凸顯，因為大家都表示關注，但似乎沒有得到具體可行的因應措施或解決策略。卓越教育之內涵，暴力現象不允許其存在，但事實發展未符合理想指標。

㈢暴力是行為表現的一種，青少年暴力行為增加，代表其教育歷程中，情感情緒之教育並未獲致良好效果，有待各級學校教師直接從教學教育活動中予以重視調整改進。

教育部對於各界人士關注校園暴力問題，至感欣慰，認為此一現象，有助於糾合整體社會資源，共同協力面對此一問題，進而紓緩其嚴重程度。亦透過「部、廳、局首長會談」，策訂頒行「加強防制校園暴力措施」，共有十四項具體執行事項，教育部希望各界人士能配合相關措施，鼎力協助，以彰顯其績效，此十四項具體措施包括：

㈠成立「校園暴力防制小組」，㈡訂頒「各級學校校園暴力事件處理原則及通報要點」，㈢委託教育會成立「律師團」維護師生權益，㈣透過電視辦理輔導管教問題座談，㈤辦理「各級學校校長及訓輔人員處理校園暴力知能研習」，㈥運用「家長手冊」推動國中小學新生家長親職教育，㈦編印「重要類型偏差行為學生預防及輔導手冊」，㈧輔導暴力行為直接受害師生，㈨全面實施「認輔制度」，㈩加強輔導中途輟學之學生，(十一)輔導暴力傾向學生參與社會服務，(十二)成立「校園特殊個案輔導會報」，(十三)加強辦理教師輔導知能研習與進修，(十四)建立「校園暴力事件通報管理系統」。

今日的校園暴力問題是過渡現象之一，值得我們關切，但也不必過於憂心。待國內之教育改革達到一定成效，各級學校教師輔導知能普遍提升，輔導人員專業化程度達到標準，國民之民主素養提升到一定水準，新新人類文化真正形成之後（新新人類的意涵有正面，也有負面，請參考本書第十五篇——新新人類的教育與輔導），校園暴力的嚴重程度應可得到有效紓緩。

唯一要呼籲的，請大家認同支持教育部所規劃的各項措施，共同促成教育體質的實質改善。

（本文原刊載於教育部技職教育雙月刊第29期，84年10月）

三、發展基石

理想的輔導課程設計，必須不斷地改進發展。課程評鑑之實施，得以累積回饋資料，做為輔導課程持續改善、發展的基石。

叁、課程評鑑之功能

目的與功能有時難以區隔，目的屬於「原意」、「旨趣」的深究；功能則指事務運作之後所達成之實際效用。課程評鑑之目的與功能，可視為一延續性之概念，目的的探討為因，功能之闡述為果。課程評鑑之目的概如前述，旨在瞭解現況，評斷優劣，以及提供將來課程發展之基石。

至於從課程評鑑之實務效用層面而言，課程評鑑具有五大功能：診斷、發展、比較、預測、檢核（改自 Eisner, 1979; 黃政傑，民 76），分析如次：

一、診斷

課程評鑑之最主要功能，在診斷實際的課程實務，老師的教學過程與學生的學習情形。從診斷中發現問題，瞭解真相，以便施予適當的處置。

課程包含了不同層次之內涵，課程標準、教材，教師以及學生的學習均可能影響實際課程實施之成果，唯有透過整體之課程評鑑，才能診斷真正困難環節，因應解決。

二、發展

課程評鑑功能之一，在於提供課程設計之不斷修正與改進，建立課程永續發展的基石，以確保課程之設計與實施能夠順應時代之需求與社會之變遷而適時調整。

發展功能之達成，必須承續以往課程內涵之優良傳統，也必須充分瞭解當前學生之真正需求，更重要的，必須要掌握社會時代之脈動。凡此，實須透過累積的課程評鑑結果，方能得到。

三、比較

課程設計的模式繁多，教學方法種類日新月異，怎樣的課程設計對學生幫助最大？那一種教學方法最適合這一地區之學生？必須透過結構性的資料比較，方能做適切的優劣評斷與因時因地、因對象不同的合宜規劃。

有關這些結構性比較資料之獲得，勢須實施課程評鑑，「比較」亦為課程評鑑重要功能之一。

四、預測

課程評鑑也可以用來評估每一階段學生之教育需求，據以建立教育指標，引導教育實施之方向。因此，課程評鑑亦具有「預測」之功能。

事實上，課程評鑑所列之學生學習目標，各科教學教案所陳述之學生行為目標，均屬學生教育需求上的預測，亦為課程評鑑上重要之評鑑層面。

五、檢核

評鑑用在課程上最傳統之功能，即在檢核教育目標達成之程度，透過課程評鑑，可以瞭解學生是否達成預設之教育目標，是否需要重新學習；評鑑結果也可以用來調整修正教育目標，使之更能夠符合學生之需要。

課程評鑑用在教育目標達成程度之檢核上，必須植基於整體的教學歷程，以更為鉅觀的層面來檢核教學過程中全體學生達成目標的程度分析，否則與較狹義之教學評鑑不易釐清。

肆、輔導課程之內涵

課程之內涵素有不同之定義與範圍，最基本的分類，即將課程分為正式課程與潛在課程，正式課程指排在學生學習課表上的課程（科目），教師必須要依據課程標準提列之綱要進行教學的範圍。

潛在課程則指正式的有形課程以外，足以潛移默化學生學習之課程，諸如校園文化、教師素質、學校規章制度等，對於學生具有影響作用，但不一定看得見的課程。

就輔導活動課程而言，正式課程應包括課程標準，輔導活動科教科書（教學材料），以及輔導活動科教學。潛在課程則應包括輔導活動科師資素質，學校輔導環境設施，以及目前教育部推動之輔導計畫。

茲簡要說明如次：

一、正式課程

㈠課程標準

國民小學、國民中學、高級中學、高級職業學校課程標準中均列有輔導活動科課程標準，或輔導活動實施要領。以國中為例，課程標準提列輔導活動目標、時間分配、教材綱要、實施方法。其中教學綱要又分為類別、項目、實施方式、實施辦法、工作分擔等表列各項具體工作之規範。而實施方法又分為原則、方式、工作內容、工作分掌、輔導會議、設備、評鑑等七項條列其重點。因此，課程標準係實施輔導活動最根本之準據。

㈡輔導活動科教科書（教學材料）

國民中學輔導活動有固定教學時數，凡有固定教學時數之科目，即有應對配合提供教學時使用之教材書，教科書係教師與學生教學過程中之主要素材，是課程的核心，教科書固然必須依據課程標準規範編寫，然而其「組織與內容」、「編印型態」、「文句可讀性」以及「教學設計」等內涵之良窳，將直接影響輔導活動教育之成效。

㈢輔導活動科教學

課程之內涵包括實際之教學活動，「輔導活動」有固定教學時間，其列為正式課程之事實無庸置疑，然而在當前升學主義的大洪流之下，國中輔導活動科教師是否按課表所列，正常化教學？是否將時間挪作他用。能否依據課程標準，教科書據以教學，教學活動是否預先準備規劃，活動所需之教具有否準備，每一堂課是否認真教學……等等，亦是輔導活動能否具有教育功能最大之關鍵。

二、潛在課程

㈠師資素質

輔導是教育專業領域內的一環，輔導活動科教師，或從事學校輔導工作教師，應優先具備合格教師之教育專業資格，對於教育哲學、教學原理、教育心理學、教材教法等有基本之認識。另外輔導本身又比教育更為專業，尤其在心理、情緒、晤談技巧方面，輔導活動需要具備輔導專業背景之教師、師資素質關及課程目標能否真正實現，為輔導活動潛在課程之一。

㈡環境設施

境教對教師教學及學生學習方面的影響已不容置疑，就輔導活動而言，環境設施包括兩個層面，整體層面，指整個校園之環境設計與校園氣氛之營造；個別層面，則指學校輔導室諮商室之設備，輔導室設備有否達到各級學校設備標準之基本規定，在行政運作上，師生輔導活動上能否提供有效支援，諮商室之設備能否支持師生晤談活動所需，環境設施之整體配備，亦是輔導活動能否發揮輔導教育功能之關鍵層面，為輔導活動潛在課程之一。

㈢輔導計畫

政府施政分為兩類，經常性工作與計畫性工作。經常性工作指每年例行要做事務，列在每一年度施政計畫中，計畫性工作則指經常性工作實施多年之後，產生部分問題與工作內涵必須調整發展時，由政府以中長期計畫帶動之重點工作項目。就輔導課程而言，課程標準之訂頒，教科書之編製與運用，教師按時間正常教學，輔導室策訂學校輔導工作年度工作計畫，配合校務計畫逐步執行，均屬經常性工作。鑑於近年來青少年問題嚴重，校園事件層出不窮，教育部以輔導工作為核心，策訂「輔導工作六年計畫」，自八十年七月起執行至八十六年六月止，帶動各級學校執行輔導重點工作，此為計畫性施政。輔導計畫所帶動之各項輔導重點工作，已有效引導各級學校輔導工作發展，輔導計畫之實施亦為潛在輔導課程之一。

伍、輔導工作的主要層面(類別)

國民小學課程標準（輔導活動實施要領）將學校輔導工作分為生活輔導與學習輔導兩大類，國民中學課程標準（輔導活動科）則將學校輔導工作劃分為生活輔導、學習輔導與生計輔導三大層面；高級中學、專科學校、大學則重視生涯輔導與心理諮商工作。因此，學校輔導工作之主要層面（類別），以生活輔導、心理輔導、學習輔導、生涯輔導為主，概要如次：

一、生活輔導

以國中為例，課程標準中生活輔導之主要內容包括四項：

㈠協助學生自我認識。

㈡協助學生認識周圍的環境。

㈢協助學生增進良好的生活調適。

㈣協助學生充實生活的內涵。

二、心理輔導

學校心理輔導或心理諮商工作主要內容包括四項：

㈠協助學生體察自身情緒現象。

㈡協助學生面對困擾，能以積極的態度解決挫折困境。

㈢協助學生紓解心理衝突。

㈣協助學生透過轉介進行必要之心理治療或保護措施。

三、學習輔導

以小學為例，課程標準中學習輔導提列六項主要內容：

㈠培養兒童良好的求學興趣與態度。

㈡協助兒童發展學習的能力。

㈢協助兒童良好的學習習慣和方法。

㈣協助兒童適應及改善學習環境的能力。

㈤學習困擾及特殊兒童的學習輔導。

㈥輔導兒童升學。

四、生活輔導

筆者（84 年；本書第二十三篇，頁 173）曾歸納學校實施生涯輔導，學生應學習之具體指標有八：

㈠瞭解自己——自我探索。

㈡順應環境。

㈢有效管理時間。

㈣建構個人資訊系統——善用工具。

㈤增進人際技巧——與人相處共事。

㈥決定生涯目標。

㈦選擇生涯發展策略。

㈧執行生涯規劃——我的生涯規劃書。

陸、輔導課程評鑑模式舉隅

黃政傑（76年）課程評鑑一書中，介紹六種與課程有關的系統評鑑模式，包括㈠泰勒（R. W. Tylet）的目標獲得模式（goal-attainment model）；㈡史鐵克（R. E. Stake）的外貌模式（countenance model）；㈢普羅佛斯（Proovus）的差距模式（discrepancy model）；㈣史特佛賓等人（Stufflebeam et al.）的背景輸入過程成果模式（簡稱CIPP模式，又稱決策模式）；㈤美國洛杉機加州大學校區（UCLA）的評量中心（Center for the Study of Evaluation, 簡稱CSE）所採用的評量中心模式（CSE模式）；以及㈥認可模式（accreditation model）。

張德榮（81年）接受教育部的委託研究，進一步介紹其他有關的課程評鑑模式，包括：㈦史鐵克（Stake）的回應模式（Responsive Evaluative Model）；㈧史克萊門（Michael Scriven）的無目標（Goal Free）評鑑模式；㈨豪斯（House）的「評鑑之評鑑」模式（The meta Model）；㈩克爾柏曼（Koppelman）的闡述模式；⑪懷（W. J. Wright）和海斯（R. T. Hess）的標準達成及結果改進模式（Criteria Acquisition and Product Advancement Model）；⑫柏特曼（C. L. Bertram）和蔡德爾（R. D. Childers）的多階段評鑑模式（A Multistage model for Evaluating Educational products）等。

其中CIPP模式指背景（context）、輸入（input）、過程（process），以及成果（product）的系統評鑑，在國內的教育領域內應用最廣，值得深入闡述。又輔導課程包括輔導計畫之策動工作，筆者（84 年）出版教育計畫與評鑑，曾以行政計畫之立場，發展成計畫整體評估模式。此兩種模式可作為將來國內「輔導課程評鑑標準」基礎，介紹說明如次：

一、 CIPP 應用模式

張德榮（81 年）以 CIPP 模式為骨幹，考慮評鑑的內外部問題，並納入目前各級學校輔導所包含的四大層面（即生活輔導、學習輔導、心理輔導、生涯輔導），而形成一個 4 × 4 的二向度評鑑模式，結構成輔導評鑑的內涵。圖示表十。

表十　CIPP應用模式

	生活輔導	學習輔導	心理輔導	生涯輔導
C 背景評鑑				
I 輸入評鑑				
P 過程評鑑				
P 成果評鑑				

背景（context）評鑑，係指學校在擬定各項輔導工作目標與計畫時，是否考慮到應注意的重要背景內容，如政策、環境、需求及其他事項。

輸入（input）評鑑，則檢核學校在特殊背景因素下，為達成其「生活」、「學習」、「心理」、「生涯」之輔導目標，輸入之元素，例如組織、人員、經費、設備、資源、工作計畫等。

過程（process）評鑑，則旨在瞭解學校實施「生活」、「學習」、「心理」、「生涯」輔導工作的過程中，有否注意到組織氣氛的和諧，人員職責之配當，活動與目標之結合，人員工作態度，輔導關係的建立，輔導倫理之遵守等層面。

成果（product）評鑑，則進一步檢核學校執行輔導工作在「量」與「質」上的具體績效，包括年度工作計畫項目的檢核，分項績效的檢討，以及本校他校的比較，以前年度工作與目前年度工作的比較等。

二、輔導計畫整體評估模式

筆者（84 年）出版「教育計畫與評鑑」乙書，分成四篇二十章，第一篇為理論篇，介紹教育計畫原理、方法、內容、作業、組織。第二篇為技術篇，介紹擬訂教育計畫的重要技術，包括目標設定、策略分析、項目選擇、經費籌措、以及行政要領。第三篇為發展篇，列舉古今中外重要教育計畫，以探尋其發展脈絡，並加以簡要評述。第四篇則為評鑑篇，為一個完整之行政計畫建立了整體評估模式及其評鑑指標，俾能以客觀之立場，周延地評斷教育計畫之優劣。圖示如表十一。

「教育部輔導工作六年計畫」自八十年七月執行至八十六年

表十一　輔導計畫中整體評估模式

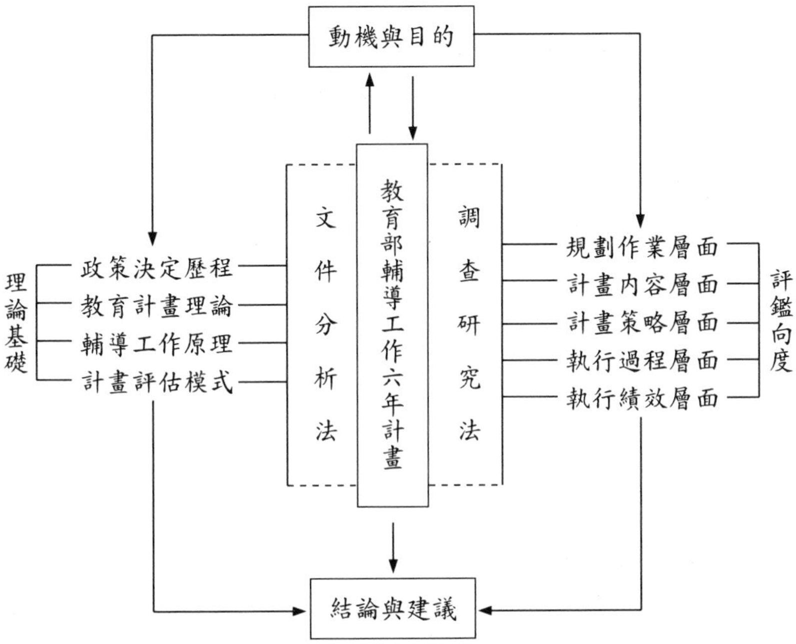

六月，有十八項子項計畫，一○二項重要工作在各級學校全面展開，係教育部為策動學校輔導工作發展的中長期計畫，六年來投資之經費約二十五億元，對於學校輔導工作產生重要影響，已成為當前輔導課程重要內涵之一。

中長期計畫係結合理論與實務的具體規劃，欲整體評估計畫的優劣，必須建立在相當的理論基礎之上。與輔導計畫攸關者，包括政策決定歷程、教育計畫理論、輔導工作原理及計畫評估模式。

至於評鑑向度則包括規劃作業層面、計畫內容層面、計畫策略層面，執行過程層面、執行績效層面，其旨趣與概要內涵如下：

㈠規劃作業層面評鑑

規劃作業評鑑係以行政計畫的原理原則，檢視計畫擬訂過程是否周延。可從四方面進行檢核：政策決定歷程、規劃作業程序、年度作業計畫以及行政配合措施。

㈡計畫內容層面評鑑

計畫內容評鑑可以從「方案架構」、「執行項目」、「執行內容」、「經費籌措」四方面加以評估。「方案架構」係指計畫的結構是否成一有機體？「執行項目」係指計畫決定辦理之工作是否為最關鍵、影響計畫實際成效最大之工作？「執行內容」則指有否書明具體的做法與步驟？「經費籌措」則指經費來源能否落實達成各項重點工作所需？

㈢計畫策略層面評鑑

計畫策略評鑑可以從「目標策略」、「方法策略」、「組織策略」及「應變策略」四方面加以評估。「目標策略」評鑑係指目標所訂文字能否有效導引同仁努力方向；「方法策略」評鑑係指整體計畫主要工作項目是否為執行本計畫最佳之手段方法，能夠有效達成目標；「組織策略」評鑑係指能否動員現有行政單位及人員，有效執行本計畫各項工作；「應變策略」評鑑係指計畫執行過程中，遇到阻力時，能否以高明的手段方法予以化解或調整，使整體環境仍然有利於計畫目標之達成。

㈣執行過程層面評鑑

執行過程評鑑係檢視實施方法是否具體、明確、便捷。一個周延的行政計畫，為求計畫工作之落實執行，通常有「執行要領」之規劃，其主要內容包括四個部分：「行政協調」、「督導考評」、「專業支援」，以及「彈性措施」，此亦為評估計畫執行過程優劣成敗之主要內容。

㈤執行績效層面評鑑

行政計畫的執行績效評鑑，可以從「量的績效」、「質的績效」、「成果績效」、及「潛在績效」四方面進行檢核。「量的績效」主要在檢核計畫預估執行數量與計畫完成時實際執行數量吻合的程度。「質的績效」主要檢核未能量化的計畫工作，計畫執行完竣與執行前實質提升之程度。「成果績效」主要依據各行政單位彙報之執行成果，檢核歸納其具體實施績效。「潛在績效」主要在探討計畫實施結果，對於計畫主題長遠影響程度。

柒、輔導課程評鑑之主要向度

綜合本文之敘述，輔導課程評鑑可歸結為三個主要向度：內涵向度、類別向度、以及方法向度，其結構形成 6 × 4 × 5 之立體圖如圖十九。

在內涵向度，評鑑的範圍應包括輔導的正式課程與潛在課程，正式課程中包含課程標準、教科書及教學活動；潛在課程則包含師資素質、環境設施以及輔導計畫。

在類別向度，評鑑的範圍應逐一地依據生活輔導、心理輔導、學習輔導、生涯輔導進行檢核瞭解。

在方法向度，評鑑的範圍可依循「CIPP 模式」及「輔導計畫整體評估模式」之軌跡，包含五大層面：作業層面、內容層面、策略層面、過程層面及績效層面。

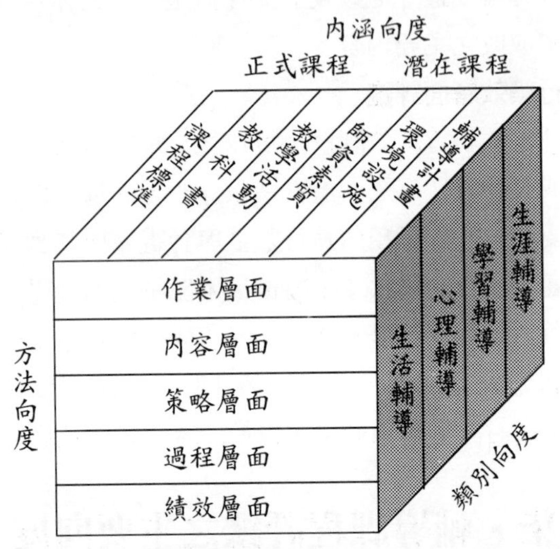

圖十九　輔導課程評鑑之主要向度

三個主要向度之乘積 6 × 4 × 5 ＝ 120，乃策定輔導課程評鑑規準（或稱標準）之具體內容。

捌、結語

輔導已成為教育的核心工作，輔導課程之設計與實施攸關教育之內涵與品質，如何對於各級學校輔導課程進行有系統之評鑑，以瞭解實況，持續改善發展，乃教育領域人員及輔導從業人員最為關切之課題。「教育部輔導工作六年計畫」曾有「各級學校輔導評鑑標準」之議，唯五年來迄未完成，希望本文之分析，有助於正式輔導課程評鑑標準之早日定案。

（本文原刊載於教育部學生輔導雙月刊第 45 期，85 年 7 月）

參考資料

1. 黃炳煌（民 75）。**課程理論之基礎**。台北：文景。

2. 黃炳煌（民 82）。**教育問題透視**。台北：文景。

3. 黃政傑（民 76）。**課程評鑑**。台北：師大書苑。

4. 張德榮（民 81）。**我國學校輔導工作之評鑑標準研究**。教育部訓委會輔導計畫委託專案。

5. 吳正勝（民 81）。**國民中學輔導活動課程實施現況之研究**。教育部訓委會輔導計畫委託專案。

6. 蔣治邦（民 81）。**國民中學輔導活動現況研究**。教育部訓委會輔導計畫委託專案。

7. 謝廣全（民 81）。**繼續辦理國中輔導工作年度評鑑活動**。教育部訓委會輔導計畫委託專案。

8. 洪有義（民 81）。**國民中學輔導單位組織及員額編制現況調查**。教育部訓委會輔導計畫委託專案。

9. 鄭崇趁（民 85）。**教育計畫與評鑑**。台北：心理。

10. 教育部訓委會（民 84）。**輔導計畫重要業務實施要點及補助要點彙編**。

39 兩性平等教育實施策略

壹、緒言——「策略」貫穿「政策」與「措施」

在推動或擬訂中長程計畫時，行政人員往往困難掌握「政策」與「措施」之分際，若再談及「策略」，則彼此之間的相屬關係，更形混淆，有待釐清。

「政策」所指的是國家施政的大方向、大方針；「措施」則通常指為了實現「政策」的具體作法。例如大多數的中長程行政計畫，計畫名稱本身即是國家的重要政策。「教育部輔導工作六年計畫」以及接續的「青少年輔導計畫」，均可視為國家的青少年輔導「政策」；至於輔導工作六年計畫以及青少年輔導計畫的十八個子項計畫，則為中長程計畫中，實現「政策」的具體「措施」。

「策略」介乎「政策」與「措施」之間，「策略」係從手段、方法層面，探討要實現政策的謀略，可從那方向找到實現「政策」的具體「措施」。因此，「策略」係貫穿「政策」與

「措施」的靈魂。中長程行政計畫能否成功，往往決定於「策略」的討論與選擇是否成功。

兩性平等教育為目前教育部重要政策之一，教育部已陸續頒行「兩性平等教育實施方案」、「各級學校兩性平等教育實施要點」以及「中小學性侵害防治教育實施原則及課程參考綱要」，並於教育部成立了「兩性平等教育委員會」，策訂「兩性平等教育八十七年度實施計畫」推動三十二項具體措施。教育部對於兩性平等教育的重視與策略層面的規劃值得教育行政及輔導人員之關切，也是本文擬進一步剖析之主要目的。

貳、「兩性平等教育實施方案」策略分析

教育部於八十六年七月十九日頒行「兩性平等教育實施方案」（台㈧訓㈢字第 86081562 號函），係教育部推動兩性平等教育最重要依據。整個方案分為六部分：緣起、目標、策略、重點措施、執行要點，以及督導考評。「緣起」敘述策訂本方案的背景緣由，「目標」設定本方案實施目的，「策略」提列本方案的主要方法、手段層面，「重點措施」則依據策略的六大層面進一步提列重要工作項目，「執行要點」規範行政機關如何結合學校及民間單位推動本方案，「督導考評」則明示本方案行政督考及獎勵程序。

茲以本實施方案所提列之「策略」及其「重點措施」，分析說明如次：

一、建立兩性平等教育組織及運作模式

兩性平等教育來自教改會的建議，教育改革審議委員會諮議報告建議教育部重視兩性平等教育。在此之前，民間團體與政府部門雖有所強調，然使用之名稱十分紛歧，有「性教育」、「兩性教育」、「兩性平等教育」、「性別意識教育」、「婦女權益教育」、「兩性平權教育」等。因此，教育部自八十六年三月七日成立「兩性平等教育委員會」之後，規劃實施方案時，第一個策略即強調「建立兩性平等教育組織及運作模式」，並提列五項重點措施。

㈠成立兩性平等教育委員會。

㈡策訂「兩性平等教育實施方案」。

㈢督導省市、縣市教育廳局成立兩性平等教育委員會或小組。

㈣督導大專院校成立兩性平等教育委員會或小組。

㈤訂頒「各級學校兩性平等教育實施要點」。

就組織而言，教育部、省市、縣市教育廳及各級學校應有兩性平等教育委員會或小組的設置，就運作模式言，教育行政機關及各級學校均應依據「兩性平等教育實施方案」及「各級學校兩性平等教育實施要點」，落實執行兩性平等教育。

二、培育兩性平等教育師資及專業人才

兩性平等教育要落實實施，首要工作，必須要有兩性平等觀念的教師，祇有具備兩性平等意識型態、態度、價值觀的老師，在實際教育活動，教學歷程中方能實施真正的兩性平等教育。

在我國整體教育活動中，教師們是否具備了兩性平等意識型態、態度、及價值觀，目前尚難論斷，但長久以來，學校體系未特別強調兩性平等教育措施，則為事實。在普遍漠視這方面工作時，如何喚醒全體教師，知道如何實施兩性平等教育，有待專業人才的投入與示範、引導。因此，教育部兩性平等教育委員會，規劃實施方案時，選定的第二個策略即「培育兩性平等教育師資及專業人才」，並提列六個重點措施：

㈠定期辦理進修課程，培育各級學校兩性平等教育師資。

㈡結合教育與社會團體，培育兩性平等教育專業人才。

㈢鼓勵大專院校於通識課程及教育學程開設兩性平等教育相關課程。

㈣鼓勵大專院校籌設兩性平等教育相關學程或研究所。

㈤定期辦理各級學校兩性平等教育相關課程教師研討會。

㈥建立兩性平等教育專業人才資訊網路。

就培育學校師資而言，規劃兩個途徑，一者從現有的教師，透過研習進修進行培育。另一者鼓勵大學直接開設兩性平等教育課程。開設的方法亦有兩個層次，一者在教育學程或通識課程中開設，另者籌設兩性平等教育相關學程或研究所，長期發展兩性平等教育學術及培育師資。

就專業人才之引進而言，亦規劃兩個具體途徑，一者結合教育與社會團體，透過師資交流，場地交流，以及活動參與等方式，共同培育兩性平等教育專業人才。另一者建立兩性平等教育專業人才網路，使學校單位及民間機構有效整合兩性平等教育專業人才資源，人盡其才，才盡其用，共同營造兩性平等教育環境。

三、充實兩性平等教育課程及教學內涵

兩性平等教育到底要教什麼？用什麼方式教學最有效果？都是推動本方案必須面對的重要課題。傳統「性教育」的課程設計，在今日「兩性平等教育」的前提下，顯得極為狹隘，但又是基礎工作不能偏廢，因此也需重新調整設計，「兩性教育」亦有人以「人際關係」的立場來加以註解，並進行實際教學，而今日推動的是「兩性平等教育」，重點在兩性「平等意識」的闡揚與具體作法，兩性平等教育的課程設計與教學內涵確須重行建構。教育部兩性平等教育委員會有鑑於此，規劃方案時選定的第三個策略即「充實兩性平等教育課程及教學內涵」，並提列六項重點措施：

㈠發展各級學校兩性平等教育之教材與教法。

㈡檢視與評鑑各級學校教科書及補充教材之內容是否符合兩性平等教育原則。

㈢編製各級學校兩性平等教育補充教材及參考資料，並建立各科教學之融入模式。

㈣進行學校兩性平等教育實驗計畫。

㈤發展兩性平等教育教學評鑑策略。

㈥訂頒「中小學性侵害防治教育實施原則及課程參考綱要」。

從課程設計的角度而言，有三個具體的方法充實兩性平等教育課程：㈠因應性侵害防治法的規定，訂頒「中小學性侵害防治教育實施原則及課程參考綱要」，俾便各中小學有所依循。㈡透過實驗計畫，逐漸探尋最佳兩性平等教育課程設計。㈢檢視現有

教材，避免不當教材長期影響兩性平等教育之實施。

從教學內涵的充實而言，亦有三個具體方法：㈠發展：鼓勵各級學校教師結合專家學者，發展兩性平等教育之教材及教法。㈡建立各科教學融入模式：有效結合新編教材與實際教學活動。㈢評鑑：發展兩性平等教育教學評鑑策略。

四、發展兩性平等教育研究及資訊服務

現有國內外兩性平等教育資料及相關措施，均有待蒐集、整理、研究，作為規劃推動各項工作之參考。是以教育部兩性平等教育委員會規劃本方案時，選定的第四個策略為「發展兩性平等教育研究及資訊服務」，並提列了五項重點措施：

㈠分區成立兩性平等教育資料與諮詢中心。

㈡編印兩性平等教育資源手冊。

㈢鼓勵大專院校成立兩性平等教育相關研究單位。

㈣進行兩性平等教育有關專案研究。

㈤定期辦理兩性平等教育學術研討活動。

從研究的立場而言，從成立研究單位，進行專案研究、以及定期辦理學術研討會等三個具體方法，促進兩性平等教育學術研究之發展。

從資訊服務的立場而言，也規劃了兩個具體方法來拓增兩性平等教育資訊服務：㈠分區成立資料及諮詢中心，以資料諮詢服務宣導正確兩性平等觀念與知能。㈡編印資源手冊，促進兩性平等資源有效運用。

五、加強宣導兩性平等觀念及相關措施

宣導工作能否與相關措施配合，往往攸關中長程計畫或重要政策之實施成效，甚或影響及整個方案計畫的成敗。教育部兩性平等教育委員會規劃整體方案之時，在考量「組織」、「師資」、「課程教學」、「研究及資訊服務」之後，接續選定了第五個策略「加強宣導兩性平等觀念及相關措施」，並提列五項重點工作如下：

㈠規劃辦理校園及社會兩性平等觀念宣導活動。

㈡推薦獎勵增進兩性平等優良讀物。

㈢定期舉辦大眾媒體兩性平等教育研討會。

㈣試辦推廣兩性平等教育社區實驗計畫。

㈤鼓勵學校和社區讀書會選讀兩性平等教育書籍。

就整個宣導策略內涵而言，有三大方向：㈠校園與社會結合，普遍宣導，使校園師生及社會大眾，均能一併成長兩性平等觀念。㈡從媒體著手，由讀書會、宣導活動、優良兩性讀物介紹，及媒體兩性平等研討會之辦理等，示範宣導正確兩性平等觀念。㈢透過實驗，逐步發展兩性平等教育社區，以社區為核心，落實推廣兩性平等教育。

六、增進校園人身安全環境及性別意識

由於彭婉如及白曉燕案件的衝擊，婦女人身安全如何受到保護？因為性別意識的差別對於婦女同胞造成的不公與威脅如何透過兩性平等教育彌補？亦屬重要課題。然而教育部兩性平等教育委員會之功能，須與行政院婦女權益促進委員會，以及內政部性

侵害犯罪防治委員會之功能有所區隔，是以規劃整體方案時，教育部兩性平等教育委員會選定了第六個策略「增進校園人身安全環境及性別意識」，並提列了五項重點措施：

㈠建立安全與無性別偏見之校園空間指標。

㈡發展性別歧視與性侵害事件危機處理模式、輔導轉介流程及通報申訴制度。

㈢策動學校繪製校園危險地圖。

㈣辦理校園人身安全教育研討會。

㈤發展性別意識教育策略及解決衝突因應措施。

從人身安全的立場而言，具體措施包括了三個層次的工作內涵：㈠正確的性別意識：公平地對待男性與女性。㈡提供安全環境：規劃校園安全空間，及辦理校園人身安全研討會。㈢補救措施：危機處理模式，輔導轉介流程及通報申訴制度之建立。

叁、評論

「兩性平等教育實施方案」可以視為中長程行政計畫之一種，評鑑中長程計畫之「方法策略」有四個指標：（鄭崇趁，民84，頁314）

㈠關聯性

所提列的手段方法（策略）必須與計畫目的有直接的因果關係，而且愈重要、愈關鍵的因果關係關聯性愈高。

㈡更新性

計畫設定之工作如為持續性之工作，須能將這些工作重新排列優先順序，以新的風貌展現，避免老調重彈。

㈢重要性

計畫設定的各項工作均為關鍵性重要工作，而非大小事皆做，分散同仁時間精力與國家有限資源。

㈣創新性

能為整體計畫注入新的措施，以新的措施帶動相關工作，使之產生新的變化，提升績效。

就關聯性而言，兩性平等教育實施方案設定之目標為：「厚植兩性平等教育資源，建立無性別歧視教育環境，以實現兩性平等的目標」，六大策略及提列之重要措施三十二項均為實現目標所規劃，關聯性甚高。

就更新性而言，六大策略及三十二項重點措施均為教育行政新作為，並以「兩性平等」前提規劃，非將以前措施重新排列優先順序，是以缺乏參照指標，更新性較難論斷。

就重要性而言，六大策略包括了：建立組織及運作模式，培育師資及專業人才，充實課程及教學內涵、發展研究及資訊服務、加強宣導觀念及相關措施、增進校園人身安全環境及性別意識。均屬教育領域中最重要之關鍵層面，而三十二項重點措施又皆依據策略方向規劃提列最重要之措施，重點性大幅提高。

就創新性而言，前已述及，六大策略及三十二項重點工作均屬教育行政新作為，反映本計畫創新性甚高。

肆、結語

教育部本㉇年度已提列五、三〇〇萬元，支援兩性平等教育方案各項工作，從本文之分析與評論，兩性平等教育實施方案確已符合優秀中長程行政計畫條件，假以時日，明顯績效將逐一顯現。唯參與人員是否具備整體的教育觀，能夠將兩性平等教育的具體作法推展到恰如其分之情況，而不發生過猶不及現象，將是決定本方案成敗之最重要關鍵，有賴大家拭目以待。

（本文原刊載於教育部學生輔導雙月刊第53期，86年11月）

參考資料

1. 教育部（民86）。**兩性平等教育實施方案**。教育部。八十六年七月十九日。台㈧㈥訓㈢字第八六〇八一五六二號函頒。

2. 鄭崇趁（民84）。**教育計畫與評鑑**。台北：心理。

新時代教師

40

——以生涯規劃的觀點談當前教師面對的挑戰與回應

壹、緒言——教師的心靈是國家教育事業的活水

教育改革是心靈改革的基礎工作，全國性的心靈改造運動能否具有實效，要看教育事業的改革能否務實進行。在討論教育改革的內涵中，「教師」才是最重要的核心，如果經歷教育改革與心靈改革的衝擊，教師們能夠真正覺醒，接受挑戰，面對變革，以積極主動的心態，提升素養，主導變革進程，則教師的心靈將是國家教育事業的活水，教育改革的績效方能日益彰顯，全國性的心靈改造運動才有真實成果可言。

貳、挑戰——當前教師生涯的困境

教師賦有主導社會脈動的責任，也無法逃避整個社會脈動的挑戰，筆者歸納當前國內社會發展，配合教育改革與心靈改革衍

生的諸多措施，當前教師面臨的挑戰有六：㈠師資培育的衝擊，㈡新新人類的文明，㈢社會菁英的歧異，㈣教育落後的本質，㈤學習型態的組織，以及㈥專業自主的需求。簡要說明如次：

一、師資培育的衝擊

師資培育法、教師法相繼公布施行之後，對於教師直接之衝擊有三：㈠師資來源多元化，各大學及原有的師範學院均可培育師資，來源豐沛，形成競爭市場，有為數眾多的教育學程畢業生爭奪實習教師資格，隨時準備接替現職教師，從事教育工作。㈡教師任期不再保障，今後教師之聘任由學校教評會執行，不適任或績效不佳教師，隨即有可能不再續聘。㈢教師祇有輔導或管教學生責任，沒有懲戒權，懲戒處罰學生為時代潮流所不能接受。

二、新新人類的文明

「新新人類」一詞由電視開喜烏龍茶廣告開始後，已成為流行而具有特殊意涵之名詞。最初多以族羣闡述新新人類的意涵，如彭懷真先生。再進一步則以心理特質及行為特質來說明新新人類的積極面和消極面。最近則以完全積極、前瞻的觀點來看「新新人類」，新新人類真正的意涵為：能夠承續傳統，邁向現代，又能夠統合貫穿各年齡共同需要者為新新人類文明。

「新新人類」已然成為新的人類文明具體指標，今後的學生以新新人類自居，老師應予瞭解面對，並以新新人類的老師為榮。

三、社會菁英的歧異

人類之路，永遠是菁英（約 10%）在前開路，一般民眾（約 90%）在後跟隨，就如圖二十：

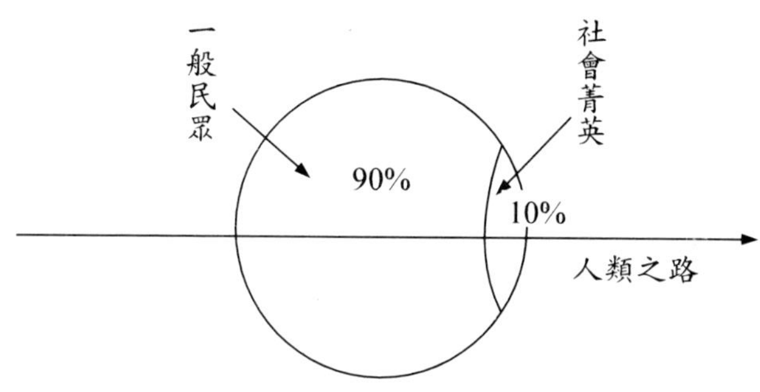

圖二十　人類之路

老師的困難是，社會菁英本身的看法是有歧異的，老師不能，也無法統合所有菁英的不同看法，合理轉換推銷給學生。例如宗教，凡是正當的宗教無不愛人，從心靈生活啓迪人心，引導向善，但基督教、佛教、回教本身的教義即有不同，信仰之下的生活型態即有不同。老師很困難在尊重不同宗教的前提下，教育學生實質的生活內涵。因為從某個立場來看，人類的歷史，就是一部宗教戰爭的歷史。又如常態編班好還是能力分班好？本即長期爭議的課題，老師們皆有自己不同的體驗與看法，老師們本身也是菁英分子之一（前 10%的人），有部分之教師強烈主張能力分班，因才施教，教育部的統一政策，要求教師們執行與他們自己看法相衝突的措施，難上加難。

四、教育落後的本質

社會各界對於教育常有過高的期待，認為教育負有導引社會發展的責任，社會進步緩慢就是教育的失敗。事實上教育固然負有引導整個社會進程的責任，但是它的本質是緩慢的，相對於最前瞻的科技發明或知識創造是落後的，尤其是中小學教師教學的實體係一直在後「苦苦追趕」的型態，並非站在最前端，有如下圖二十一：

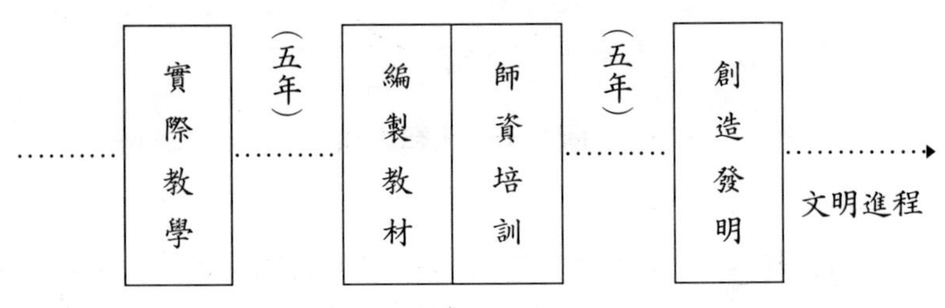

圖二十一　教育落後的本質

教育具有落後的本質，社會菁英不斷地在前頭創造發明，經過相當時間的考慮，與既有知識的整合，方能被列入課程：再經過一段時間的發展，才能編寫為教材，運用適當的教法，實際地教給學生，這期間何止十年二十年，教育的本質在中小學教師而言，是一種老師帶著學生苦苦追趕的歷程。教育以其落後的本質，負起導引社會發展的責任，主其事的老師們當然格外辛苦。

五、學習型態的組織

新近的企業管理理論已普遍引起民間企業的組織再造（企業革命）。學習型態組織理論的引介，逐漸成為教育行政與學校行政的主要發展趨勢，五項修鍊（自我超越、改變心智模式、建立共同願景、團隊學習與系統思考）也將成為每一位教師的重要素質，配合學習型態學校組織的需要，所有的教師必須全員進入學習狀態，唯有不斷要求自我超越，改變心智模式，用統觀的系統思考及團隊合作，共同邁向教育願景的教師，才不致被社會淘汰，其貢獻也才能發揮至最大。

六、專業自主的需求

教育改革主張鬆綁、開放、多元、自主。「自主」即針對教師而言，教育改革之後，需要專業自主的教師：鬆綁之後的教育體制需要教師以專業的素養來參與建構；完全開放的教育資源，需要教師以其專業素養來有效整合，帶領學生運用學習；多元參與經營的學校更有賴教師專業的投入；彈性的空白課程等待著教師們依教育理念，課程設計原理，編寫教材，並對學生進行有效教學。教育改革的進程，對於教師最直接的挑戰，可謂是專業自主的需求。

叁、回應——教師的生涯規劃

新時代教師，可以從生涯規劃的立場，回應當前面臨的挑戰，教師的生涯規劃可以協助教師檢核自己的適配生涯，重新建構生命願景；從有效管理時間，經營人際和諧，進入學習狀態，維護身心健康等途徑，實現真正專業自主教師的使命與職能，逐一說明如次：

一、檢核性向興趣，規劃適配生涯

以前，中小學教師的主要來源為師專及師範大學，是封閉式的師資培育方式，當時祇要考進師範學校，能夠順利畢業，就是合格的教師，而且獲得終身職業保障，非有重大過錯不得解聘。當時就讀師範院校學生主要來源有兩種，一為有志從事教育事業的有心人，另一則為家庭經濟困難需要公費支援始得繼續升學之優秀學生。（後者居多）

無論是當年有志教育事業，或受經濟因素影響而投入教育的現任教師，面對當前環境的變遷與挑戰，均有必要重新檢核，當前教師的「工作性質」是否符合自己本身的「性向興趣」，依據檢核的結果，重新規劃適配生涯。

目前國內生涯發展學者專家已依據何倫（Holland）的生涯類型論，編製完成生涯興趣量表、學類圖以及職業類圖，教師們可以自行購買施測，檢核自己的性向興趣與教師工作性質的「適配性」（符合程度）。

二、建構生命願景，彩繪亮麗人生

願景（Vision）是學習型組織理論五項修鍊之一，就組織而言，用言簡意賅的文字，設定組織的目標，並且能夠反映組織成員共同心聲者為「共同願景」。對個人而言，生命願景的建構即為生涯目標的確認，是生涯志業的追尋以及人生廣度的基礎架構。

筆者以為，生命願景的內涵必須配合時代環境的變遷予以建構，主要有三大階層：㈠志業，㈡休閒，㈢人際。其間之關係與指標概如下圖二十二：

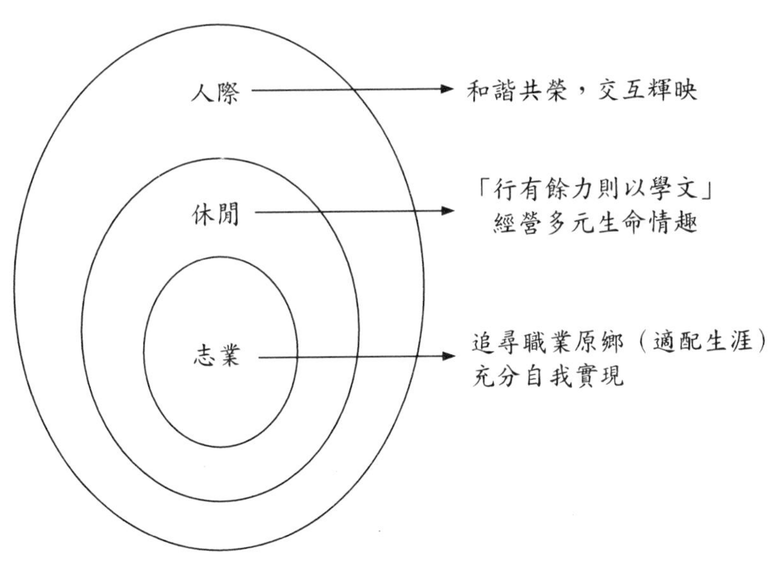

圖二十二　生命願景的三大階層

三、進入學習狀態，提升專業知能

依據學習型組織理論，組織中所有的成員均進入學習狀態時，服務士氣最高，服務績效也最佳。新時代的老師更必須配合整個時代趨勢，一邊服務、一邊進修；教育行政機關應予近期內頒布教師強迫進修之法令與指標，並提供教師在職進修時必要代課員額（合格教師），導引所有教師在職進修制度化。教師們則必須每年策訂進修計畫，根據自身之需要，參酌學校校務之環境，詳細評估任課教學需要、年度擁有的假期、學術單位（大學）及研修單位開設班次，預為規劃明確進修主題與時程。必要時再配合生涯發展作中長期規劃，進修學分班或攻讀學位，不斷提升專業知能，扮演成功的專業自主教師。

四、有效管理時間，增益師愛價值

「時間不夠」可以說是現代人的通病，各行各業的人均普遍感受到每天二十四小時不夠使用。身為教師者亦不例外，尤其中小學教師，每週有二十節左右的教學工作、班務、兼辦行政事務、學生作業簿的批閱、班級經營……等均須要全力的投入，始能發揮師愛的功能。除此之外，新時代的教師被要求進修學習、學術研究，並且須要輔導學生。唯有教師們有效管理時間，始能增益師愛價值。

企業界發展的有效時間管理技術，例如「一分鐘目標」、「時間切割」、「80-20 原理」等，均可提供教師學習參照。「一分鐘目標」指教師們作息當中轉換任何一個場合（如早上早了二十分鐘到校，下課休息十分鐘，下一節沒課，或回到家有一段空檔時）停下來（坐下來）的第一分鐘即進行思考（設定目標），我的生活（工作、休閒）目標是什麼，把握當下，好好運用這一段時間。

「時間切割」的方法係將自己可用的時間十分鐘一個單元，十五分鐘一個單元，二十分鐘一個單元或三十分鐘一個單元的方式切割時間，同一單元時間祇專心做一件事，同一件事情所用的時間絕不超過切割的時間單元，時間如有不足，重新接續排定，以單位時間績效與管制，增進整體時間的效能。

「80−20 原理」係引用經濟學原理的推論，如果每個人能掌握自己一天中最精華的 20%時間充分運用，做他自己最重要的工作，則他幾乎可以做完 80%的工作，整體效率最高。對於教師們的啓示在：找出一天中自己最精華 20%時間（有的在早晨，有的在午休之後，有的則在夜晚），然後善加運用。

五、經營人際和諧，累積發展資源

生涯發展的資源有三：㈠知識，㈡財力，㈢人脈，三者兼備，生命的彩虹最為亮麗。就教師生涯而言，教師的基本素養及進修制度的參與是提升知識資源的重要途徑，前已述及。財力方面與教育人員較無直接關係，可不用在意。「人脈」者為大多數教師所忽略，有必要特別強調。教師之人脈指與教師有關的人際關係，教師平時必須經營和諧的師生關係、同事關係，以及其與行政單位，甚至超越學校教育人員之關係，作為生涯發展的資源與助力。

教師可以學習「實用性的社會技巧」，來增進人際和諧，累增發展資源。茲以「四分鐘的關注」，「順應風格」為例簡要說明：

「四分鐘的關注」係心理學研究的發現，認為人與人接觸，如果能夠在最初碰面時，給予完全專注關懷的互動，時間達到四分鐘左右的長度，即能給予對方良好的印象，願意保持進一步的連繫，對於人脈資源的累積有所助益。

「順應風格」即根據「人際風格」類型的分析，瞭解同事或長官或預期互動的對象之風格類型，採取其喜歡的應對模式，增加其接納程度，建立穩固的人際關係，做為生涯發展的人脈基礎。

六、維護身體健康，發達身心效能

「健全的心靈，寓於健全的身體」，新時代的教師，需要正常的身心效能，身心效能指一個人的感覺、知覺、記憶、思考、推理、判斷、創造的心理能力以及足堪負荷工作負擔的體力。

定時運動與定期正當休閒活動為促進身心健康的重要法門，教師應規劃每天或每週的定時運動時間，培養正當休閒習慣，並且定期安排休閒活動，列為整體生涯規劃的重要部分，長期維護身體健康，促使身心效能處於高峯狀態，增益志業的發展，豐富生命的色彩。

肆、結語——生涯規劃協助教師邁向真、善、美的人生，扮演成功的新時代教師

本文強調用「生涯規劃」的觀點來談「新時代教師」。台灣

科技大學鍾克昌教授繪製的圖二十三，可以引用來說明其中的意涵與重要性。

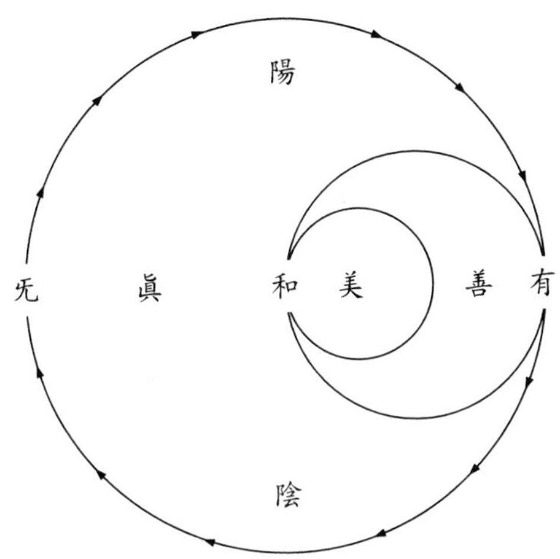

圖二十三　生涯規劃在追求真、善、美的人生

宇宙是生生不息的，循環不已，所以它有箭頭、方向；整個宇宙有無相生，負陰抱陽；凡是存在宇宙之內的現象都是真的，教育活動是教師帶著學生探索宇宙的現象，教育在求真；真的東西不一定善，輔導是在教育領域內老師帶著學生求真的同時，進一步求善；善的東西不一定美，生涯規劃是教育領域裡頭老師帶著學生追求真、善、美的人生。此圖之核心「和」，指和諧的人際關係，教育、輔導、生涯規劃均須奠基於和諧的師生關係，「和」是真、善、美人生的基石。

要學生懂得生涯規劃，老師必須示範生涯規劃，懂得生涯規劃的教師，方能回應當前時代的挑戰，扮演成功的新時代教師角色。

（本文原刊載於教育部學生輔導雙月刊第54期，87年1月）

附　　錄

一、輔導計畫問題與解答

二、認輔制度專訪

1 輔導計畫問題與解答——

為解答「教育部輔導工作六年計畫」執行上之問題，筆者固定於「輔導計畫報導」中，開闢「問題與解答」專欄，後述九十二個答問即第一期至第四十期刊載之內容。

一、修訂健全之輔導法規及調整提高學校輔導單位之組織員額編制乃推動輔導工作之根本，為何規劃為第二階段辦理，而不是第一階段？是否有本末倒置之現象？（一期）

答：此一現象並非本末倒置，實乃計畫策略之運用，原因如次：㈠經由輔導法規之修訂，提高學校輔導單位之組織員額編制，並確保編列固定額度的輔導經費，乃本計畫最後必須執行的階段。目前學校輔導人員之角色地位及輔導工作績效並未得到社會人士的普遍認同，在本計畫一開始即要大動既有法令，實難得到人事單位及財政主計單位之支持，事倍功半，目的無法達成。㈡在第一階段中，我們積極辦理各項輔導工作，兩年之內必要相當績效；我們進行各項規劃研究，將先進國家的員額編制及本國的實際需求，以完整的報告呈現。用活動績效彰顯輔導工作的重要性，依據具體的報告來爭取人事財政單位的支持較為可行。

二、六年輔導計畫執行完竣之後，是否需要再一個六年計畫？（一期）

答：這要看本計畫執行結果而定，如若本計畫原先設定的目標（預期成效）均已達成，則不需要第二期六年計畫，如若僅達成了部分目標，則評估當時的社會需求及整個計畫執行情形後，再調整訂定第二期計畫或延續計畫。

政府施政分為兩種——經常性業務及計畫性業務，經常性業務在年度施政計畫中辦理，計畫性業務係針對部分重點工作集中資源辦理，通常以中長程計畫型態呈現，例如本計畫為中長程計畫之一，係屬政府的計畫性業務，透過本計畫的有效實施，如果全面輔導體制業已建立，輔導網路運作功能充分發揮，學校輔導員額編制照須要編配，亦有固定額度的經費提供學校辦理輔導工作費用，則各項輔導活動可併入年度施政計畫中之經常性業務辦理，不需再有二期輔導六年計畫。

三、「璞玉專案」及「朝陽方案」名稱雖雅，一般人不容易從計畫名稱上瞭解方案內容，是否會造成以詞害意？（一期）

答：對於計畫或方案名稱之使用確實應直指核心，讓人一目了然，直接瞭解方案之意義或內容。本計畫中「璞玉專案」實際上是對「最有可能犯罪學生」實施追蹤輔導，而「朝陽方案」是對「犯罪有案繼續返校就學學生」實施個別輔導、團體輔導及成長營活動，我們之所以找用代稱，理由有二：㈠避免標記：不要因為各項輔導工作之執行，擴大傷害個案。㈡正向引導：璞玉者，未經琢磨之玉也，潛能無限。以此喻國三畢業未升學未就業學生，希望其透過輔導協助後，其散發出來的光亮不比一般任何人遜色。朝陽者，早上之太陽也，象徵著起頭、希望、邁向光明，以此喻有案的學生，期望渠等透過各項輔導工作之協助，從此邁向光明。

也因為這兩案之輔導措施應在秘密中進行，未參與實際輔導工作之教師及學生不能從字義上瞭解其內容，適可以達到保密的要求，傷害個案程度降至最低。

四、「輔導工作六年計畫」與「國建六年計畫」有何相同或不同的地方？（二期）

答：既有相同的地方，亦有不同的地方。相同的是，輔導工作六年計畫本身就是國建六年計畫重要的軟體項目之一。不同的是，目前所謂國建六年計畫僅係綱要式的計畫，項目與經費需求至為龐大，部分項目之細部計畫各部會尚未正式函報行政院核定執行，是以目前國建六年計畫的部分項目到底要不要做？能做多少？做到什麼程度？並未確定。而輔導工作六年計畫整體計畫已奉行政院正式核定，從八十年七月起執行六年，共分十八個子項計畫，總經費八五億九五〇〇萬元，是一個確定要貫徹執行的計畫。

五、輔導工作本即學校教師的職責之一，而目前「朝陽方案」、「璞玉專案」個別輔導教師均由計畫經費發給輔導費用，理由何在？（二期）

答：依據擬訂計畫時的原意，我們的理由有三：㈠明確賦予輔導教師權責。朝陽方案及璞玉專案均按個案對象編配個別輔導教師，按輔導個案數及期程發給象徵性的輔導費用（十分微薄），有明確賦予教師輔導權利與責任之用意。㈡支付聯絡協調事務經費。個別輔導的方式大致包括晤談、電話聯繫、家庭訪問等，需要支付些必要的電話費、文具、誤餐等雜項開銷，個別輔導經費提供這些用途。㈢感謝輔導教師額外付出的辛勞。輔導工作本即學校教師的職責之一，所有的教師均應對任教的學生負起輔導的責任。但朝陽個案及璞玉個案均係較為棘手的個案，輔導工作之進行，輔導教師必須花費更多的額外時間才能彰顯其效果，一般教師雖有輔導學生之職責，但行政單位也無由要求老師要花額外的時間來照顧學生，因此，輔導費的提供，也象徵性地感謝他們額外付出的辛勞。

六、輔導計畫主要的實施對象係各級學校，各級學校使用的經費比例多少？（三期）

答：本計畫係以「項目」為執行依據，符合執行內容者即為使用經費對象。因此，就整體計畫設計內容觀之，無法精確統計各級學校使用經費比例，唯約略而言，其經費分配概要如下：小學10%、國中40%、高中職20%、專科15%、大學5%、其他10%。

七、小學教育為各階層教育之基礎，為何輔導計畫使用在小學的部分十分有限？

答：計畫的功能有二，一為解決當前問題，其次再奠基紮根引導發展。目前「教育部輔導工作六年計畫」的推動，其主要目的在透過計畫的有效實施，達到紓緩青少年問題的功能，而青少年問題集在中學階段，尤其是國中，因此，比較多的經費花在中學階段。至於國民小學輔導室及諮商室設施的充實、組織員額編制的調整，按學生人數編配固定輔導活動經費的努力，計畫中並不偏廢。

八、各級學校如何配合推動輔導計畫？（三期）

答：在本計畫推動之始，訓委會曾按縣市並協調省市教育廳局，辦理「輔導政策與實務作業研習」，邀集所有中小學校長及輔導室主任，由訓委會人員及聘請的顧問宣導本計畫，並發送第一年（八十一年度）年度作業計畫綱要暨各級學校需配合事項，引導各級學校如何來配合。下年度（八十二年度）各級學校需配合事項會在七月中按學校層級函送各校，各校依據設定的程序及頒布的有關要點加以配合，將可落實執行本計畫之有關工作。

九、為什麼今年的委託研究專案特別多？（三期）

答：「計畫」的重要內涵包括兩方面：設定重要工作項目與規劃達成計畫目標的作業流程。今年為輔導工作六年計畫執行的第一年，無論在重要工作上或作業流程上，均需以專案研究作基礎方能逐次展開，是以計畫開始時委託的研究專案會較多，第二年以後即會減少。以補助各級學校輔導室、諮商室設備為例，依據作業流程，必先修訂各級學校輔導室及諮商室設備標準，再依據明確的標準檢核補助各校設備。而國小、國中、高中、高職、專科、大學輔導室諮商室設備標準的修訂，即需要委託六個專案研究據以進行。

另如第四個子項計畫「整編心理與教育測驗計畫」，就工作的性質而言，無論是測驗的整理、修訂、建立常模、指導手冊的撰寫等等，本就須以專案研究進行，六年中如要達到預期目標，單就本子項計畫的委託專案研究即需數百件以上。

十、輔導計畫正積極籌備開辦中小學教師大學層級輔導學分班，設計中之構想，中小學教師修完二十個輔導學分之後，得兼取「指導活動」教師登記資格或中小學「輔導教師」資格，對於專業之輔導人員是否會有不良的影響？（四期）

答：此為部分專業輔導人員的疑問，實乃多慮，理由有三：一者普及之後有更多人瞭解輔導，對於正科班出身的「更專業」輔導人員會產生更大的共鳴與尊重。二者更多人知道輔導工作如何推動，輔導工作蓬勃發展之後，求助於更專業的輔導人員之處相對增加，發展空間更大。三者就目前法令而言，「二十個輔導學分」已「合法」地讓他們取得資格，多重資格的取得係行政運作上的一種誘因，在目前中小學輔導教師十分缺乏，大部分工作均由欠缺「專業背景」教師負責推動的情形下，本項措施十分迫切需要，其正面的積極意義也十分明顯。

十一、本計畫有「充實輔導活動經費」子項計畫，而所列經費十分有限，名不符實，是否為計畫上的缺失？（四期）

答：「充實輔導活動計畫」的主要設計，在透過行政的運作，促使各級學校能夠在年度預算中，直接編列「輔導活動」專款經費，且按學生人數比率編列，例如：（假設）國小每位學生每年五〇〇元，國中一〇〇〇元，高中職一二〇〇元，大專校院一五〇〇元。學校有多少學生，年度預算中就按比率編列多少經費，提供學校年度內各項輔導活動需要使用，且希望能專款專用，其他工作不得動用這筆經費。如此，則可以解決以往輔導工作不受重視之現象，也可以運用「年度經費之計畫使用」，落實學校輔導工作。然而要達成本子項計畫之目的並不容易，必需運用嚴謹的研究結果作基礎，說服各層級長官及人事、主計人員，因此，本子項計畫所列之經費係屬行政運作，溝通協調之經費，並非直接提供給各級學校輔導工作所需之經費，所以數額有限。

十二、「學生輔導資料卡」之設計教育部希望能做到「一卡終身制」的理想，立意雖美，但輔導資料卡的記載與層轉，是否會造成對「個人隱私」上的威脅？（四期）

答：輔導過程的記載是一種「成長過程」的記載，並非「過失記錄」的記載，因此，輔導資料卡是基於教育與輔導上的立場與需要而設置，有別於一般「司法」上或「安全」上考量的記載。學生輔導資料卡採用電腦程式設計，我們已考慮到保密的需要，按資料的「隱私程度」分三個層級設定密碼，牽涉及個人隱私的部分予以合宜管制，祇有學生輔導中心或輔導室才能取得密碼，未取得密碼就無法從電腦上查看到資料或複製使用。

十三、就輔導計畫第一年執行內容觀之，各種專案研究特別多，到底各種研究專案對於整體計畫而言，其主要功能何在？（五期）

答：所謂「計畫」包含重要工作活動之設定辦理，以及各種有效措施之規劃選擇。在當前輔導體制並未建立，輔導功能尚未被普遍認同之際，輔導計畫推動之初，必須運用更多的專案研究結果以兼顧前述兩者目的之達成。

對整體計畫而言，專案研究之主要功能有三：一、作為修訂輔導法令，提高輔導人力員額編制之基礎。二、作為選擇最有效輔導措施之依據。三、回饋檢核整體計畫執行上之確當性。因此，整體計畫中專案研究有其必要，並且在計畫推動之初特多。然而專案研究之數量亦將隨著計畫之推動，逐年縮減。

十四、目前輔導計畫中「朝陽方案」、「璞玉專案」、「問題家庭輔導」、「春暉小組」等分別推動，都要學校輔導室配合，是否會影響及學校行政運作而違離原有正常輔導工作？（五期）

答：這要看學校本身校長及輔導室主任的領導方式與行政運作能力而定。如果校長及輔導室主任能夠充分掌握輔導計畫整體工作要項，則搭配辦理並不困難，非但不會影響學校原有的年度正常輔導工作，對於原有相關工作更有強化及對比檢證之功能。反之，如果校長及輔導室主任沒有全盤的輔導理念，被動地依據公文往返辦理各項專案輔導工作，則行政上的紊亂將會影響原有例行性輔導工作。

當然教育部、廳、局如何協調整合各項專案活動辦理時程，一次提供給學校，對於當前缺失之避免亦有幫助，教育部訓委會在第二年之始將會加強改進。

十五、在各級學校年度預算中編配固定項目的「輔導活動」經費主要目的何在？何以迄今仍未能獲致普遍共識與支持？（五期）

答：就行政主管及學校主管的立場而言，經費之編列不希望過於明確，明確之後主管的彈性處理權利相對降低。但就現階段而言，在各級學校預算中編配固定的輔導活動專款經費確有必要，用專款經費保障辦理輔導工作之財源，用專款經費之編配與限定使用，引導部分未具備輔導理念或不重視輔導工作之校長、輔導室主任知道如何來辦理輔導工作。也由於專款經費的編列，促使各校有「等質」的輔導活動，確保在輔導方面學生的教育機會均等。

雖然迄至目前為止尚未獲致普遍的共識與支持，經過整體計畫之推動與行政運作之加強，以近年活動之績效爭取各界人士對輔導工作的肯定，以研究結果作為規劃需求的基礎，逐年宣導，終有達成時候。

十六、「教育部輔導工作六年計畫」係屬「專案性」之業務，與一般所謂「經常性」之業務有何不同？（六期）

答：政府行政措施分為一般經常性業務，與特殊專案性業務，一般經常性業務在各級政府之「年度施政計畫」中可以看出，指例行性之重要工作；而特殊專案性業務，則由各級政府之「中長期計畫」中呈現，代表政府的重要政策導向，也可以說政府為了解決某個特殊問題而推動的整體加強措施。通常這些特殊問題包括消極層面危機的處理，也包括積極層面各項建設的推動。中長期計畫通常有固定的工作項目、固定的經費、及固定的期程，計畫實施完竣，如計畫目標業已達成，則不一定要有後續的專案性計畫，原有加強性之工作，有的可以停止，有的則列為例行之經常性業務執行。因此，輔導工作六年計畫本身係專案性之業務，執行六年之後，如若計畫中各項預期目標均已達成，則將轉化為經常性業務，不一定要再有第二個六年計畫。

十七、「教育部輔導工作六年計畫」設有各子項計畫執行小組，其組織與功能為何？（六期）

答：「教育部輔導工作六年計畫各子項計畫執行小組」為本計畫業務運作之核心，輔導計畫共計十八個子項，奉行政院核定，得設十八個執行小組，每個執行小組成員三人，主持人、專任助理研究員、及研究助理各一人，其中專任助理研究員須集中辦公，同時接受訓委會及子項計畫執行小組主持人之行政督導。

就功能而言，子項計畫執行小組必須對於各子項負有規劃、策訂、執行、管考之責任。再依角色功能細分，則主持人負責對於各子項計畫之年度作業規劃，而實際業務則交由訓委會督導專任助理研究員執行。

十八、輔導計畫推動一年以來，已經帶動輔導工作蓬勃氣象，蔚為風潮，政府如此重視「輔導」的結果，是否會造成學校處室不均衡發展，產生偏頗？（六期）

答：政府輔導計畫的推出，有其時代性，亦有其需要性，就時代性而言，由於青少年問題，引起社會人士對於輔導工作的關注，認同輔導係解決青少年問題最積極、最根本的策略，有必要實施。就需要性而言，諸如一般教師欠缺輔導知能、整體輔導體制並未建立、輔導活動分散不興，亟須一個統整性之計畫帶動。

然而所有的中長期計畫，終究係有期限之加強性措施，最後必然要回復到經常性工作。目前「訓育原理輔導化」已成為必然之發展取向，本計畫所帶動之風潮，應是未來學校各處室「行政措施核心」轉移的階段性現象，並非失衡偏頗的肇因。依筆者看法，本計畫的推出，更保障了將來均衡發展之基礎。

十九、「教育部輔導工作六年計畫」八十二年度之執行設計，為何要以三大系統（組）替代十八個子項計畫？（七期）

答：此乃鑑於上年度執行缺失而調整之措施，就八十一年度之整體執行情形而言，約有三大缺點：㈠欠缺整體概念，參與各項執行工作者不知輔導計畫之全貌，亦不十分瞭解各項工作之角色功能與地位；㈡力量分散，十八個子項計畫個別執行結果，人力整合不易，重點工作未能獲致應有的加強；㈢重複工作不少，尤其是各項規劃研究工作，因其需要依據之基礎雷同，在分頭進行結果，頗多調查問卷內容重疊。經多位子項計畫執行小組主持人建議，本（八十二）年度改採三大系統（輔導資源組、輔導體制組、輔導活動組）替代子項計畫的個別執行，每一系統（組）統整六個子項計畫，由六個主持人共同考量各項工作後，配合策劃，希能避免重疊，並集中力量凸顯重要事項，再透過各種宣導活動與各類研習之辦理，賦予各項執行工作在整體計畫中之明確角色功能與定位，增進計畫績效。

二十、八十二年度開始，教育部、省市、縣市教育廳局及各級學校均將成立「輔導計畫執行小組」，其主要目的與任務為

何？（七期）

答：三個層級教育行政機關及各級學校設置「輔導計畫執行小組」之主要目的在：整體考量輔導計畫中十八大項一〇二項重要工作，如何有效地透過行政運作予以落實執行。因此，其重要任務包括：㈠策訂輔導計畫行事曆，㈡整合編配所屬單位輔導人力，㈢督導各項計畫工作之執行，㈣協調聯絡相關配合措施，㈤協助解決計畫推動衍生問題，㈥考評計畫執行績效。

廿一、學校或個人如何主動尋求參與「教育部輔導工作六年計畫」各項工作？（七期）

答：「教育部輔導工作六年計畫」係一計畫性工作設計，每一項工作之執行，均規劃明確之步驟與程序，「有計畫」地實施。因此，有關重要工作之推展，均配合擬訂各種具體「實施要點」，將工作目的、對象條件、申請程序、申請日期、甄選規範、獎助標準等一一明訂，學校單位或個人依據訓委會編印之「教育部輔導工作六年計畫各項獎勵補助要點彙編」所列合適之要點，即可參與，例如個人準備進行輔導有關之專題研究，得依據「教育部獎助輔導及心理專題研究實施要點」申請獎助，爭取研究支援；各級學校得依據「各級學校教師輔導知能研習活動實施要點」申請補助研習經費。訓委會希望各單位及輔導工作同仁踴躍參與。

廿二、整合輔導活動為本計畫再三強調之重點，其具體措施為何？（八期）

答：所謂「整合輔導活動」，在本計畫中含有雙層意義，就規劃過程而言，整合輔導活動即在找出最重要、最焦點、最核心的輔導工作，以這些工作的辦理，求取解決真正的青少年問題。例如，本計畫中幾經考量，最後選擇了「璞玉專案」——可能犯罪青少年的輔導、「朝陽方案」——犯罪有案學生的輔導、「問題家庭輔導」、「輔導網絡之建立」、「生涯輔導之加強」等為核心工作。就執行過程而言，整合輔導活動即在裁併可能之重複工作，避免浪費有限輔導資源。例如本年度起，本計畫之年度作業計畫，改以三大系統（組）替代十八子項，性質相近之項目統整一併考量全年度之整體作法。本年度省市廳局、縣市教育局、各級學校分別成立之「輔導計畫執行小組」及省市、縣市教育廳局配合成立之「輔導計畫輔導團」實亦為整合輔導活動具體措施之一。

廿三、本年度計畫在省市、縣市教育局配合成立「輔導計畫輔導團」，其主要目的與功能何在？（八期）

答：誠如前題說明，「輔導計畫輔導團」的成立，原本係整合輔導活動策略之一，主要目的在希望透過此一中介組織之設置，增益各項輔導措施功能之發揮，落實輔導績效。至於「輔導計畫輔導團」之功能可分述如次：㈠結合省市、縣市內優秀輔導行政人員及學校專業輔導人員。㈡扮演本計畫諮詢顧問及專案輔導教師（如璞玉、朝陽、春暉個案之輔導教師）間之中介輔導人員角色。㈢協助各校專案輔導教師實際輔導工作之執行。㈣作為鄉鎮及縣市輔導網路中心學校轉介之資源。㈤作為推動各項輔導工作示範人員。

廿四、本計畫中預備擬訂之各項「標準」甚多，其主要目的為何？是否均有此必要？（八期）

答：「教育部輔導工作六年計畫」最終之目標，希望透過本計畫之實施，建立全面計畫輔導體制，如若各項體制已然建立，則六年之後，輔導工作就可回復「經常性業務」來辦，不必像現今「計畫性工作」的強調。全面輔導體制之建立，即須各項「標準」之配合擬訂，例如：學校輔導室及諮商室設備標準的確定，方能明確檢核學校具體有形的輔導設施有否達到應有的水準；學校輔導活動經費編配標準的擬訂，方能確保各級學校辦理各項輔導工作之經費財源；輔導人員專業層級及專業標準之明訂，方能確立輔導人員的專業角色與地位；輔導評鑑標準的擬訂，方能對各級學校進行客觀而適宜的輔導工作評鑑。因此，配合計畫工作之推動，各項「標準」的擬訂為必要之措施，為建立全面輔導體制的前階工作，至關重要。

廿五、「璞玉專案」在教育部中，原由社教司推動執行，何以目前要改由訓委會繼續辦理？（九期）

答：「璞玉專案」與「朝陽方案」原本均係——輔導工作六年計畫」項目之一，基於時效上之考量，七十九年先行推出試辦，當時由社教司及訓委會分別辦理之理由有二，一者希望藉助兩單位人員共同執行因應青少年問題預防措施，避免單一單位人力單薄；二者試辦階段以不同之型態辦理，可收參考比較功能。

八十年七月起「教育部輔導工作六年計畫」已正式核定執行，整體計畫由訓委會籌劃推動，經兩單位多次協商並奉部長核定，「璞玉專案」併同「輔導工作六年計畫」由訓委會統整規劃接續辦理，乃基於下列因素考量：㈠「教育部輔導工作六年計畫」十八子項之推動業奉行政院核定，得設十八個「執行小組」協助辦理，每一執行小組有一專任助理研究員協助訓委會辦理行政事務，人力上之問題已解決。㈡輔導計畫十八個子項實際執行單位多在學校，在教育部中由同一單位策動，可避免部分業務之重複與繁瑣。㈢「璞玉專案」、「朝陽方案」、「問題家庭輔導」、「生涯輔導」等工作，均需學校教師兼辦個別輔導教師或團體輔導教師角色，在目前各級學校教師普遍缺乏輔導知能情況之下，宜由教育部設置之「諮詢顧問」統籌輔導。㈣本年度起各級學校及行政機關均設置「輔導計畫執行小組」，其功能主要在針對輔導計畫十八大項（包含璞玉）一〇二項重要工作統整考量，如何在本單位中有效配合執行，不宜再由兩個單位策動。

廿六、各級學校編配固定的「輔導活動專款經費」，為本計畫重要指標之一，目前尚未獲致應有的共識與支持，困難何在？如何解決？（九期）

答：主要困難來自三方面：㈠會計理念之更替。「零基預算」觀念逐漸普及之後，預算編配方式較重「概要」而輕「細項」，俾提供主管較大權責以及新興業務之執行，「專款經費」的編列適與「零基預算」原理相違。㈡學校主管之反對。「專款經費」之編配相對減低主管對於經費運用上之彈性，校長不願多一層束縛。㈢行政人員之保守心態。行政人員（含會計行政人員）難能體察專案計畫之原理與目的，常以傳統之保守心態看「專款經費」編配之爭取，直以為部分人士在爭取「特權」，不願積極配合。

編配「輔導活動專款經費」之主要目的在本報導第五期中已予說明，不再贅述，解決之道惟有透過「計畫性」的行政運作方能達成，從「輔導計畫」產生之時代性與需要性，有計畫、有步驟地與相關人員溝通，並以「輔導活動」績效及「專案研究」數據為基礎，爭取共識與支持，逐步達成。

廿七、本計畫執行內容包括十八大項一〇二項重要工作，可謂龐鉅繁複，如何可以看出本（八十二）年度工作重點？（九期）

答：計畫執行六年，並非六年都做同樣的工作，本計畫之「實施時程」（原計畫書第三三頁至四二頁）已按整體計畫之需要，配合階段、年度、用星號(*)顯示當年度應行辦理事項，每年開始之「年度作業計畫」再依據原時程之設定與上一年度實際執行情形策訂規劃。

「八十二年度作業計畫綱要」暨「各級學校需配合辦理事項」業已函送各單位，八十二年度本計畫之工作重點有五：㈠積極培育輔導人力，㈡整合專案輔導活動，㈢加強行政組織運作，㈣普遍宣導輔導觀念，㈤逐步擴展輔導層面。本報導第五期第一版中有較具體之說明，歡迎大家參閱。

廿八、「教育部輔導工作六年計畫」仰仗部分之輔導學者專家比重過大，部分學者專家暨為「子項計畫執行小組主持人」，且兼任「系統委員」或「諮詢顧問」，重疊交錯，不勝負荷，是否會影響及計畫執行之品質？有否必要具體規範節制？（十期）

答：「計畫」本身即具有結合「理論」與「實務」之功能，計畫本身所策動的各項措施，乃專業領域原理原則的實現，一個「有根」的計畫，必須是運用「最重要理論」達到「最可行做法」的反映。「輔導工作六年計畫」係屬「專業程度」較濃的計畫，執行過程仰仗輔導學者專家的比重自然要比其他計畫為高。

輔導計畫之所以如此設計，乃希望借重這些輔導學界之精英分子，從「行政」——子項計畫執行小組主持人、「理論」——專案研究，及「輔導評鑑」——諮詢顧問，三個層面統整協助本計畫各項措施之推動。如此設計，吻合行政三聯制——計畫、執行、考核理則，前後銜接貫串，功能應為最大。

當然輔導學者專家之時間精力仍舊有限，適度的工作負擔方能發揮最大之貢獻，本年度開始，凡聘為子項計畫執行小組主持人者，最多祇能再接一案專案研究，擔任諮詢顧問訪視輔導之次數亦有規範，我們希望，透過計畫的整合運作，帶動這些精英分子不斷結合輔導的「理論」與「實務」，在期限內（六年）有效地達成本計畫的兩大時代使命——紓緩青少年問題的嚴重程度暨完成全面輔導體制的建立。

廿九、當前輔導工作績效難彰的原因，主要在學校教育輔導功能被家庭及社會抵消所致，因此問題家庭的輔導至為重要，為何本計畫在這方面仍未看到具體有效之措施？（十期）

答：本問題關鍵在「教育權」、「輔導權」問題，學校之學生，學校當局或教師擁有合法的教育權責，教育權責包括輔導，但是對於學生家長，學校教師並沒有合法的教育與輔導權責，基於憲法對於個人自由的保障與尊重，我們要進行家庭輔導工作，仍須徵詢對方的意願，因此，進行起來格外困難。「教育部輔導工作六年計畫」列有「推動問題家庭輔導」子項計畫，也已經從「問題行為學生」蒐集到「問題家庭對象」（秘密建檔）但是具體的輔導措施與進行方式，仍在審慎研議中，要找到大家都可以接受，並且有效的輔導策略，著實不易，是以目前尚未見到任何績效。

本問題根本解決之道應從立法著手，如若在兒童或青少年保護有關法令方面，能有正式條文規定：子女違規犯罪達到某個程度時，父母親應接受強迫性的「親職教育」或「輔導服務」。則「問題家庭輔導」之績效，方能彰顯。

三十、輔導網路的基本構想與主要功能為何？（十一期）

答：建立輔導網路的主要目的在結合整體的輔導資源，透過網路系統的運作為全體國民提供更為周全的輔導服務。輔導計畫中希望建立的輔導網路分為三個層級——鄉鎮網路、縣市網路及全國的中央網路。每一網路結合四個層面的輔導人員——學校輔導人員、社輔機構社工人員、綜合醫院心理治療人員及民間公益團體輔導人員。每一層級之網路均有網路輔導中心學校，由網路中心學校負責提供聯絡服務工作。

輔導網路建立之後，其主要功能以提供三種服務工作為主；資訊、諮詢與轉介。網路中心學校與所有轄區內之學校、社輔單位、醫院、公益團體聯線，是輔導資料與資訊的彙集中心，也是資訊服務中心；網路中心有較專業的輔導人員輪值，得以提供輔導方面的諮詢及諮商服務；網路中心與各輔導單位聯線，得將個案轉介到最適合的輔導單位或人員，透過網路的轉介服務，各輔導單位或人員也有更理想更寬廣的服務空間。

今年度輔導網路的建立已增至六個縣市，雖然每一縣市有因地制宜之彈性，然其基本構想與主要功能實仍一致。

卅一、輔導工作係一種專業服務，輔導專業「督導」的建立有助於服務品質之提昇，何以在輔導計畫中未見有「督導制度」之規劃？（十一期）

答：輔導工作是一種專業服務，各項之輔導工作應依其專業之難易程度適度劃分，由合適之專業輔導人員分別負責，其效果方能彰顯。因此，在輔導計畫的推動中，有專門之子項計畫「規劃建立輔導專業人員證照制度」，適度的將國內輔導人員劃分層級，設定基本資格標準，並配合專業證照之核發，賦予輔導人員明確之角色地位與功能。

從整體計畫的趨勢分析，以後學校輔導人員將劃分為四個層級——一般教師、輔導教師、心理諮商師、及精神科醫師。我們希望一般教師即具備有基本的輔導觀念與知能，從事一般學生最基礎的輔導工作；輔導教師最少應修畢二十個輔導專業學分以上，以負責學校中之朝陽方案、璞玉專案、偏差行為或適應不良學生之個別輔導與團體輔導工作為主；心理諮商師更為專業，基本資格將提昇到碩士層級以上並要求豐富的臨床經驗。心理諮商師無法普遍設置，將配合輔導網路中心學校及大型學校區域編配，採巡迴方式協助學校教師及輔導教師處理較嚴重之個案；精神科醫師則已進入醫學專業層次，亦將透過網路連線之轉介服務，配合需要協助學校或輔導系統從事最艱鉅之心理治療服務工作。

去年訓委會配合朝陽方案之推動，曾欲籌劃藉助於救國團張老師人力，試辦建立學校輔導教師之上的「督導制度」，最後鑑於以下三方面之考量而緩議；一者所有教育行政體系長官認為「督導」兩字在教育系統裡頭有類似「行政督導」或「督學」之意，是上層對下層一種督責考核，而不祇是「專業的服務」，例如目前的「軍訓督導」仍是行政角色重於專業角色，名稱之使用宜再考量。二者有部分輔導學者認為如前述所謂輔導人員專業層級劃分妥適，標準明確，則第二個層級人員就是第一個層級人員的督導，第三個層級人員為第二個層級人員的督導，第四個層級人員又是第三個層級人員之督導，「督導」可視為一種更為專業的協助與引導，建立為固定階層之制度，有時反而背離督導的旨趣。三者部分學校系統輔導人員認為，以救國團「專張」的人力來負責「督導」學校輔導教師頗不搭調，就基本學養、教育理念及學校系統之下的輔導工作而言，運用「專張」的專業來督導輔導教師，程度上未必妥適。

今年開始，輔導計畫之推動，採行另一個變通方式，來執行「督導制度」的實質內涵。在教育部本身設置「輔導活動諮詢顧問」三十九名，定期訪視輔導朝陽方案、璞玉專案辦理學校、輔導網路中心學校及各縣市、省市「輔導計畫輔導團」，扮演高階的「督導」角色。要求省市、縣市成立「輔導計畫輔導團」，糾合縣市內有輔導專業背景之校長、輔導主任或輔導教師為團員，實際到朝陽方案、璞玉專案辦理學校協助接個案教師輔導工作之進行，並定期舉辦個案研討會，全面提昇所屬地區輔導工作專業水準。「諮詢顧問」與「輔導計畫輔導團」實係折衷方案的「督導制度」。

卅二、教育部為何要舉辦本計畫之「專案研究論文發表及成果展示會」？本項活動之主要目的為何？（十二期）

答：約略而言，教育部舉辦本計畫八十一年度「專案研究論文發表及成果展示會」之主要目的有三：統整、檢核、及宣導。㈠統整：本項活動針對「教育部輔導工作六年計畫」八十一年度委託進行之專案研究，分門別類做有系統的整理，相關的研究每篇皆摘成一萬字左右，八篇印成一本專集，俾利關心輔導工作人員參考運用。配合辦理成果展示，亦將八十一年度中重點工作呈現給國人瞭解，分送與會來賓「執行成果專輯」，係一種統整的工夫。㈡檢核：事實上本計畫委託之專案研究，多屬行政規劃上需用之研究，其研究結果希能作為行政措施之基礎，經此論文發表的過程，可收「檢核」之效，其研究結果不符現實需要者（或差距太遠）可予暫緩擱置，其研究結果確實可行者，得提送為調整行政措施之主要依據，進而貫徹計畫目標。至於成果展示亦是一種優缺點的檢核工作，希望藉此活動檢討過去，策勵未來。㈢宣導：目前輔導計畫之推動仍然遇到諸多阻功，審其原因，無論輔導工作領域人員或其他社會人士，仍以「不夠瞭解」為主因，本項活動之辦理，兼具宣導之目的，希能藉助本次活動，讓圈內及圈外的人更加瞭解計畫內涵，支持計畫工作之推動。

卅三、「璞玉專案」、「朝陽方案」、「春暉小組」、「生涯輔導」及「攜手計畫」之主要對象與輔導措施如何區別劃分？有否交錯重疊之處？有否必要？（十二期）

答：就「教育部輔導工作六年計畫」之整體設計而言，計畫項目中僅提列「朝陽方案」及「璞玉專案」，而「春暉小組」、

「生涯輔導」及「攜手計畫」均係一種「輔導方法」或「輔導策略」，在有關計畫項目中皆可運用執行。目前各專案之對象與輔導措施均有明確劃分，約略而言，「朝陽方案」對象係針對犯罪有案返校繼續就學學生，及部分嚴重行為偏差學生實施輔導，輔導措施包括個別輔導、團體輔導（小團輔）、及成長營活動（大團輔）。「璞玉專案」對象係針對國三畢業未升學未就業青少年實施輔導，輔導措施主要為學生畢業後之個別追蹤輔導，及學生未畢業前之生涯輔導。「春暉小組」對象更為具體，係針對濫用藥物（吸食安非他命為主）學生籌組春暉小組予以輔導，協助勒戒，並定期辦理尿液篩檢工作，有效預防學生濫用藥物。「生涯輔導」係一種輔導方法，運用「生涯規劃」的理則，協助導引學生面對環境，有效規劃，發展其生命潛能。以一般全校學生為主要對象，專案學生亦可實施，唯內容有別，可依據專案學生需要特別設計，如以工作坊的型態辦理。「攜手計畫」亦係一輔導方法，主要策略是希望藉重大專優秀青年以大哥哥、大姊姊的角色協助輔導國民中學適應困難學生，所以亦稱「同儕輔導」，具體措施包括成長營活動（建立關係）、小團輔（多位大學生與國中生之活動）、及個別輔導（關係密切之後）。祇要觀念釐清之後，以計畫性、結構性的作法來執行，各專案之對象與主要輔導措施並無重複交錯缺失。

卅四、朝陽方案、璞玉專案、攜手計畫對象有別，而輔導方式均採部分的「團體輔導」，三者之間的「團體輔導」主要差異在那裡？（十三期）

答：團體輔導是輔導上的主要方法之一，適用範圍至為廣泛，幾乎任何輔導對象均可用團體輔導方式來進行。因此，在教育部輔導工作六年計畫中，有關朝陽方案、璞玉專案、及攜手計畫，採行團體輔導之比重頗大。惟三者之間因對象性質之不同而有不同之內涵與功能。

約略而言：朝陽方案係以嚴重行為偏差學生（犯罪有案）為對象，團體輔導之進行包括「小團輔」及「成長營活動」。所謂「小團輔」以八至十二人為一團，採異質團體（朝陽個案及一般學生各半），由輔導教師設計八到十二次之團輔活動（參考研習課程心得及團體輔導手冊範例），經本部諮詢顧問審查認可後執行。目的在透過結構式之活動，提供參與同學自我坦露機會，由同學間之互動與助力，協助個案自我成長。所謂成長營活動實係「大團輔」，每梯次以一百名同學參加為原則，亦採異質團體（朝陽個案 40%、一般學生 60%）方式編組，整個活動提供教育性、輔導性及育樂性課程的搭配設計，集中住宿、五天四夜，注重生活常規紀律與榮譽，積極面對問題，希望透過正常規律之大團體活動，正面導引朝陽個案排除孤獨、被排斥、不合群之陰影，並增進一般學生接納進而協助朝陽個案成長之意願。

璞玉專案亦進行部分之團體輔導，惟璞玉專案所進行的團體輔導採較為廣義的解釋，接近於「生涯輔導」，凡是國中三年級學生，經調查結果，其畢業之後不準備升學者均列為璞玉專案團體輔導之對象，包括帶他們參觀職訓機構、大型工廠、法院、少年監獄、辦理法律常識教育、各種型態育樂營活動、親子活動、生涯規劃輔導等等。今後將逐步與「生涯輔導」活動整合，避免重疊。

攜手計畫又稱同儕輔導，主要用意在運用大學生人力為輔導資源，協助適應困難國中學生，走過人生最為徬徨的階段。團體輔導之進行分兩階段，最初階段以一般性育樂營或成長營活動方式進行，大學生為幹部，主要功能在「建立關係」，俾便日後聯繫輔導方便。中間階段以三、四位大學搭配五、六位國中生一起「小團體活動」方式進行，包括郊遊、談心或各類競技活動，主要功能在提供具體經驗、建立深層互動關係。隨後才有大學生與國中生一對一的個別生活或學業輔導。

因此，「團體輔導」的意涵在前述三大方案中各有不同的界定，朝陽方案的團體輔導最為嚴謹，最符合輔導學家們的主張，璞玉專案及攜手計畫中所謂的團體輔導定義較為寬鬆，接近於「團體生涯輔導」或「團體活動」方式。

卅五、「教育部輔導工作六年計畫」已進入第二年，且第二年之執行工作亦僅剩四個月，教育部有否計畫針對「整體計畫」進行效益評估？如何進行？（十三期）

答：整體計畫之效益評估工作正積極準備進行，本計畫期程前後六年，分為三個階段，每一階段兩年，在第二年即將結束，第三年開始執行之前，最適合做執行效益之評估工作，一則可以檢討第一階段（前兩年）執行過程之優點與缺點，二則可將評估結果之具體建議，作為調整第二階段執行措施之依據。

目前教育部訓育委員會正積極籌備整體計畫效益評估有關業務，準備在四月、五月、六月三個月期間進行實際之評估工作，七月初向部次長簡報效益評估結果，並調整下一年度工作計畫相關措施。進行方式將成立「輔導計畫效益評估委員會」及八至十個「輔導計畫效益評估小組」分階段進行，先由各評估小組就有

卅七、「教育部輔導工作六年計畫」分為三個階段，每階段兩年，今年七月起即將邁入第二階段，整體計畫必須因應社會實際需要調整，有可能的調整方向為何？（十四期）

答：中長期計畫有優點也有缺點，最大優點在呈現明確的輔導政策與具體措施，最大缺點在含有「不準確性」，本計畫劃分階段，預擬不同的重點與目標，即在因應計畫的「不準確性」而能夠適時有所調整。依據筆者心得，第二階段的調整重點將朝向下列四個趨勢：㈠回歸以學校輔導工作為主流：本計畫原有至為崇高之理想，希望整合輔導工作的三大層面——學校、社會、家庭，因此，部分之工作逾越了教育部所能掌控主管之範圍，兩年來的執行十分辛苦，且部分工作績效不如理想，第二階段起，將回歸以學校輔導工作為主流。㈡發揮系統整合功能：本計畫第二年起，雖有三大系統（輔導資源、輔導體制、輔導活動）之設置，準備整合十八個子項計畫，惟年度作業計畫之擬訂，仍以十八個子項分別訂定，分別設置執行小組、聘主持人，整合並未落實。第三年（第二階段）起，年度作業計畫如以系統為核心擬訂，將可以進一步凸顯工作重點，發揮系統整合功能。㈢倡導「主題輔導」活動工作：本計畫今年在大專院校推動「主題輔導週」活動，由計畫經費專款補助績優學校規劃重要的輔導主題——如生涯輔導、人際溝通、兩性交往、學習輔導……等全週之活動，原校實施後，將所有的資料與活動設計巡迴展示臨近四至六校，效果頗佳，鄭常委石岩業已指示，延續此一模式，將中小學校教師切身需要的輔導主題——如「如何使用測驗」、「如何與學生說話」、「心理衛生」、「生涯規劃」、「學生課外活動設計」、以及輔導諮商技巧如「行為改變技術」、「心理分析」、「角色扮演」、「會心團體」等等，透過本計畫「諮詢顧問」的協助，發展為理想可行的「工作坊」內涵，再透過省市、縣市「輔導計畫輔導團」及「輔導網路中心學校」的整合轉介，有效提昇各級學校教師實用的輔導技術知能，今後「主題輔導」活動，將是本計畫之重點工作。㈣加強省市、縣市輔導行政權責：各項專案活動與專案研究由教育部策動規劃之後，終須落實於省市、縣市及各級學校執行，第一階段（前兩年）教育部已扮演有效帶動角色，第二階段起將協調省市、縣市教育廳局及各級學校確實成立「輔導計畫執行小組」，配合省市、縣市「輔導計畫輔導團」運作，與教育部合作分工，分層負責，有效落實本計畫各項工作。

卌八、八十三年度起省市、縣市「輔導計畫輔導團」將扮演更為吃重的角色功能，其具體的工作內涵為何？（十五期）

答：省市、縣市「輔導計畫輔導團」團員係由各地區中小學輔導精英所組成，如能配合計畫有效予以帶動，將是輔導工作能否落實發展之重要關鍵。依據訓委會對於八十三年度年度作業計畫之籌措，今後「輔導計畫輔導團」之具體工作如次：

㈠團員就近輔導訪視臨近學校，協助接專案之輔導教師，解決輔導上之困難問題，進而增進輔導技能。

㈡分區辦理輔導教師個案研討會，以個案實務之持續討論，不斷提升輔導教師輔導知能。

㈢策劃縣市教師「基礎輔導知能研習」暨「主題輔導工作坊研習」活動，逐步達成計畫目標。

㈣配合縣市輔導網路之建立，有效支援網路服務工作。

㈤主辦全縣市或跨縣市輔導計畫工作檢討會，協調落實各項專案輔導工作。

㈥檢討評估輔導計畫工作績效，彙報縣市輔導計畫執行成果。

卅九、「主題輔導工作坊」之構想在前期批露之後，不少關心輔導工作同仁交相討論，究竟教育部之具體作法為何？（十五期）

答：「主題」者，在選擇教師輔導上最為實用之主題，例如：如何與學生說話（師生溝通）、如何使用測驗、生涯輔導、性教育、行為改變技術、適應困難學生之輔導等。運用「工作坊」的型態（三天至一週），有計畫、有步驟地將各種「主題」輔導技術，透過研習活動，讓教師具備，進而能夠用在實際的教學及輔導情境上。

教育部訓育委員會已將「主題輔導工作坊」構想提交「諮詢顧問小組」討論，初步決定之具體作法分成三個階段：

㈠由諮詢顧問討論後，選定當前中小學教師最為殷切需求之輔導主題，由訓委會約請適合專長之諮詢顧問或學者專家，主持設計「工作坊」之課程模式及主要教材。

㈡「工作坊」之課程模式及主要教材完成後，由訓委會商請四大研習中心，據以辦理示範研習活動，並以省市、縣市「輔導計畫輔導團團員」為優先參加對象。

㈢省市、縣市「輔導計畫輔導團團員」，在參加研習中心研習之後，將整套之工作坊模式及教材帶回縣市，並據以辦理縣市之「主題輔導工作坊研習」活動，以全縣市之中小學教師為參加對象。

「主題輔導工作坊」採逐步發展方式進行，八十三年度訓委會將以開發四至六個主題為目標，各縣市則以試辦推廣一至二個主題為原則。

四十、輔導網路經過二年的發展與推廣，目前僅及於六個縣市的鄉鎮網路，是否發展得過為緩慢？下（第二）階段起推動執行之重點為何？（十六期）

答：「輔導組織網路化」，原本即整體計畫發展指標之一，依據計畫之設計，第一階段（前兩年）完成鄉鎮網路之建立，第二階段（第三、四年）完成縣市網路之建立，第三階段（第五、六年）完成全國中央網路之建立。

因第一階段之執行工作，將鄉鎮層級及縣市層級之網路建立一併考量，且必須透過「地方資源調查」摸索瞭解，進而統合建置，是以目前僅發展至六個縣市鄉鎮網路，而實際運作者，僅新竹縣及嘉義縣兩個縣市。

第二階段起，經過教育部訓委會審慎考量之後，將調整網路計畫發展重點如下：㈠以縣市網路層級之建立為核心，鄉鎮網路層級之建立為輔助；縣市網路全面展開，而各縣市之鄉鎮網路提供目前新竹縣之模式，鼓勵各縣市斟酌情況配合建立。㈡經費之補助以縣市網路中心之運作為限，不及於鄉鎮網路中心。㈢縣市成立「輔導工作發展小組」（原輔導計畫輔導團改名）為縣市網路中心主要人力資源。㈣縣市網路中心由輔導工作發展小組策訂下列具體任務：①網路之服務工作計畫、②全縣之校際輔導工作活動、③教師輔導知能研習（含基礎輔導知能、主題輔導工作坊及個案研討會）、④輔導訪視執行專案輔導學校、⑤評估調整縣內輔導工作之實施。

四一、目前各縣市已成立「輔導計畫輔導團」，而教育部本身即設置有「諮詢顧問小組」，均直接訪視輔導朝陽方案、璞玉專案之學校，功能上是否重疊？（十六期）

答：教育部諮詢顧問之設置，原係針對「朝陽方案」辦理學校而來，因為朝陽方案之個案特殊，而各國中之輔導教師專業程度頗為參差，是以教育部聘請諮詢顧問直接到各校訪視輔導，協助各校接個案教師處理輔導上所衍生之問題，並提升其輔導知能，隨著朝陽方案的逐年擴大辦理，教育部聘請之「諮詢顧問」已不勝負荷，無法照顧到每一承辦學校。

教育部鑑於輔導工作之執行並非僅止於朝陽方案，而各縣市均有較為理想之輔導專業人才，輔導工作的普遍落實，有賴於這批人力的整合投入，因此，訂頒省市、縣市「輔導計畫輔導團設置要點」，要求省市、縣市成立「輔導計畫輔導團」，扮演原先教育部諮詢顧問之中介角色，執行辦理輔導訪視工作及個案研討會，輔導訪視類似「督導員」之工作，個案研討會則希望透過個案輔導策略的不斷討論，實質提升接案教師之輔導知能。

下（八十三）年度起，「輔導計畫輔導團」將正名為「輔導工作發展小組」，配合各縣市輔導網路之建立，作為縣市網路之核心人力，策劃執行筆者在前題說明所提列各項任務，教育部諮詢顧問仍然存在，唯輔導之重心調整為以省市、縣市輔導工作發展小組及縣市中心學校為主，並適度任務分工，配以各項專案輔導。

如此調整之後，專案輔導工作之推展將明確地呈現三個層級：教育部諮詢顧問→省市、縣市輔導工作發展小組→各學校接案輔導教師。且層次分明，上下貫串。

四二、「教育部輔導工作六年計畫」目前已進入第二階段，前三年的實際經費預算，約僅原有計畫預算的三分之一，實際之執行工作亦已有多項裁併進行，是否有需要將整計畫做一修正，一方面報呈行政院重新核備，另一方面印送各級學校及有關單位，重新宣導，並作為執行之依據？（十七期）

答：完整的中長期計畫有三個要件：固定的項目、固定的經費、與固定的期程。「教育部輔導工作六年計畫」奉行政院核定執行，並列為國建六年計畫重要軟體計畫之一，原本具有計畫之三要件，係亦完整之中長期計畫。惟受到國建六年計畫本身過於龐大，籌備又不夠周全，經費採逐年調整方式編配影響，輔導計畫經費之來源形成不固定，亦直接影響到部分工作必須併兼執行。

惟筆者多次從計畫原理與實際工作立場評估輔導計畫，計畫本身係一完整的有機結構，無論實際上有尚未執行某部分預列之工作，均無須調整原有計畫。理由有三：㈠計畫之實際執行工作係依據「年度作業計畫」辦理，而非原來之整體計畫。訓育委員會每年均訂頒本計畫之「年度作業計畫」及「各級學校需配合辦理事項」，年度作業計畫必須逐年報呈行政院核備列管，並函送各級學校配合辦理有關工作。㈡未被執行之工作，並不影響整體計畫之運作。年度作業計畫之訂定，即在可行之範圍內，優先選擇原計畫中預先設定之執行工作。㈢由於預算的短缺，計畫目標未能如期達成，我們希望延長實施期程，不一定要去修正原有計畫。

四三、據瞭解，本計畫第二階段起（八十二年七月起），將賦予省市、縣市廳局更大的權責，以落實計畫工作，其具體做法如何？（十七期）

答：從行政管理與專業輔導兩個層面來說明：在行政管理方面，教育部督責省市、縣市教育廳局暨各級學校確實成立「輔導工作執行小組」，省市及縣市行政層級之執行小組，負有通盤研議策動各項計畫工作之配合執行事項，並督責所屬學校落實實施。八十二年度起朝陽方案之個案審核，輔導教師編配，團體輔導實施計畫，暨璞玉專案之個案數量管制、輔導教師編配、相關生涯輔導措施之審核，將由省市、縣市執行小組全權負責，教育部僅負責提供所需經費，並管制省市、縣市教育廳局是否確實按計畫原則執行。

在專業輔導方面，教育部將督責省市、縣市「輔導計畫輔導團」落實執行各項工作。以個案研討會之普遍辦理，提昇學校接個案教師輔導知能，團員實際到校訪視輔導，協助輔導室及接案教師解決輔導過程中衍生之相關問題。兼具行政專長之團員（如校長、主任）再以原任職學校名義負責籌辦所屬縣市之教師基礎輔導知能研習、主題輔導工作坊研習、生涯輔導活動、以及朝陽方案、璞玉專案之共同配合事項，希能以行政之有效運作，提供輔導專業服務。

四四、教育部最近對外宣導「零璞玉」之觀念，其用意與具體作

法為何？（十八期）

答：璞玉專案係針對國中畢業未升學未就業之學生實施追蹤輔導，如果各國中在學生未畢業之前，即落實各校生涯輔導工作，針對璞玉可能之對象積極輔導，使其畢業時能順利升學或進入就業市場或進入職訓單位學習一技之長，如此，即無再須追蹤輔導之學生，此即為「零璞玉」之觀念，八十三年度開始希望各國中輔導室能積極配合，其具體做法為規劃更為完善之生涯輔導工作，訓委會亦將加重補助各校生涯輔導活動所需之經費。

四五、各級學校及省市、縣市行政機關執行本計畫各項專案輔導活動，常有經費撥付緩不濟急之缺失，第二階段開始之後教育部如何設法改進？（十八期）

答：依本計畫「八十三年度作業計畫綱要」，八十三年度起將付予省市、縣市更大之權責，由省市、縣市成立兩大組織——「輔導工作執行小組」及「輔導計畫輔導團」統整規劃所屬學校各項執行工作，在教育部與省市、縣市舉辦「分區縣市行政事務協調會」之後，各縣市即按協商結果，將朝陽方案、璞玉專案、生涯輔導、輔導網路、輔導知能研習等研訂成具體的實施計畫，八月間送部核定，九月間即能將所需經費預撥各縣市政府，依核定計畫轉撥各校，八十三年度起各項專案輔導活動經費之撥付必將獲致具體之改善。

四六、「輔導工作執行小組」暨「輔導計畫輔導團」均希縣市政府教育局成立並積極運作，各縣市執行上頗為混淆，其主要成員與功能有何區別？（十八期）

答：「輔導工作執行小組」係行政規劃與督導，而「輔導計畫輔導團」係一種專業服務，教育部希望由執行小組統籌規劃整個縣市各項輔導工作之進行，而由輔導團之運作，提昇接案輔導教師之輔導知能。因此，「輔導工作執行小組」主要成員以行政職務導向，局長、主任督學、學管課長、計畫業務承辦人員為當然成員，並與接辦年度輔導工作重要業務（如璞玉、朝陽、生涯輔導、網路、輔導知能研習）之學校校長或輔導室主任結合，希能全盤考量全縣市輔導業務之設計與數量之執行。至於「輔導計畫輔導團」則以縣（市）內具備輔導專業背景之校長、主任、及輔導教師為主要成員，行政人員非有堅實輔導專業背景者不予列入。透過團員到校的訪視輔導以及分區的個案研討會進一步與接案教師互動，提昇其專業素質。

四七、「教育部輔導工作六年計畫」專案人員原本各有主辦業務，今年度起，教育部與省市、縣市之聯絡工作卻以分區聯絡員為主，而非原業務承辦人員，其理由何在？（十九期）

答：承辦本計畫專案人員仍依工作性質，各有其主辦業務，例如朝陽方案、璞玉專案、生涯輔導、輔導網路等皆各有其主辦人員，各專項業務之規劃、推動、文稿之處理仍由其負責。今年起為增進中央與地方配合程度，全台灣地區省市、縣市廿四個單位劃分為六大地區，每一地區安排兩位聯絡人員（由專案人員分兼），依據八十三年度作業計畫，從分區之「行政事務協調會議」、省市縣市自辦之「輔導計畫工作說明會」、以及本計畫本年度需省市、縣市配合七大項工作——輔導工作執行小組、輔導計畫輔導團、教師輔導知能研習、輔導網路、朝陽方案、璞玉專案、生涯輔導等，均由聯絡人直接參與，並負協調聯絡之責。

如此之設計，可收兩大優點，對內而言，分區聯絡人員仍由各項主辦專項人員分別擔任，為勝任聯絡工作，除了自己主辦專項外，其他計畫工作亦須熟悉掌控，全盤了解。人人了解全盤計畫設計，對於整體計畫之推動助益頗大。對外而言，省市、縣市承辦人員或彙辦學校，祇要找到兩位聯絡人中的一個，所有七項工作均可協調解決，便捷迅速。

四八、計畫評估工作可概分為外部評估及內部評估，各有優缺點，據悉教育部訓育委員會正籌劃本計畫第一階段之整體評估工作，不知其評估取向為何？（十九期）

答：所謂外部評估係聘請計畫有關人員以外的人或執行計畫機關以外的人來對計畫實施情形作了解與評斷；所謂內部評估係計畫執行機關人員自己依據考評理則辦理重要計畫執行情形的檢核評斷。外部評估優點為較客觀，可免除人情壓力，缺點為容易流於形式，不著邊際。內部評估優點在能夠針對計畫的核心問題進行檢討，適時給予計畫執行人員檢討與改進機會，缺點則容易偏頗主觀，受主管理念及人情影響較大。

本計畫第一階段的整體評估工作，趨向採取外部內部兼籌方式進行，評估小組人員準備由外部的學者專家與計畫內部主要執行人員共同組成，然後依據行政計畫評估模式，從四個層面進行評估：規劃作業層面、計畫內容層面、執行過程層面、實施績效層面。規劃作業評估係以行政計畫的原理原則，檢視計畫擬訂過程是否周延；計畫內容評估係檢視計畫項目是否符合社會需要，計畫項次是否整體貫串、前後銜接；執行過程評估係檢視實施方法是否具體、明確、便捷；實施績效評估係檢視計畫實施成果是否與預期成效符合。

因此，影響評估工作之成效，有效之評估模式運作，更為重要。

四九、八十三年度本計畫諮詢顧問增至五十三名，且分區設置，何以有此必要？（二十期）

答：諮詢顧問之設置，主要目的在確保輔導專業服務品質，以及協助解決本計畫推動過程中所衍生的有關問題。本年度增至五十三人，且分區設置，主要原因有三：㈠諮詢顧問到校輔導訪視之朝陽方案已擴增至三一二校，必須適度增加人手。㈡本年度起省市、縣市均成立「輔導計畫輔導團」，亦為諮詢顧問輔導訪視之對象，加上原須輔導訪視學校部分，宜以結合鄰近縣市為一體分區配置顧問較為妥當。㈢就諮詢顧問本身而言，忙碌情形不一，運用分區配置方式，同一區（三、四個縣市）之內有八、九個顧問，得因應個別情形，調整支援，較為忙碌之顧問由較有時間之顧問支援，方能均衡照顧到每一學校及縣市輔導計畫輔導團。

五十、教育部設置之諮詢顧問以及省市、縣市輔導計畫輔導團，均扮演「督導」之角色功能，兩者之間如何搭配協調運作？（二十期）

答：在國內，輔導工作之推動並無正式之「督導制度」，本計畫教育部（中央）之諮詢顧問，以及省市、縣市（地方）輔導計畫輔導團，均僅止於補救性的「權宜」措施。省市、縣市輔導計畫輔導團係由轄區內的輔導專業人員組成，以輔導訪視轄區內專案輔導活動承辦學校為主，協助接案教師解決輔導技術問題，並以分區承辦個案研討會方式，提昇接案教師輔導技能。輔導團團員可當作各校接案老師的「督導」。部設諮詢顧問則又為各地方輔導計畫輔導團之「督導」，以學者專家之立場，協助（督導）各地「督導制度」的執行。

為使兩個層級之「督導」能夠銜接配合，縣市輔導計畫輔導團團員以輔導訪視朝陽方案續辦學校及璞玉專案學校為主，部設諮詢顧問則以輔導訪視朝陽方案新增辦學校及輔導計畫輔導團為主，一為「督導」，一為「督導的督導」，有層級上的劃分。又為規劃整體輔導訪視事宜，教育部分區舉行之諮詢顧問會議，邀請所轄輔導計畫輔導團副團長（彙辦學校國中校長）共同參與，討論完整之輔導訪視行程，並協助聯絡事宜，避免干擾受訪學校太大。

五一、是否由本計畫委託的專案研究均要舉行公開的論文發表會？理由何在？（二十一期）

答：依據教育部訓委會推動本計畫的設計，凡是由本計畫經費委託進行的專案研究，其報告完成後均要舉行一次公開的論文發表會，主要理由有三：㈠檢核：對於整個專案研究的設計、過程、結果做一番檢討，並查對與原先委託目的的符合程度。㈡宣導：多數的專案研究均為研究人員嘔心之作，其發現與推論往往是學術的精華或行政措施的基礎，有必要公開讓更多的人瞭解。㈢發展：本計畫委託之專案研究，多數係基於行政規劃上之需要，因此在研究報告完成之後，當急之務即如何使研究的發現進一步作為調整行政措施動力，需要再後續研究？抑或需要發展成具體的行動策略？

唯簡易的、資料蒐集式的小型專案研究，公開發表討論較乏價值者，經簽奉核可後，亦可免公開發表程序。

五二、八十二年度專案研究論文發表及成果展示會中曾提供「專案研究報告論文索贈服務」，為何祇限定每人最多三冊？對於關心輔導研究人員是否造成不便？（二十一期）

答：我們提供索贈服務，即代表行政單位願意將研究成果與大家分享，並欲藉助這些專案研究成果的流傳，增益計畫功能。我們之所以有數量上之限制，在於我們希望索贈人員真的能夠充分運用我們的報告，不要索取過多的冊數而閒置不用。我們也答應提供後續服務，成果展示過後，讀者若有需要，仍可繼續索贈，直至該份報告送完為止。

五三、訓委會每年編印本計畫上一年度的「成果專輯」，其主要目的與設計理念為何？（二十一期）

答：訓委會編印成果專輯的主要目的在匯集輔導計畫的具體成果，作為調整發展各項計畫工作之基礎。我們認為本計畫之工作項目十分龐巨，但又是一個整體設計的計畫性工作，有必要逐年檢討，逐步調整策進，而編印成果專輯，如果費心進行，正可以收到統整匯集、策進發展之目的。訓委會編印此專輯的設計理念有四：㈠計畫結構與分項活動兼籌並顧。㈡計畫原理與具體執行數據同時扼要呈現。㈢附陳整個年度之執行工作紀要，將推動本計畫的重要里程留下痕跡。㈣附錄年度執行本計畫有功人員名錄，將對本計畫工作有貢獻人士留存於具體輔導史料。

就兩年來已編印的兩本成果專輯來看，頗能展現原有目的與設計理念，對於輔導行政工作同仁，可據以當作推動各項計畫工作的指針；對於列名有功人員，無不當作寶貴珍藏文物；對於國內輔導工作而言，也將是一本重要的輔導發展史冊。

五四、測驗是輔導上的重要工具，自著作權法修正公布之後，國外引進之測驗多數面臨版權問題，八十三年六月以後，國內即將形成無測驗可用情形，教育部有何因應對策？（二十二期）

答：因應此一問題，教育部訓育委員會已有數項具體措施：㈠已簽奉郭部長核准，協商台灣師大附設成立「心理與教育測驗研究發展中心」，近期內以整理國內目前已發展之測驗，暨代表國家協助與國外廠商進行測驗著作權談判為主要工作；長期而言，則有計畫地開發推廣測驗，並管制測驗使用，累積測驗資料。㈡針對現有之測驗，逐一查證，其確無版權問題者，彙集成冊，編輯「各級學校可用測驗使用手冊」在八十三年五月間提供各級學校參考。㈢針對博碩士論文中未具標準化的量表，逐一檢核，其無版權問題且值得發展成正式測驗者，協商原作者進行必要的「標準化」程序後，亦將此類測驗收錄於「各級學校可用測驗使用手冊」。

五五、生涯輔導及適應困難學生之親職教育，各校均可申請補助辦理，唯經教育部審查之後，往往補助額度與原送實施計畫差距甚大，原因何在？（二十二期）

答：各校生涯輔導活動及適應困難學生親職教育活動之申請與補助，係依據兩項「補助實施要點」辦理，申請之學校必須掌握數項關鍵點：㈠生涯輔導活動係全額補助，但每案補助總額不得超過十萬元；適應困難學生之親職教育活動是部分補助（以總經費之 40% － 70% 為原則），最高補助總額不得超過五十萬元。㈡各項活動經費編配之標準，必須符合教育部現行可接受額度。㈢申請補助的活動，應與輔導室年度經常性辦理之活動有所區別。

因各校申請補助之實施計畫，未必能充分掌握前述各項關鍵點，教育部審查作業為求公平合理，與貫徹原有補助精神，除了審慎進行初審、複審工作而外，初審作業時更補強下列程序：㈠過濾經常性業務與可申請補助活動，祇針對補助要點規範之活動給予審查。㈡依據教育部之經費編配標準，重新核算擬予補助活動之所需經費。㈣再依據補助要點規定原則，生涯輔導最高補助十萬元，親職教育活動以所需經費之 70% 換算為擬補助經費。

教育部訓委會希望擬申請補助之學校，能詳讀兩項補助實施要點，掌握關鍵，詳實提送實施計畫，避免原始設計與被審查認可之間的差距。教育部訓委會亦希望透過此兩項補助活動的實施，使各校輔導活動能更為精緻地蓬勃發展。

五六、縣市輔導網路的規劃建立為本年度計畫工作重點之一，究竟本項業務之實際工作為何？（二十三期）

答：輔導網路之建立主要目的在有效結合學校及其他社會輔導資源，達成運作全體的輔導資源來為全體的國民從事各項輔導工作服務之目的。網路採用三種工具——電腦、電話、及手冊，來整合輔導人員得到最大的服務績效。本會李志偉先生漫談輔導網路一文可供大家參考。

建立輔導網路之實際工作可分四階段進行：㈠蒐集地區輔導資源資料，並予編印成冊。㈡將地區輔導資源（手冊）資料轉化成電腦軟體或電話語音系統。㈢建立地區及全國性電腦通用之輔導資料系統，包括人力、設施、資料、活動、測驗、個案等次級系統。㈣適時更新系統資料。

五七、輔導計畫推動以來，不少大專院校輔導人員認為各項專案輔導工作均以中小學學生為對象規劃，是否有所偏頗？（二十三期）

答：依據原計畫之設計有三點考量：㈠青少年問題集中在中學階段。㈡中小學專案輔導工作之策動，必須全面提昇中小學教師輔導知能，而欲提昇中小學教師輔導知能，必須大專院校專業輔導人力積極投入協助。㈢大專院校自主性較濃，宜以鼓勵性措施替代專案輔導工作。事實上大專院校亦透過輔導計畫辦理攜手計畫、大專導師輔導知能研習、及協助進行各項專案研究、支援中小學教師輔導知能研習講座，中高階專業輔導人力均十分忙碌，並無所謂偏頗情形。

最近教育部訓委會為將整個輔導工作落實到大專學生身上，正式公布「大專院校主題輔導週設計暨巡迴展覽實施要點」，補助學校規劃較為理想的各類主題輔導週活動，除本校實施外亦巡迴分享鄰近學校，結合輔導人力，活絡學校輔導氣氛。並訂頒「教育部設置大專院校輔導工作協調諮詢委員會實施要點」，以配合輔導計畫之運作，強化大專院校輔導功能。

五八、輔導計畫中各項專案輔導活動多實施於國中，此與目前台北市國小推動的認輔制度有何不同？將來的發展趨勢如何？（二十三期）

答：各項專案輔導活動（如璞玉、朝陽、攜手、春暉）之所以集中在國中階段，乃肇因於輔導計畫的主要任務——紓解青少年問題的嚴重程度，而青少年問題集中在國中階段。這些專案輔導活動與北市國小認輔制度主要的不同有三：㈠對象上：專案輔導活動皆有其明確的特定對象（例如璞玉→未升學未就業學生，朝陽→犯罪返校就學學生），而認輔制度並無特定明確對象，通指校內行為偏差或適應困難學生。㈡方法上：專案輔導活動因經過專案設計，其輔導方法較為固定（例如璞玉→追蹤輔導、生涯輔導，朝陽→個別輔導、團體輔導、成長營活動），認輔制度則無提列固定的輔導方法，以教師和個案的互動（個別輔導）為主。㈢津貼上：專案輔導活動中的璞玉、朝陽因其輔導對象複雜，難度較高，酌發津貼以協助輔導教師事務性支出。認輔制度則無任何津貼之發放。

目前台北市認輔制度之實施漸具成效，而璞玉、朝陽輔導津貼及對象具有標記之爭議下，今後之發展將有以各級學校認輔制度之實施，以整合專案輔導活動之趨勢。亦即各級學校之教師（含導師、科任教師、行政人員）普遍認輔學生（例如導師至少一位，科任、行政人員一至二位），而以原來朝陽、璞玉、春暉、攜手之輔導對象優先認輔。

五九、大學法修正公佈之後，輔導人員對於大學學生輔導中心之發展頗為關切，教育部有何因應之道？（二十四期）

答：大學法修正案原準備將「訓導處」改為「輔導處」，筆者一向認為，如若「訓導處」順利改成「輔導處」，乃「訓育原理輔導化」之具體指標，在整個教育史上的發展，是輔導工作的重要里程碑。無奈臨門一腳，「訓導處」修正為「學生事務處」，由「學生事務處」來辦理各項輔導工作，「學生輔導中心」之名詞在大學法中隻字未提，頓失法源基礎，令學生輔導中心之發展更處於不利之角色地位

教育部目前正積極修訂「大學法施行細則」中，鄭常委已多次召集訓委會人員會商，並邀集各大學訓導長、學生輔導中心主任徵詢意見，將配合高教司作業，在大學法施行細則中大要規範「學生輔導中心」之存在與必要之人員編配，再協商各大學於各校組織規程中具體規定。目前初步共識為：㈠「學生輔導中心」名稱有其傳統意義，不作改變。㈡學生輔導中心兼具「行政」及「研究」功能，其員額編制，除「主任」為教師兼任外，希有「輔導專業研究人員」、「輔導員」、「社會工作員」、「組員」等人員。㈢於大學法施行細則中，併同「學生事務處條」或併同「各研究中心條」明確規定各大學「得設」學生輔導中心。

筆者認為，大學法修正公佈之後，今後大學自主彈性增加，學生輔導中心的明確地位，除了由教育部給予「提示」、「參考」之外，無法以具體的法令規範，有賴各學校輔導專業人員自行爭取，以年來的輔導績效印證學生輔導中心的重要性，以輔導人員自身的專業素養增進學校教師對我們的尊重與重視。

六十、配合輔導計畫辦理的各項研習活動繁多，是否有進一步裁併之必要？（二十四期）

答：配合輔導計畫策動的教師輔導知能研習活動係一系統性之設計，分為一般教師與專案輔導活動教師兩類。一般教師包括「基礎輔導知能研習」、「輔導學分班」、及「主題輔導工作坊」三種研習活動，「基礎輔導知能」三天為原則，提供教師們基本的輔導原理、觀念，培養教師們能夠用輔導的態度對待學生，是一種「引進門」之基礎設計，依據計畫，三年中希望未具輔導專業背景之中小學教師均能參加乙次。「輔導學分班」提供半專業的輔導課程，「主題輔導工作坊」提供實用性的輔導技巧，均屬自願性質。

至於接專案輔導（如璞玉、朝陽）之教師，計畫中因應專案輔導之需要，而辦朝陽方案個別輔導教師研習、朝陽方案團體輔導教師研習、璞玉專案輔導教師說明會等等，均限於接案之教師，且為必要之研習活動，參加過研習始得接案或帶團輔。

大專院校部分以導師輔導知能研習為主，分為一般性課程班及進階性課程班，均以兩天半至三天規劃，「一般性課程班」類似於中小學教師之「基礎輔導知能研習」，惟以大專學生特質及大專教師背景設計。「進階性課程班」則採主題工作坊方式進行，以三天完成，目前推展的主題包括生涯輔導、教師身心壓力與調適、人際關係、精神疾病預防、性教育等，均十分受到研習教師們之歡迎。無論是一般性課程班或進階性課程班均由各校教師自由報名，由學校推薦，尤其是進階班目前已供不應求，申請參加研習之大專教師為研習規劃容量之六倍。訓委會計畫於八十四年度起更加廣泛地辦理。

六一、生涯輔導已逐漸成為學校輔導工作之主流，輔導計畫中如

何透過行政運作加強策動生涯輔導工作？（二十五期）

答：學校輔導工作之範圍包括四大層面——心理輔導、生活輔導、學習輔導、及生涯輔導。由於生涯輔導屬預防性的輔導措施，如生涯輔導做得好，亦可相對的減少心理輔導、生活輔導、學習輔導三方面的工作，因此逐漸成為學校輔導工作之主流。

依據本計畫之設計，在推動生涯輔導方面，有下列具體的做法：㈠透過專案研究，逐一找出各級學校最可行的生涯輔導工作要項。（目前多已完成）㈡依據研究結果，訂定各級學校生涯輔導實施要項。（提示各級學校可行而具體的做法，目前國中階段已完成，其他各級學校階段正進行草擬中）。㈢訂頒「教育部輔助各級學校暨社輔機構辦理生涯輔導活動實施要點」，補助學校及社輔單位積極倡導生涯輔導。（目前已有超過一百個單位接受補助）。㈣鼓勵大專院校規劃較為理想的「生涯輔導週」活動，除在原校辦理外，並巡迴鄰近學校，活絡生涯輔導氣氛。

六二、「推展認輔制度，整合專案輔導活動」，經上期本刊批露之後，學校輔導同仁競相詢問，整合之內涵究竟為何？是否會相對地產生負面效果？（二十五期）

答：本案經提送縣市教育局長、省市教育廳局科長層級之會議，以及本計畫諮詢顧問討論結果，獲致普遍支持，可能的整合原則如次：㈠認輔制度的實施，以朝陽方案、璞玉專案、春暉專案之對象為優先。㈡原有專案輔導活動名稱暫時保留，與認輔制度並行，並可重疊。㈢專案輔導活動原支給輔導教師之津貼不再支給個人，由教育部、廳、局統籌運用，並以設計提供認輔教師輔導資源為主。例如軟體資料媒體的贈閱，與輔導專業知能研習之機會。㈣原有本計畫諮詢顧問，以及省市、縣市輔導計畫輔導團團員，扮演認輔教師專業督導之角色，透過個案研討會及實際到校輔導訪視之執行，協助認輔教師提昇輔導專業素養。

前述之原則乃初步之雛形，實際上之具體作法尚待訓育委員會擬訂「各級學校教師認輔制度實施要點」，並經審議、討論、修正，奉核定後頒布執行。

六三、輔導計畫即將進入第四年（八十四年度），八十四年度之計畫重點工作為何？（二十六期）

答：輔導計畫依據原先之設計，本身具有階段性，整體計畫前後六年，每兩年一個階段，第四年（八十四年度）應為第二階段之結束年，然而由於整體計畫受到經費縮編及人力不足之影響，第三年（八十三年度）並未能順利地由第一階段轉到第二階段，整個計畫之執行已落後一年左右，因此，第四年（八十四年度）之計畫重點工作如下：

㈠彙整各項專案研究結果，著手規畫逐步調整輔導體制：本計畫第一年、第二年之專案研究接近一百案，目前相繼完成，其研究結果乃修訂相關法規，調整員額編制，爭取輔導活動經費，建立輔導專業證照，編印各層級輔導工作手冊之主要依據。訓委會將依據需要，籌組有關工作小組，逐一檢核研究報告成果，據以調整建立合理輔導體制。

㈡建立地方督導權責，落實各項重點輔導工作：本計畫推動之各項工作係屬計畫性工作，與各級學校經常性輔導工作不同，經常性輔導工作乃學校運用本身之年度經費，每年均須推動辦理之工作，計畫性工作乃本計畫特別強調，由專案經費支援辦理之重點工作。例如：璞玉專案、朝陽方案之輔導對象具有特殊性，由本計畫專案經費支援各校執行，為計畫性工作。

本計畫之各計畫性重點工作，如教師基礎輔導知能研習、輔導網路、璞玉專案、朝陽方案、生涯輔導等工作，均須省市、縣市政府督導執行，第四年（八十四年度），將加強省市、縣市教育廳局「輔導工作執行小組」及「輔導計畫輔導團」之運作與權責，賦予經費，確實督導所屬學校落實各項重點工作。

㈢全力推動生涯輔導、認輔制度、輔導網路、教師輔導知能研習、補助輔導室諮商室設施等五項重點工作：本計畫原包括十八大項一〇二項重要工作項目，檢討三年來實際執行結果，確有必要進一步裁併相關細項，突顯重點工作，八十四年度起，將以前述五項最優先辦理。

六四、國民中小學中輟學生之輔導，已逐漸成為教育界人士關注之焦點，教育部之因應措施為何？（二十六期）

答：輔導國民中小學中輟學生返校復學，乃追求教育機會均等國民教育精神之實現，國家之整體社會經濟水準日益提升，中輟學生之輔導愈受到關切，實為正常而合理之發展。

教育部訓委會配合輔導計畫工作之推動，針對中輟學生之輔導已有下列措施之規劃與執行：㈠訂頒「國民中小學中途輟學學生通報要點」，督責縣市政府及國民中小學通報中輟學生，有效掌握中輟學生動態。㈡發展省市、縣市中輟學生資訊管理系統，透過電腦適時管理、分析中輟學生資料，有效督責各校重視中輟學生之輔導復學。㈢配合輔導網路及認輔制度之建立與運作，整合社會輔導資源，協尋中輟學生及相關輔導工作。㈣編印「中輟學生返校復學後輔導工作手冊」，發送各國民中小學輔導人員參考，加強中輟學生返校後之各項輔導措施，俾能留住學生，減少再度中輟。

六五、國小教師輔導學分班去年開辦之際，許多教師申請進修，其中又以一般主任為最多，他們主要目的在於取得轉任輔導室主任之資格，最近教育部準備取消輔導室主任應修輔導學分之規定，是否會影響教師們進修之意願？（二十七期）

答：依據輔導計畫之本意，輔導學分班之開設，並非為一般主任取得輔導室主任之資格而設，輔導學分班之主要對象為一般教師，教育部希望中小學教師中有更多比例的人修習輔導學分，對於校長或主任們申請進修制度上並無優待。以前較多的主任申請，代表兩層意義：㈠主任們較熱衷於進修，並且體會到輔導知能的重要：㈡主任們平均年資高於一般教師，有較優先錄取之機會。

因此，教育部取消輔導室主任應修輔導學分之規定後，應不至於影響及申請進修的總數。教育部為了鼓勵教師進修輔導知能，從八十二學年度夜間班開始，輔導學分班之進修完全免費，我們希望在一般教師普遍具備輔導專業知能之後，校園之整體氣氛能夠更加祥和，對於青少年學生行為之導正有更具體的示範作用，乃輔導工作之根本。

六六、校園學生自我傷害的情形，頗受各界人士關切，教育部因應此一問題，具體之措施為何？（二十七期）

答：教育部對於學生自我傷害問題之處理，已持續進行三、四年，教育部委託台大心理系教授吳英璋主持進行「校園自我傷害防制處理專案研究」，選擇台北地區四至六個學校進行實驗研究，近期內將逐步規劃下列具體措施：㈠編印「校園自我傷害防制處理手冊」，約在七月間可發送至各級學校，提供教師們參考。㈡編訂「高危險徵兆行為檢核表」，讓老師們得以透過檢核表之協助，早日發現具有自我傷害傾向學生，及早輔導或轉介。㈢逐步訓練輔導人員具備處理自我傷害學生輔導知能。㈣以縣市為單位，配合輔導網路之運作，籌組「危機處理小組」，由受訓過之專業輔導人員組成，有效支援鄰近學校自我傷害學生之輔導。

六七、「認輔制度」系整合專案輔導活動之有效途徑，何以八十四年度採用試辦方式辦理，而未全面實施？（二十八期）

答：「教育部試辦認輔制度實施要點」業奉核定函頒執行，實施要點中已明列學校及認輔教師執行事項，經多次諮詢會議討論結果，「認輔制度」在各級學校普遍推展之後，將能有效地整合專案輔導工作，使專業的輔導服務單純化，回復原來正軌發展。八十四年度之所以採取「試辦」措施，係採納接受諮詢委員們之建議。

諮詢委員多數亦為本計畫諮詢顧問，因必須到朝陽方案、璞玉專案等專案輔導工作學校輔導訪視，對於本計畫專案輔導工作之推展情形，至為熟悉，基於三大理由，後續之輔導措施宜採逐步調整為宜：㈠朝陽方案及璞玉專案已有具體成效，適應困難學生經輔導之後，行為之改善頗為明顯，其中輔導教師額外輔導津貼之發給，額度不大，工作負擔與待遇雖無法平衡，然而「賦予輔導教師責任」之象徵意義，乃輔導績效之最重要因素，非有必要，不宜輕易停發。㈡萬一認輔制度無法順利取代朝陽方案、璞玉專案時，則認輔制度未能成功，原有之專案輔導工作亦已停辦，輔導計畫的整體績效將更形空洞。㈢協調有意願的縣市或學校先行試辦，將有助於集中輔導，發展較為理想優良認輔制度模式，作為逐步擴大辦理的示範模式。

六八、建立縣市輔導網路已列為八十四年度重點工作，其具體工作項目為何？（二十八期）

答：輔導網「路」（吳英璋老師主張稱為輔導網「絡」）的概念約可分為四個層次——理念、系統、運用、操作，每個層次均有不同的意涵。理念層次主張結合輔導整體的社會資源，策動人心，鼓勵投效輔導工作，並化為具體行動。（適合使用網「絡」）；系統層次主張建構輔導有關的有形系統資料庫，例如電腦資訊系統、電話語音系統、及輔導網路手冊等。（電腦上慣稱網「路」）；運用層次則主張如何有效運作網路系統資料，實質支援輔導專業服務或資訊、諮詢服務。（以網「絡」之概念運用各種網「路」）；操作層次則僅指電腦系統、電話語音系統的操弄技能。（較宜使用網「路」）

折衷輔導網路的四個層次，縣市政府擬建立輔導網路之有效步驟應為，先建立可用資料系統，再運用理念宣導，喚起輔導人員操作使用，並鼓舞熱心參與。因此，八十四年度教育部規劃之縣市輔導網路具體措施有六項：

㈠選定縣市輔導網路中心學校，設置縣市輔導網路資訊中心。

㈡依據部訂系統模式，建立縣市輔導資訊系統。

㈢編印縣市輔導網路手冊，並分送所屬學校及社輔單位。

㈣分區辦理輔導網路宣導活動。

㈤運用網路系統，通報、管制中小學中途輟學學生資料。

㈥定期試測縣市輔導網路運作功能。

六九、北一女兩位資優生自殺事件，給我們的啟示是什麼？教育行政單位如何應對？（二十九期）

答：筆者對於北一女兩位資優生自殺事件十分痛心，尤其本身的職責即負責推動輔導工作。此一事件給我們三點啟示：⑴需要輔導的對象已不祇是適應困難的學生或行為偏差的學生，一般學生甚至資優學生也需要輔導。⑵今後輔導工作已成為教育的核心工作，此一事件提醒國人，教育不祇是知識的傳遞，輔導其成長發展更為重要。⑶加強人文教育的實施愈見殷切。如果能在青少年接受教育的過程裡，加強陶冶其人文素養，使之具備有較為寬廣的胸懷，對於師長與親友給予的關愛懷有感恩之心，對於國家社會具有善盡社會責任之氣度，能夠以自己的優秀卓越，協助不如自己的同伴，一起成長，生命自然有意義，生活到處充滿著價值感，輕生厭世的現象可降至最低。

行政單位的責任在調整各項措施，為全國同胞謀求最大的幸福，單一的事件不一定就要讓行政當局大動干戈，作過度敏感的處置。然而在此一事件之後，統整考量整體的教育措施，適度增加輔導經費的投資，全面提升各級學校教師輔導知能，以及如何加強人文課程與輔導方法的結合，確有必要。

七十、「認輔制度」逐步整合「專案輔導活動」之後，原有之朝陽方案、璞玉專案個別輔導教師津貼如何使用？（二十九期）

答：朝陽方案及璞玉專案發給個別輔導教師之津貼十分微薄，朝陽方案每月五〇〇元，璞玉專案每月二五〇元，責任賦予的意義大於工作辛勞的報酬。「認輔制度」的設計將這些節省下來的經費，用於提供這些參與認輔教師們專業成長層面的投資，與精神層面的鼓勵。依據認輔制度的精神，參與認輔的教師，必須接受為期一週的輔導知能專業研習，每學期必須接受本部諮詢顧問或縣市輔導計畫輔導團團員專業督導兩次，教育行政機關出版的輔導期刊及輔導叢書直接寄贈給參與認輔教師個人，使之能充分掌握輔導資訊，專業修養同步成長。成功的認輔事蹟將刊登「認輔之光」予以宣傳表揚，有功人員經過推荐甄選後每年定期公開頒獎表揚。

我們認為，專案輔導活動的辦理——例如朝陽方案及璞玉專案，已經為學校老師如何進一步輔導適應困難及行為偏差學生建立一初步可行方法，「認輔制度」再進一步予以整合，並結合「督導制度」的規劃，今後學校輔導工作，尤其在「個別輔導」方面將更形落實。

七一、教育部推出「認輔制度」並進行試辦之後，已引起輔導同仁普遍關切，其主要精神與具體做法為何？又與目前台北市原有的認輔制度有何不同？（三十期）

答：「認輔制度」的主要精神有二：⑴導引中小學教師，運用認輔學生的方法，落實學校輔導工作。⑵逐步整合當前四大專案（璞玉、朝陽、攜手、春暉）輔導活動，使之成為較單一簡便的經常性輔導工作。

因此，我們在實施要點裡已明確地規範試辦學校的具體工作以及參與認輔教師的工作任務，學校輔導室的工作重點在於接受認輔學生的遴選與認輔教師的編配，並結合督導措施，協助認輔教師專業成長。認輔教師則實際執行：晤談認輔學生、電話關懷認輔學生、實施家庭訪問等具體輔導工作。

就教育部試辦認輔制度實施要點觀之，其與目前台北市原已進行之認輔措施不同點有四：(1)參加認輔之教師不分級任、科任或行政人員，以具有愛心及輔導專業知能者優先。(2)認輔之學生對象界定為適應困難學生及行為偏差學生，並以朝陽方案、璞玉專案之對象為優先認輔對象。(3)對於參加認輔之教師，規劃專業督導措施以提昇其輔導品質。(4)對於參加認輔之教師提供各項輔導資訊服務，以確保認輔教師輔導觀念符合社會脈動。

七二、「生涯輔導」已逐漸成為學校輔導工作的主流，主要原因何在？又其具體做法如何？（三十期）

答：「生涯輔導」逐漸成為學校輔導工作之主流，主要原因有三：(1)生涯輔導為預防性、發展性之輔導工作，有別於生活輔導、學習輔導、心理輔導等治療性、補救性之輔導工作，預防勝於治療。(2)生涯輔導做得好，學生之生活困擾、學習困擾、以及心理困擾能相對地減少。(3)輔導係教育的一環，而生涯輔導內涵較接近教育的本義。

推動生涯輔導之原則有三：(1)與學生生活結合，(2)提供多元資訊，(3)順應學生性向發展。因此，以國中為例，生涯輔導的具體做法至少有下列幾項：(1)透過測驗及五育成績表現，輔導學生了解自己的興趣、能力、價值觀等。(2)運用看板或團體活動，提供各種升學、就業的資訊，作為學生選擇與準備的基礎。(3)運用學生熱衷之學藝競賽活動，增進學生生涯探索與生涯規劃之知能。(4)籌劃「生涯輔導週」系列活動，導引全校師生重視學生生涯發展。(5)落實執行技藝教育方案，提供學業成績不佳學生另一發展空間。(6)進行生涯輔導小團輔，針對特殊需要學生提供進一步之協助。

七三、本計畫消極功能在紓解青少年問題行為的嚴重程度，積極功能在逐步建立全面輔導體制，在建立輔導體制方面有那些具體的做法？（三十一期）

答：本計畫對於輔導工作之推動，係一整體的設計。概略可分為因應性措施，以及發展性措施。因應性措施即針對紓解青少年問題行為嚴重程度所提出，包括朝陽方案、璞玉專案、攜手計畫、春暉專案等。發展性措施即為建立全面輔導體制所推動的紮根性工作及邁向法治規範的必要措施。發展性措施因其績效不容易彰顯，引起關注的程度亦相對較低。

在建立全面輔導體制方面，本計畫有下列五項具體做法：(1)全面辦理教師輔導知能研習，得使各級學校教師能以輔導的觀念、態度對待學生。(2)充實學校輔導室、諮商室設施，改善學生物理環境。(3)建立輔導網路，結合社會資源發展輔導工作。(4)策動學校生涯輔導，以預防性的輔導工作來減低補救性的輔導工作。(5)擬訂「輔導法」，以輔導法來劃分輔導專業層級及專業證照，以輔導法來規範學校及社輔單位輔導員額編制，以輔導法來確保輔導經費來源，以輔導法來規範輔導人員工作權責與專業倫理。

「輔導法」的形成，必須要基本條件的配合，因此，前述前四項措施格外重要，是建立輔導體制的前階步驟，扮演豐厚輔導基礎及爭取各界人士認同輔導的功能，輔導法正式施行後，輔導體制方能確立。

七四、本計畫全程六年，目前已進入第四年，亦即計畫已執行過半，目前在實際措施上是否與原計畫有所不同？那些是重要關鍵？（三十一期）

答：就計畫之整體而言，目前的實際措施並未改變原有的計畫內涵，僅有少數計畫項目裁併暫緩執行，例如：設置輔導研習中心計畫、充實輔導活動經費計畫、及設置青少年輔導中心計畫三項，暫緩執行。

前述暫緩執行之工作並未影響整體計畫之推動，其所以緩辦，主要緣由有三：⑴經費，四年來政府實際編列於本計畫之經費，約僅原有的三分之一，理論上僅能執行原計畫三分之一之工作。⑵理念，例如，學校輔導經費的編配與專款專用係原計畫之目標，隨著零基預算理念與授予首長彈性使用經費之權限增加，輔導經費專款專用的企圖於是配合調整。⑶整合環境不足，本計畫原本思欲整合輔導工作的三大層面——家庭、學校、社會，唯實際推動以來，輔導中高層人力及政府單位權責之劃分尚有不足現象，有待補強後再予進行。

七五、最近校園暴力頻傳、青少年飆車肇事事件，均引起社會波

瀾，部分人士質疑輔導工作六年計畫之成效，究竟本計畫有否績效？（三十二期）

答：我們對於本計畫之績效仍持肯定的看法，從基層實務工作者的反映，大家較為一致的看法是：如果沒有本計畫的積極策動或許今天我們看到的校園暴力事件將遠比現在嚴重。

另一個具體而明顯的數據是，近兩三年來青少年犯罪上升的速率，仍然比成年人犯罪上升的速率為低，此一數據說明了兩種具體的事實：⑴青少年犯罪之所以嚴重係成年人犯罪所帶動，因為成年人本即青少年生活及行為指標楷模。⑵近幾年政府對於教育輔導工作的投入是有效的，至少讓青少年的犯罪成長速率壓低到成年人犯罪成長速率之下。

七六、校園暴力問題已引起各界人士普遍關注，教育部的因應措施為何？（三十二期）

答：校園暴力問題係學生偏差行為較為嚴重的一種，在教育部輔導工作六年計畫中本已列為重點工作在處理，這些工作包括因應性措施如璞玉專案、朝陽方案、攜手計畫、春暉專案之執行。發展性措施如全面辦理教師輔導知能研習、輔導網路之規劃建立，以及學校生涯輔導的策動等。

我們認為近期內的數起校園暴力事件乃學生偏差行為較嚴重個案的呈現，唯教育部亦已針對此一問題召開諮詢會議，針對高危險群（暴力傾向）學生研議更為具體明確之對策。如有必要，將在近期內頒布「高危險群（暴力傾向）學生輔導方案」，提供教育行政機關及各級學校可行的參考做法。這些具體的措施除繼續加強原本輔導計畫相關重點工作之外，將增加下列數項重點工作：

⑴製播暴力傾向預防措施宣導媒體，喚醒各級學校師生共同關注，預防偏差行為之蔓延。

⑵發展「高危險群（暴力傾向）學生甄別量表」，協助教師有效甄別偏差行為學生，早日預防及輔導。

⑶編印「高危險群（暴力傾向）學生預防及輔導手冊」，提供學校教師簡易預防偏差行為學生暴力侵犯與輔導方法。

⑷編印「校園偏差行為與法律責任手冊」，明確劃分偏差行為標準，提供各級學校教師及學生遵循依據。

⑸輔導暴力傾向學生參與社會服務，喚醒學生感恩及回饋社會意識，減少偏差傾向發展。

⑹落實執行「認輔制度」，鼓勵教師自願認輔適應困難及行為偏差學生，闡揚教師大愛，協助學生成長與發展。

七七、省市、縣市輔導計畫輔導團團員所扮演之角色為「專業督導」，而非「行政督導」，究竟輔導的專業督導與行政督導主要區別在那裡？（三十三期）

答：「專業督導」是在協助接案教師輔導知識技能的提升，「行政督導」是在考評整體輔導工作是否規劃完整，績效顯著。

省市、縣市輔導計畫輔導團透過輔導訪視，瞭解接案教師困難，協助其運用專業知能予以解決，並策劃領導分區個案研討會，帶領接案教師分析各類型適應困難學生及有效輔導措施，由經驗交流中不斷提升接案教師專業知能。

行政督導由行政機關負責籌組「督考小組」進行，行政督導之主要重點在學校的輔導工作是否落實執行，教育部已頒布「輔導計畫督導業務實施要點」，規範省市、縣市教育廳局按年度對所屬學校配合執行輔導計畫情形進行督考，督考的主要層面包括組織運作、專案活動、人才培育、生涯輔導、輔導網路、設施運作等重要事項。

因此，專業督導主要的協助對象是「人」，而行政督導主要的協助對象是「事」。接案教師不斷提升其輔導專業素質，係專業督導的目的，輔導工作在各校落實執行，績效彰顯，則為行政督導的目的。

七八、青少年文化與心態指標之建立，有助於規劃確當之輔導措施，如何建立青少年文化與心態指標？（三十三期）

答：青少年文化與心態指標之建立，可以具體反映青少年思想與價值取向，為規劃輔導措施之基礎，訓育委員會在鄭常委石岩之領導下已籌備多時，目前準備委請高雄師大輔導研究所逐步完成此艱鉅之任務。

依據訓委會與高雄師大輔研所洽商結果，青少年文化與心態指標將分為兩大類，一為長期性指標，另一為時事性指標。長期性指標以青少年生活為核心，歸納出青少年文化生活主要層面架構，再以此一架構之大項與細項，逐一調查建立指標，並以兩三年區隔，適時檢驗指標之變化。由此可以觀察青少年基本想法之轉變。時事性指標則針對當前青少年問題，例如飆車肇事、校園暴力、自我傷害、校園安全等，以簡易的調查，探索青少年的想法。長期性指標及時事性指標均透過輔導專業期刊適時公布，提供各界人士瞭解，並作為主管機關規劃輔導措施之依據。

青少年文化與心態指標之建立，本身不是目的，有效輔導措施之規劃才是其最終目的。

七九、中小學教師主題輔導工作坊及大專院校教師進階輔導知能研習深受好評，「僧多粥少」現象已十分普遍，教育部為何不集中火力，廣為推展？（三十四期）

答：此一現象十分可喜，明顯代表兩層積極之意義：⑴「輔導」是一種「專業助人」的服務，已受到學術界的具體肯定，學術界其他領域的學者已經願意接觸「輔導」。⑵「輔導」已逐漸發展成教育的核心工作，幾乎是各層級學校教師共同必備的「基礎修養」。

教育部將持續推展，早日促成整體教育體質之改善，然亦限於下列因素尚難大幅擴充辦理：⑴國內高階輔導人力十分有限，在大部分優秀人士已經「滿檔」情況下，為維護研習品質，僅能採取漸進式之擴充。⑵本案之經費均使用「輔導工作六年計畫」之經費，整體計畫之執行須全盤考量，在有限的年度經費預算之下，「培育輔導人才」經費之比例亦已達到高限，實難再予突破。

八十、「新新人類」已成為普遍流行的前衛青少年代名詞，究其真義為何？如何實施新新人類輔導？（三十四期）

答：「新新人類」一詞來自開喜烏龍茶的廣告，根據筆者接觸廣告創作者「葉兩傳」先生的瞭解，葉先生提出「新新人類」之訴求，乃沿襲日本所謂的「新人類」，再往上加個「新」字而成，目前日本人上上下下流行所謂「新人類」，以代表其與「傳統的人類」有所區別，「傳統的人類」比較保守，生活型態與文化內涵尊重傳統體制者多而創新、變化、自主者少：「新人類」講究以現代的文明眼光看人類生活整體，追求現代科技文明落實於實質生活內涵，造就獨立、自主、創造、有特殊品味的前衛生活方式。因此，在日本所謂「新人類」不僅止於青少年，它縱貫了所有年齡階層，幾乎從少到老都在追求「新人類」的生活。

葉兩傳先生基本上認同追求「新人類」生活，惟葉先生進一步體認，人類從少到老都在追求「新人類生活」目標雖然一致，但「代差」是相當明顯的，每隔十歲，幾乎就有完全不同的實質內涵，能夠順應貫串人類從少到老無數代差的不同需要，又能整合傳統到現代的生活指標者叫「新新人類」。例如開喜烏龍茶，茶本身是中國的典型傳統，但開喜烏龍茶運用現代的包裝與製法（易開罐、速食冷飲），使之順應各階層年齡人口的共同需要，因此，它是新新人類的象徵，新新人類的方向。

依據葉先生之原意，「新新人類」將是人類文化整合的新方向與新指標，它具有崇高深沉的內涵，不祇是前衛青少年的代名詞，從事「新新人類的輔導」下列工作實具體可行，宜優先策動：⑴普遍宣導正確之新新人類意涵，以積極正向之觀念逐步淡化消極負向之標記。⑵蒐集整理各階層年齡組合新新人類具體行為指標，有效引導各階層人口次文化之發展。⑶加強人文主義教育的實施，培養青少年對於社會關懷，願意善盡社會責任，以祥和互助、現代共榮的新人類文明為最高發展目標。⑷就實際輔導措施而言，落實執行「教育部輔導工作六年計畫」各項工作，以及目前策動的「認輔制度」、「公民教育改進方案」等能夠即早全面施實，將有助於此一目標之達到。

八一、國民中小學學生中途輟學情形長期存在，亦是青少年問題焦點之一，其主要原因為何？有效輔導措施又為何？（三十五期）

答：近十年來我國國民中小學中途輟學學生人數大約在五〇〇〇人至一〇〇〇〇人之間，中途輟學學生之大量存在，象徵著國民教育的理想——教育機會均等，尚未完整實現，也是青少年之問題焦點之一，亟待教育行政單位及學校人員予以面對解決。

造成中途輟學學生的原因，主要可以分成個人因素與環境因素，個人因素以身體病弱、拒學厭學、偏差行為為主；環境因素則以破碎家庭、家長趨迫、環境不利為主。其有效的輔導措施有：(1)均衡國內區域社經水準之發展、(2)實施福利國民教育、(3)建立中輟學生資訊管理系統、(4)結合社區資源輔導復學、(5)推展教師認輔復學學生、以及(6)全面增進教師輔導知能等。

八二、輔導計畫長期以來不斷強調提升教師輔導知能，其主要目的與具體做法為何？（三十五期）

答：教師具備基本的輔導知能，能夠以輔導的觀念和態度面對學生，有利於校園祥和氣氛之營造，也為教師提升具體幫助學生解決困難之能力，乃紓解青少年問題之根本工作。

教育部實施「輔導工作六年計畫」，自八十年七月起積極辦理「中小學教師基礎輔導知能研習」、「輔導學分班進修」以及「主題輔導工作坊研習」等工作。

「基礎輔導知能研習」提供三天至六天，十八小時以上之最基本輔導課程，透過研習，讓中小學教師知道，「輔導是什麼」，「輔導的基本原理為何」，引發教師體認輔導的重要性與興趣。迄八十六年止，可達成中小學教師全面接受一梯次十八小時之研習目標。

「輔導學分班」在培育目前中小學教師為半專業輔導人才，也提供邁向專業輔導人員之中階課程，六年輔導計畫執行完竣後，約有百分之五的中小學教師修讀，可大幅提高中小學教師輔導專業素質，有助於「認輔制度」及「輔導網路」之落實運作。

「主題輔導工作坊」主要目的在提供中小學教師習得實用性之輔導技巧，運用工作坊操作型態，針對實用性之輔導主題，設計一週（五天半）之課程內容，鼓勵中小學有意願之教師陸續參加研習，由兼具理論實務輔導學者編撰工作坊手冊並籌組教授群負責主持，四大研習中心辦理種子訓練，省市縣市輔導計畫輔導團團員接受種子訓諫以後返回各縣市負責推廣，迄八十六年輔導計畫執行完竣時將有一萬名教師至少參加一梯次之研習。

八三、主題輔導工作坊主要目的在使中小學教師習得實用性輔導技巧，用意至佳，理應積極普遍推廣，何以進度緩慢，供不應求？（三十六期）

答：教育部規劃主題輔導工作坊作業十分嚴謹，整個工作分成三大階段：㈠研習手冊編撰，㈡種子研習，㈢省市、縣市推廣。目前已有七個主題編撰完成，也逐步辦理種子研習及省市、縣市推廣之中。本項業務之所以未如預期順利，主要原因有四：

㈠部分原手冊編撰之教授，未能預先以五天半工作坊時程設計教材，以致教材實用程度未如預期理想，種子研習及實際縣市推廣時，手冊教材必須重新整理。

㈡種子研習之對象為省市、縣市輔導計畫輔導團團員，而多數團員尚未能把握本案精神，把參加種子研習當作自己輔導專業知能之提升，而非負有上台帶動推廣之任務。

㈢本案實際推廣工作在於省市、縣市本身，部分地區輔導計畫輔導團成員素質較不整齊，搭配教授群後，擔負承辦推廣能力仍感困難。

㈣本案之推動在全省各縣市逐次展開，在地方輔導專業人力普遍不足下，仰賴原有教授群之程度超過預期甚多，以致每一主題原編撰教授群負擔過重，無法大量推廣。

扶植地方中階輔導人力，使之負擔更重要的責任；以及適度擴增各主題教授群組織系統，為各地區提供更有效率之支援服務，乃本案亟須改善的途徑，教育部訓委會已著手策動之中，相信在八十四學年度之後，績效將大為提升，我們希望中小學教師踴躍參與，學習實用性輔導技巧。

八四、「輔導網路系統」已決定規劃為「學術網路」次級系統之一，理由何在？優缺點如何？（三十六期）

答：「輔導網路」規劃為「學術網路」系統之一，為其次級系統，主要之理由在於「推廣」、「實用」、「簡化」。如此設計有三大優點：㈠讓輔導與學術結合，而不是分途發展，有學術網路的地方就可得到輔導資源。㈡增進普遍實用的服務範圍，學術網路已有相當基礎，是輔導專業助人服務可運用的便捷管道。㈢配合簡併資訊系統之發展趨勢，易學好用，而非另立門戶，使一般大眾格格不入。惟如此之設計亦有兩個缺點：㈠網路系統運作速度較慢，進入系統時間較為費時。㈡多數人會祇知「學術網路系統」，而不知裡頭有「輔導網路」可資運用，須另外宣導予以補強。

八五、「教育部輔導工作六年計畫」執行四年將屆，已有逐步緊縮，朝向核心化、精緻化發展趨勢，其具體內涵為何？（三十七期）

答：本計畫執行四年以來，由於核列經費預算的縮編，以及高階輔導人力之不足，確有逐漸緊縮，朝向核心化、精緻化之發展趨勢。整體計畫循著兩個方向發展：因應性措施，以及發展性措施。因應性措施是應急的，主要在推動必要的專案輔導活動，包括朝陽方案、璞玉專案、攜手計畫、春暉專案、認輔制度、自我傷害防制小組等，是治標的工作。發展性措施是紮根的，主要在逐次建立全面輔導體制，包括增進教師輔導知能、策動學校生涯輔導活動，建構輔導網路資訊系統，訂頒輔導法等。是屬於治本的措施。

筆者以為，今後學校輔導工作，將逐次發展成以「認輔制度」、「生涯輔導」為兩大主軸，並運用「輔導網路」系統為主要工具的運作型態模式。

八六、教育部業已成立「兩性教育諮詢小組」，其主要功能與具體工作為何？（三十七期）

答：教育部兩性教育諮詢小組委員十二名，其主要功能有四：㈠宣導正確兩性關係及性教育重要觀念。㈡倡導和諧兩性關係、兩性平權校園文化。㈢協助各級學校實施正確的兩性教育。㈣支援各級學校解決兩性互動衍生之問題。

教育部訓委會已在最近擬妥「兩性教育工作實施計畫」，具體的工作項目有七個：㈠辦理兩性關係系列講座。㈡推動「性教育」主題輔導工作坊。㈢協助高中職辦理兩性教育輔導週活動。㈣製作各級學校需用錄影帶。㈤編印兩性教育精緻實用手冊。㈥舉辦兩性教育學術研討會。㈦編製兩性教育輔助教材教具。（包括與學術或民間單位合作成立兩性教育資料服務站）。

八七、校園暴力已成為當前國人關注之焦點，教育部具體因應措施為何？（三十八期）

答：教育部已於最近研擬「校園暴力防制方案」，經行政程序核定之後，將依規定頒行實施。「校園暴力防制方案」執行下列十二項具體工作：

㈠召開「校園暴力防制會議」。

㈡成立「校園暴力防制小組」。

㈢訂頒「各級學校校園暴力事件處理原則及通報要點」。

㈣辦理「各級學校校長及訓輔人員處理校園暴力知能研習」。

㈤製播宣導媒體。

㈥編印「暴力傾向學生預防與輔導手冊」。

㈦加強法律教育。

㈧全面實施「認輔制度」。

㈨輔導暴力傾向學生參與社會服務。

㈩策動「熱愛自然、服務社會」學生活動。

⼗一加強辦理教師輔導知能研習與進修。

⼗二建立「校園暴力事件通報管理系統」。

就以上十二項工作而言，前六項為因應性措施，後六項為發展性措施，因應性措施乃應急的工作，發展性措施則為紮根的工作。

八八、今後學校輔導工作有所謂「金三角」的流傳，其意為何？（三十八期）

答：今後學校輔導工作之發展，將日愈精緻化、核心化，筆者預估，個別輔導的實施，將以「認輔制度」的型態為主，而團體輔導的進行，將集中於以「生涯輔導」為核心的活動企劃，並且，無論是認輔制度或是生涯輔導，仰賴輔導網路的運作更為殷切。就整體學校輔導工作而言，呈現三個小三角形，構成一個大三角形的「金三角」，如下圖。

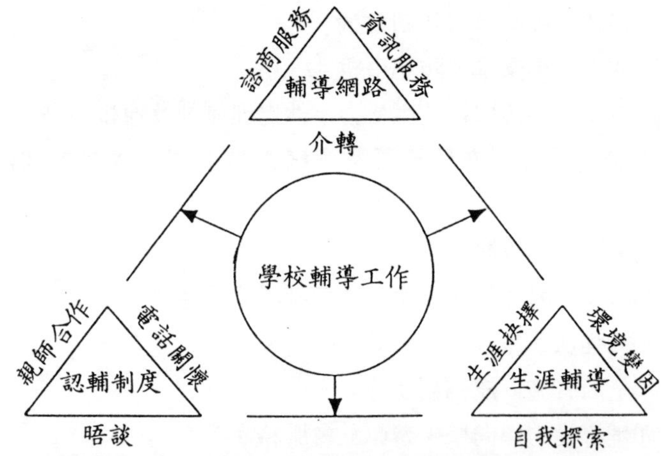

八九、最近部分縣市辦理輔導計畫督導考評工作，其主要目的為何？與「諮詢顧問」及「輔導計畫輔導團」的輔導訪視有何不同？（三十九期）

答：最近全省有約一半的縣市（十一個）依計畫分別辦理

「輔導計畫督導考評」工作，其主要目的在透過「督考」的歷程，瞭解縣市中小學執行「輔導工作六年計畫」工作之實際情形，也就是檢核「輔導計畫重要項目」學校執行時與經常性輔導工作結合的具體結果。並從普遍的檢核過程中歸納回饋計畫策略之優劣得失，做為規劃下年度「年度作業計畫」之依據。

因此，督導考評工作係屬「行政督導」，而諮詢顧問及輔導計畫輔導團團員之輔導訪視為「專業督導」，兩者不同，前者重在輔導工作的整體設計，如何督促行政之運作，而讓輔導活動輔導措施發揮更大的教育功能。而後者重在協助接案教師輔導專業知能的提升，增進個別輔導的實質績效。

九十、教育白皮書中已設定各級學校專任輔導教師之編配標準（各級學校一名專任輔導教師，小學每增十五班，國中、高中職每增十班，大專每增七五〇名學生均再增一名專任輔導教師，專任輔導教師不佔學校教師編制及行政編制員額），這些專任輔導教師需求龐大，如何培育？（三十九期）

答：此一編配標準係一理想之設計，必須教育首長、學校校長及輔導界人士通力合作，始有達成之可能，教育部初步上的規劃如次：

㈠將此一編配標準下之「專任輔導教師人力需求」統合分析，提請「教育部、廳、局首長座談會報」討論，確認政策方針，以做為「修法」及「培育」所需人才之依據。

㈡協調省市教育廳局，督責所屬國民中小學要求「專業輔導教師」回流擔任「輔導活動」課程教師，並優先「專任」輔導教師。

㈢商請輔導及心理系所適度增加培育輔導人才，包括本科及各類進修班次。

㈣「依法」設置「專任輔導教師」之始，具備輔導專業資格教師始得擔任，校內若有缺額，得由相關系所畢業教師代理，代理期間最長三年，三年內進修完成規定專業輔導學分者，始得真除。

九一、教育部國教司將國中小輔導室主任必須具備輔導專業資格之規定取消，訓委會為什麼不表反對？（四十期）

答：國教司修正「國民中小學教育人員甄選儲訓及遷調辦法」時，訓委會曾提請慎重考慮，惟整體考量下列事實後，不便再表示反對。

㈠國教司的規劃，代表整體教育人員的心聲。

㈡如此轉變，不影響專業輔導人員擔任主任資格，祇要他考得上主任，又有輔導專業，理論上，他會優先被聘為輔導室主任。

㈢如此轉變，有助於原有的輔導室主任轉任教務、訓導、總務主任，而不一定以「輔導專業」限制了他本身的彈性與發展。

㈣就平均素質而言，目前國中小輔導室主任的整體表現未及其他三處主任之水準，以前之規範，有藉「專業」保障未達一定水準教育人員出任主任之偏失。

㈤廣開管道，讓第一流的教育人員投入輔導行政，有助於輔導工作落實於校園，且有助於輔導人員真正的專業化（例如國小10 學分，國中 20 學分，不足以稱專業）。

㈥「主任」一職依法為行政職，行政為前題，能兼顧專業行政最佳，若不得兩全其美，仍應維護原有教育體制之優點，就如同學術審議上，輔導專業人員要升教授、副教授，不必要再特別的保障是一樣的。

九二、國民中小學輔導室主任不再強調具備輔導專業資格之後，是否將影響國內輔導工作發展？國內輔導人員專業化的可行途徑為何？（四十期）

答：筆者以為，如此之轉變，因為行政與專業得到適度釐清，行政運作能夠更有效地為輔導專業人員服務，擴增其績效，非但不會影響學校輔導工作發展，更有助於落實成長。

國內輔導人員專業化問題，經過相關學者及訓委會人員努力，已累積相當之基礎，將來的發展趨勢約略如下：

㈠學校將有固定的專任輔導教師編制。

㈡一般教師、輔導教師、心理諮商師、精神科醫師等四階層人員共同為學校輔導工作服務。

㈢心理諮商師、精神科醫師依法取得證照後，在大型學校或網路中心輪值，協助學校處理較為嚴重之個案。

㈣輔導證照制度的層級劃分及專業標準之確立為當務之急。

㈤擬訂輔導法全盤規劃輔導專業人員之相關事項乃最終之目標，輔導法頒行之後，全面輔導體制始能逐步建立，輔導人員才能要求專業化的實質指標。

2 認輔制度專訪

後附答問係筆者接受台灣省中等學校「輔導通訊」專訪記錄，原主題爲「從璞玉、朝陽、携手、春暉專案到認輔制度。」

問：認輔制度的構想是由何而來？是否國外有類似的做法，或其純為本土輔導工作實驗性的創舉？

答：認輔制度的產生並不是學國外的。雖然在輔導計畫專案研究的過程有國外的資料，但它本身是省察國內的整體環境，及對教育領域中輔導能做些什麼的原則下產生的。其背景來源是由教育部推動的璞玉、朝陽、春暉、攜手專案等工作，在「輔導工作六年計畫」結束時，如何在無專款補助下，仍能轉化為學校經常性的工作，對需要的學生提供協助。於是透過行政上的推動，今年選定若干學校試辦認輔制度，希望明年、後年能逐步展開，在輔導工作六年計畫結束後能全面實施。

問：行為偏差及適應困難的學生在認輔過程中，如何避免被「標

籤」化，而造成輔導上的困擾？

答：這類學生要完全避免被貼標籤是不容易的，但輔導者若從協助的立場，稍微的標記應無太大傷害。但要儘量避免公開，尤其是那位學生被那位老師認輔，在學生間要保密。各校在推動認輔制度時，勿在學生場合大聲宣揚，老師間則可互相交流，交換輔導經驗，以如何有效協助學生為要！

問：您認為由學生挑選所喜愛及受歡迎的教師出任認輔老師，或由學校挑選受過專業訓練並具熱忱的教師來認輔學生，何者較適合？

答：我認為兩者都很好。老師是否能擔任認輔教師，要出於自願，因為學校目前尚無法令基礎來規範老師一定要擔任認輔教師，所以是非強迫性的，而是鼓勵老師去做。如何做較好？要因應學校本身環境之不同，當需受輔的學生由學校挑選出來後，可將願意擔任認輔教師的名單私下讓學生挑選，看他願接受那位老師的輔導，私下再徵求此位教師同意，即可編配起來，這是輔導主任要衡量的。像退休人力協會曾和教育部連絡，退休老師是否可參與此工作？我認為應有基本條件和背景，須由學校輔導主任和退休老師面談後，覺得他有能力承擔，且有一定素質，則可將其資料呈報行政單位，核准後才可擔任認輔教師。

問：認輔教師協助需輔導之學生，無形中紓緩了輔導專業人員不足的困境，您認為應如何充實認輔教師的專業知能並維持其敬業熱忱？

答：認輔制度的目標是在三年、十年後，校內有 10%的老師在負責認輔學生。其實一般老師無專業輔導知能，是否即無能力認輔學生？若如此想，則是教育資源的浪費，也是封閉的想法。一般老師有些在性格和事情判斷上比輔導人員更適合輔導學生，且大部分老師均修過教育學分，在輔導觀念和原理上是一致的。我們可藉由以下幾個方法提供專業的支援和資訊，使認輔教師能配合時代脈動，調整輔導方法，確保輔導品質。

1. 接個案者，一年內要接受一週之個別輔導研習，可充實晤談技巧和輔導概念。

2. 帶團體者，一定要接受團體輔導研習，使其瞭解如何設計團體輔導教案，及如何帶領團體活動。

3. 一年內至少參加二次個案研討會，瞭解別人如何輔導個案。

4. 認輔制度背後有一督導團，第一階段為省市（縣市）輔導計畫輔導團團員（有專業背景）將進行輔導訪視，和認輔老師商談輔導過程發生的困難。第二階段在教育部尚設有 50 人之諮詢顧問小組，可提供更高層次的專業督導。

5. 資訊方面——行政單位提供有關刊物，如輔導計畫報導、學生輔導雙月刊、輔導通訊，及有關輔導叢書，直接寄給認輔老師參考。

問：認輔制度乃處於試辦階段，各校在推展上是否有較具體的督導和評鑑計畫？

答：輔導的督導制度會因認輔制度之實施，逐步完成。在初步督導養成制度下，督導者為了對非專業的輔導老師提供協助，必得透過不斷的進修、研究，成為真正的專業督導。而在最上層的諮詢顧問，亦會成為國內領導輔導發展者。國內輔導人員的階層化，則可真正劃分出來。如：一般具輔導觀念的老師→輔導教師→心理諮商師→精神科醫師。藉由如此完備的督導制度，各校在實施認輔制度時就有諮詢對象，可順利推展。至於評鑑方面，認輔制度施行結果好不好？是此計畫本身的評鑑，屬教育評鑑的部分，由教育部來做。而對受輔的學生是否真正得到幫助，此為輔導內涵的評鑑，此部分郭生玉教授曾做過朝陽方案之評估，對接受團輔和個輔的學生調查其生活適應、學業成績、人格發展、情緒穩定、是否再犯罪……等，了解其改變的情形，可做為各校評鑑認輔是否有效之參考。

問：有國中輔導主任曾提出璞玉和春暉專案均有經費補助，使輔導主任在執行時較有籌碼可要求老師，若改為認輔制度後，輔導室一點籌碼都沒了，推動上有困難。不像教務處請老師上課有鐘點費，訓導處請老師做事也有相當的經費，輔導室則祇強調輔導學生是出自熱忱和教育愛，您的看法如何？

答：這就是為何我們要實施認輔制度的原因。若可繼續領津貼，則璞玉、朝陽專案就繼續做，不需做改變。當初設計璞玉、朝陽專案時，就堅持老師額外付出心力，就該給津貼。但現在認輔制度無津貼，其理由有二：

1. 津貼無法作長期的發放，除非成為既定的制度，而要成為制度須為全國各界所能接受，政府預算才可編列，祇要有爭議存在，就祇能以專案方式做有時間性的實施。

2. 專案性的輔導工作有一目的，即在引導師生觀念的改變，是過渡性的措施，在專案結束後，一定要變成經常性的工作，才是根本落實的作法。

我們會每半年為績優認輔人員出版「認輔之光」刊物，給予記功、嘉獎、表揚。最後會發展出「認輔木章」，從精神層次鼓勵老師做這件工作，並使其了解教育中輔導學生是老師的責任。當老師做如此的付出後，會得到回饋，專業知能亦能獲得成長。我們知道，愈專業者在社會地位上愈穩固，市場愈寬廣，因為半專業者和學生就更需要他！至於璞玉、朝陽當初發津貼是否錯了？其實不然，它是我們推動輔導工作的一種策略，花不多的錢，但讓老師和學生在觀念上獲得調整；此二專案在輔導發展的歷史上扮演了中介的時代任務，隨著輔導工作六年計畫的結束，完成任務，而自有其重要地位。

問：認輔制度若全國推行，可能會遭遇何種困難？

答：今年才試辦，又有朝陽方案在前面走過，應不會有太大困難。若有，則是輔導人員是否了解此制度之內涵。所以要花時間溝通，像接受貴刊的訪問，即在希望透過你們的報導，有助於這些觀念、精神、內涵的澄清。而「學生輔導」雙月刊，每期亦要闢一政策解析的專欄，下期即要撰文——認輔制度的教育價值與時代意義，讓大家從背景、觀念和做法上瞭解認輔制度。

問：教育廳長曾說過：認輔教師可以認學生為乾兒子，如此一來，是否有違諮商倫理中親情和專業的衝突？

答：此為陳廳長的理想，廳長認為暴力傾向和飆車青少年更需要親情的關愛，在教育體制中師生之情既無法被學生接受，乾脆老師將學生當成自己的乾兒子，在親情的約束下，則會較聽話，行為亦做些修正，用意很好。但我個人認為此構想在教育領域中尚做不到。認輔制度中祇要老師認輔學生，即使無親情關係的學生，仍要用愛心和輔導方法來協助他。正如鄭石岩常委在「教師的大愛」一書中談到，老師愛學生和父母愛子女是一種職責、一種本能，但是要提供學生和子女「有能力的愛」，何為有能力的愛？即是和其互動的同時，真的能協助他、引導他。但現代的很多老師、父母的缺點就是愛有餘，而真正的協助不足。若能有此觀念，且願意做，則不論兒子、乾兒子、認輔的學生、一般的學生，老師都可給予協助。實際上認輔制度就是讓老師具備這種「有能力的愛」！

問：最後想請教主任，認輔制度和個案輔導有那些差異？

答：個案輔導是認輔制度的方法之一而已，基本上認輔制度是教育體制中規劃出來協助學生的方法。而個案輔導則指個別學生的輔導及追蹤，是落在專業輔導人員身上。認輔制度則要普及化，普遍施行在各校，而認輔方法之一的晤談、紀錄、輔導過程與個案輔導是雷同的。

聽完了鄭主任對「認輔制度」的由來、精神、做法之解析，讓我們更瞭解這個制度，若能排除困難，在各級學校確實實施，必能對學生有益。尤其是擔負實際執行工作的輔導老師，在協助學生以及消弭校園問題的前題之下，相信不論物質或精神有無鼓勵，必會全力以赴！——訪問者的話

後記

執行輔導計畫的心情故事

「教育部輔導工作六年計畫」就像天邊的彩霞
豐富爛漫　璀璨繽紛，反映著我的心情故事

這個計畫
是教育計畫的經典
「規劃作業程序」　「計畫結構」
曾是八十年以來　中長程教育計畫的範本
參與規劃的我　無比榮耀

這個計畫
有效帶動教師接觸輔導　認識輔導
提升教師輔導知能　改善學生心理環境
持續為學校輔導工作奠基
這是輔導行政的職責　也是計畫的旨趣
因此
輔導工作普及化　幾乎是我近幾年的志業

這個計畫
提供專業輔導人員更為寬廣的運作空間
有做不完的專案研究　主題工作坊
學術研討會　輔導學分班
基礎輔導知能研習講座　專業進修
加上半專業輔導工作人員的督導
中高階層專業輔導人員　「人人滿檔」
為輔導工作專業化的進程　營造了渾厚潛能
這　也是我用心經營的志業之一

這個計畫
曾經遭受無情的批判　不斷有人指責
「經費沒有用在刀口上」
「沒有注意到基層實務工作者的心聲」
害我子夜夢迴
總是尋尋覓覓　「刀口在那裡」
也鞭策著我勤跑各地
參與諮詢會議　列席各項座談會
不斷地探尋　檢核　「基層的想法到底是什麼」

驀然回首
我發現了自己才是真正的基層
我必須持續地向大家說明
「大刀與小刀的『刀口』有何區別」
「學校『經常性』輔導工作與行政機關帶動的『計畫性』輔導工

作有何不同」

「如何相互結合」　「相輔相成」

我才是真正的基層

專業輔導人員以及學校輔導實務人員均是我的上司

我必須不容稍歇地為大家提供「行政專業服務」

「輔導計畫報導」　開闢「問題與解答」專欄

「學生輔導雙月刊」　定期撰寫「政策解析」

教師研習　宣導「學校輔導工作的金三角」——認輔制度、生涯輔導、輔導網路

輔導學分班　探討「青少年問題研究」　「生涯輔導」課程

自問自答　解析政策　現身說法

如此這般地　勤奮與堅持

無非是為了　真正結合輔導工作的理論與實際

有「自我實現」的感覺

但　也困難重重　帶來了些許無奈

這個計畫

執行策略已經結構化

每年策訂

年度作業計畫綱要　行政機關及各級學校需配合事項

重要業務實施（補助）要點　經費編列標準

實施計畫審查原則　教師研習課程及講座參考資料

省市、縣市據以督導學校實施　簡便易行

實亦建立了中長程教育計畫有效執行模式

雖有「制式化」的批評

難掩其積極帶動的貢獻

這個計畫
逐年彙編執行成果專輯　獎勵有功人員
每當看到輔導工作
量的持續累增　質的績效日益彰顯
內心由衷敬謝這些共襄盛舉的伙伴
相信
您我均在　共創　「教育與輔導的軌跡」
每當聆聽　有功人員代表闡述著
「璞玉映朝陽　攜手迎春暉」
總會有莫名的悸動
德不孤　必有鄰

教育部輔導工作六年計畫
原本就像天籟　蟬聲悅耳
祇期盼
「露重飛難進　風多響易沉」的環境
能夠　日益改善
輔導的教育功能　逐次發揚展現
——「一雨普滋　千山秀色」

（本文原爲「教育部輔導工作六年計畫成果總集」所寫，復刊載於教育部學生輔導雙月刊第56期，87年6月）

心理出版社有限公司圖書目錄

※為1998 年新書

A.心理叢書

【一、心理學系列】

A1-001	認知心理學	鍾聖校著
A1-002	兒童認知發展	林美珍著
A1-004	發展心理學（修訂版）	蘇建文等著
A1-007	變態心理學（修訂版）	林天德著
A1-008	人格心理學	E.J.Phares著・林淑梨等譯
A1-009	組織心理學	陳彰儀著
A1-010	社會與人格發展（精裝）	D.R.Shaffer著・林翠湄譯
A1-011	學習與教學	R. M. Gagne著・趙居蓮譯
A1-012	心理衡鑑	M. P. Maloney & M. P. Warde著・許文耀總校閱
A1-014	青少年發展	李惠加著
A1-018※	運動心理學論文集(第一集)	王俊明・季力康主編
A1-019※	心理學	葉重新著

【二、一般心理系列】

A2-001	智力新探	魏美惠著
A2-002	心理測驗與統計方法	簡茂發著
A2-005	縱論發展心理學	蘇冬菊譯
A2-006	教師心理衛生	王以仁等著
A2-007	心理測驗的發展與應用	中國測驗學會主編
A2-008	華文社會的心理測驗	中國測驗學會主編
A2-009	現代測驗理論	王寶墉編著
A2-010	教育測驗與評量（附磁片）	余民寧著
A2-011	心理與教育測驗	周文欽等著
A2-012	壓力管理	J.S.Greenberg著・潘正德譯
A2-013	心理衛生與適應	王以仁等著
A2-014※	多元才能—IQ以外的能力	趙志裕等著

【三、心理治療系列】

A3-001　藝術治療　陸雅青著
A3-002　家族歷史與心理治療—家庭重塑實務篇　王行著
A3-004　遊戲治療—理論與實務　梁培勇著
A3-005　悲傷輔導與悲傷治療　J.W.Worden著・林方皓等譯
A3-006　結構派家族治療入門　Salvador Minuchin著・劉瓊瑛譯
A3-008　短期心理治療　林方皓等譯
A3-009　澗邊幽草—心理治療的藝術　王麗文著
A3-010　結構—策略取向家庭治療　楊連謙・董秀珠著
A3-011※　再生之旅—藉再決定治療改變一生　M. Goulding & R. L. Goulding著・易之新譯

【四、心靈探索系列】

A4-001　理性情緒心理學入門　W. Dryden著・武自珍譯
A1-015　個人建構心理學入門—解讀你的心靈　V. Burr & T. Butt著・許慧玲譯
A1-016　心理動力心理學入門—通往潛意識的捷徑　Alessandra Lemma-Wright著・鄭彩娥・朱慧芬譯
A1-017　人本心理學入門—真誠關懷　Tony Merry著・鄭玄藏譯
A4-005※　面對自己　D. Hamachek著・李淑娥譯

B.輔導叢書

【一、一般輔導系列】

B1-002　讓我們更快樂－理性情緒教育課程(學生手冊)　吳麗娟著
B1-003　讓我們更快樂－理性情緒教育課程(合訂本)　吳麗娟著
B1-004　國小怎樣實施輔導工作　吳武典著
B1-006　國中班級輔導活動實施設計(第一冊)　邱維城主編
B1-007　國中班級輔導活動實施設計(第二冊)　邱維城主編
B1-008　國中班級輔導活動實施設計(第三冊)　邱維城主編
B1-009　國中班級輔導活動實施設計(第四冊)　邱維城主編
B1-010　國中班級輔導活動實施設計(第五冊)　邱維城主編
B1-011　國中班級輔導活動實施設計(第六冊)　邱維城主編
B1-012　團體動力學　潘正德著
B1-013　最新國中輔導活動單元設計　吳武典等編撰

B1-015	諮商要素手冊	S.T.Meier等著・謝臥龍等譯
B1-016	青年的心理健康	黃堅厚著
B1-022	精神醫學是什麼？－對自己行為的瞭解	黃堅厚譯
B1-025	輔導原理	吳武典等著
B1-027	邁向21世紀輔導工作新紀元	中國輔導學會主編
B1-029	教育與輔導的發展取向	鄭崇趁著
B1-030	個案研究	陳李綢著
B1-031	個別輔導手冊	林幸台主編
B1-032	團體輔導手冊	吳武典主編
B1-033	成長營活動手冊	劉安屯主編
B1-034	偏差行為輔導與個案研究	林朝夫著
B1-035	輔導理論與實務－現況與展望	中國輔導學會主編
B1-036	認知發展與輔導	陳李綢著
B1-037	學習輔導－學習心理學的應用	李泳吟等著
B1-038	諮商工作實務	A.S.Zaro等著・陳金定編譯
B1-039	兒童虐待－如何發現與輔導[兒童虐待]家庭	黃惠玲等著
B1-041	諮商理論・技術與實務	潘正德編著
B1-043	認知過程的原理	L.Mann等著・黃慧真譯
B1-044	兒童諮商理論與技術(精裝)	葉貞屏等編譯
B1-045	兒童偏差行為的輔導與治療	陳東陞等著
B1-046	諮商倫理	楊瑞珠總校閱
B1-047	輔導原理與實務	馮觀富編著
B1-048	生涯發展與輔導	鍾思嘉校閱
B1-049	團體動力與團體輔導	徐西森著
B1-050	兒童輔導原理	王文秀等著

【二、社會工作系列】

B2-001	義工制度的理論與實施	吳美慧等著
B2-002	兒童與青少年團體工作	S.D.Rose等著・邱方晞等譯
B2-003	動機式晤談法	W.R.Miller等著・楊筱華譯
B2-004	老人福利服務	李開敏等譯
B2-005	社區學校化	中華民國社區教育學會主編
B2-006	組織結社—基層組織領導者手冊	陶蕃瀛譯
B2-024	成年觀護新趨勢	黃富源等著

C.教育叢書

【一、一般教育系列】

C1-001	教育與輔導的軌跡	鄭崇趁著
C1-002	教育理想的追求	黃政傑著
C1-004	教室管理	許慧玲編著
C1-005	教師發問技巧	張玉成著
C1-006	初等教育	陳迺臣等著
C1-007	教學媒體與教學新科技	張霄亭總校閱
C1-009	班級經營	吳清山等著
C1-010	教育哲學	陳迺臣著
C1-011	西洋教育哲學導論	陳照雄著
C1-012	社會教育活動方案設計	邱天助著
C1-013	健康教育－健康教學與研究	晏涵文著
C1-014	教育理念革新	黃政傑著
C1-015	家政課程研究	黃世鈺著
C1-016	教育計畫與評鑑	鄭崇趁著
C1-017	教育與心理論文索引彙編（二）	王仙霞等編著
C1-018	學校行政（精裝）	吳清山著
C1-019	開放社會的教育改革	歐用生著
C1-020	未來教育的理想與實踐	高敬文著
C1-021	國小體育實務	林貴福著
C1-022	教育老年學	邱天助著
C1-023	教學媒體	劉信吾著
C1-024	質的教育研究方法	黃瑞琴著
C1-025	道德教學法	謝明昆著
C1-026	中國儒家心理思想史（上下）	余書麟著
C1-027	生活教育與道德成長	毛連塭著
C1-028	學習理論與教學應用	B.Gredler著・吳幸宜譯
C1-029	國民小學社會科教材教法	盧富美著
C1-030	終生教育新論	黃振隆著
C1-031	知識與行動（精裝）	黃光國著
C1-032	教育計畫與教育發展	王文科著

C1-033	教育改革與教育發展策略	吳清山著
C1-034	邁向大學之路－各國的考試政策與實務	黃炳煌校閱
C1-035	班級經營—做個稱職的老師	鄭玉疊等著
C1-036	健康生活—健康教學的內涵	鄭雪霏等著
C1-037	孔子的哲學思想	李雄揮著
C1-038	兒童行為觀察法與應用	黃意舒著
C1-039	教育改革—理念、策略與措施	黃炳煌著
C1-040	教育哲學導論—人文、民主與教育	陳迺臣著
C1-041	成人教育的思想與實務—現代與後現代的論辯	王秋絨著
C1-042	初等教育—理論與實務	陳迺臣等著
C1-043	親職教育的原理與實務	林家興著
C1-044	社會中的心智	L. S. Vygotsky著．蔡敏玲．陳正乾譯
C1-045※	教室言談	蔡敏玲譯
C1-046※	國小班級經營	張秀敏著

【二、幼兒教育系列】

C2-001	幼兒教育之父—福祿貝爾	李園會著
C2-002	開放式幼兒活動設計	盧美貴著
C2-003	皮亞傑式兒童心理學與應用	John L. Phillips著．王文科編譯
C2-004	幼稚園的遊戲課程	黃瑞琴著
C2-005	幼稚園與托兒所行政	蔡春美等著
C2-006	學習環境的規畫與運用	戴文青著
C2-007	幼兒教育課程設計	陳淑琦著
C2-008	創作性兒童戲劇入門	B.T.Salisbury著．林玫君編譯
C2-009	嬰幼兒特殊教育	柯平順著
C2-010	幼兒數學新論－教材教法	周淑惠著
C2-011	幼兒發展評量與輔導	王珮玲著
C2-012	近代幼兒教育思潮	魏美惠著
C2-013	幼兒健康安全與營養	L.R.Marotz等著．黃惠美等譯
C2-014	兒童繪畫心理分析與輔導	范瓊方著
C2-016	幼兒全人教育	J.Hendrick著．幸曼玲校閱
C2-017	看圖學注音	林美女編著
C2-018	幼兒行為與輔導—幼兒行為改變技術	周添賜等譯
C2-019	幼兒自然科學經驗—教材教法	周淑惠著

C2-020	嬰幼兒遊戲與教具	吳文鶯．張翠娥著
C2-021※	幼兒小組活動設計	楊淑朱著
C2-022※	感覺整合與兒童發展—理論與應用	羅均令著
C2-023※	幼兒教育史	翁麗芳著
C2-024※	探索孩子心靈世界—方案教學的理論與實務	Katez & Chard著．陶英琪．王穎涵譯
C2-025※	幼兒教材教法	張翠娥著

【三、特殊教育系列】

C3-001	資優學生鑑定與輔導	中華民國特殊教育學會主編
C3-002	資優教育課程與教學	中華民國特殊教育學會主編
C3-003	資優學生創造力與特殊才能	中華民國特殊教育學會主編
C3-005	特殊教育課程與教學	中華民國特殊教育學會主編
C3-006	智能不足教育與輔導	中華民國特殊教育學會主編
C3-007	為障礙者開啟一扇門	張寧生著
C3-008	特殊教育的理念與做法	吳武典著
C3-009	綜合充實制資優教育	毛連塭著
C3-011	學習障礙兒童的成長與教育	毛連塭著
C3-012	語言病理學基礎（第一卷）	曾進興主編
C3-013	生活適應能力檢核手冊	王天苗著
C3-014	資優課程設計－有效的資優課程規畫方案	王文科編著
C3-015	智能不足者個別教育計畫	瑞復益智中心編著
C3-016	音樂治療與教育手冊	林貴美著
C3-017	資源教室的經營與管理	黃瑞珍著
C3-018	生命的挑戰	中華民國特殊教育學會主編
C3-020	特殊教育導論	王文科主編
C3-021	自閉症兒與教育治療	曹純瓊著
C3-022	單一受試研究法	J.W.Tawney等著．杜正治譯
C3-023	語言與聽力障礙之評估	中華民國聽力語言學會主編
C3-024	學習障礙者教育	洪儷瑜著
C3-026	語言病理學基礎第二卷	曾進興等著
C3-027	心智障礙者成果管理	A. Dykstra Jr.著．陳瑞苓譯
C3-028	中重度障礙者有效教學法：個別化重要技能模式	K. T. Holowach著．邱上真．陳靜江校閱

C3-029	學習障礙	高野清純著・陳瑞郎譯
C3-030	學前發展性課程評量(指導手冊)	林麗英編製
C3-031	學前發展性課程評量(題本)	林麗英編製
C3-032	學前發展性課程評量(側面圖)	林麗英編製
C3-033※	資優教育的革新與展望	特教學會主編
C3-034※	身心障礙教育的革新與展望	特教學會主編
C3-035※	ADHD學生的教育與輔導	洪儷瑜著

【四、潛能開發系列】

C4-001	創造思考教學的理論與實際（修訂版）	陳龍安編著
C4-003	開發腦中金礦的教學策略	張玉成著
C4-007	創意的寫作教室	林建平編著
C4-009	數學動動腦－數學創造思考教學研究	陳龍安著
C4-013	二十位傑出發明家的生涯路	陳昭儀著
C4-014	思考技巧與教學	張玉成著
C4-016	創造性的問題解決法	郭有遹著
C4-017	瞭解創意人	J.Piiro著・陳昭儀等譯

【五、數理教育系列】

C5-001	國民小學自然科教材教法	王美芬等著
C5-002	科學學習心理學	熊召弟等譯
C5-003※	親子100科學遊戲	陳忠照著
C5-004※	趣味科學—家庭及教室適用的活動	C. Oppenheim著・江麗莉校閱

【六、親師關懷系列】

C6-001	專業的嬰幼兒照顧	楊婷舒著
C6-002	現代父母	敖韻玲著
C6-003	管教孩子的16高招(全四冊)	N.H.Azrin等編・吳武典主編
C6-004	兒童心理問題與對策	徐獨立著
C6-005	暫時隔離法	L.Clark著・魏美惠譯
C3-019	資優兒童親職教育	J.T.Webb著・盧雪梅編譯
C3-025	P.S.你沒有注意聽我說	E.Craig著・洪儷瑜等譯
C6-008	協助孩子出類拔萃	蔡典謨著
C6-009	給年輕的父母—談幼兒的心理和教育	陳瑞郎著
C6-010	青少年SEX疑惑Q&A	陳綠蓉・龔淑馨著

永然法律事務所聲明啟事

本法律事務所受心理出版社之委任爲常年法律顧問，就其所出版之系列著作物，代表聲明均係受合法權益之保障，他人若未經該出版社之同意，逕以不法行爲侵害著作權者，本所當依法追究，俾維護其權益，特此聲明。

永然法律事務所 

李永然律師 

一般教育 1

教育與輔導的軌跡

作　　者：鄭崇趁
總 編 輯：吳道愉
執行編輯：張毓如
發 行 人：邱維城
出 版 者：心理出版社有限公司
社　　址：台北市和平東路二段 163 號 4 樓
總　　機：(02) 27069505
傳　　眞：(02) 23254014
郵　　撥：0141866-3
E-mail：psychoco@ms15.hinet.net
駐美代表：Lisa Wu
Tel：973 546-5845　Fax：973 546-7651
法律顧問：李永然
登 記 證：局版北市業字第 1372 號
印 刷 者：翔勝印刷有限公司
初版一刷：1998 年 9 月

定價：新台幣 400 元

ISBN 957-702-282-0

國家圖書館出版品預行編目資料

教育與輔導的軌跡 / 鄭崇趁著. -- 再版. --
臺北市：心理，1998[民 87]
面；　公分. -- (一般教育；1)

ISBN 957-702-282-0(平裝)

1. 教育改革 2. 輔導（教育）

520　　87011268

讀者意見回函卡

No.________　　　　　　　　　　　　　　　　填寫日期：　年　月　日

感謝您購買本公司出版品。為提升我們的服務品質，請惠填以下資料寄回本社【或傳眞(02)2325-4014】提供我們出書、修訂及辦活動之參考。您將不定期收到本公司最新出版及活動訊息。謝謝您！

姓名:______________________　性別：1□男 2□女

職業:1□教師 2□學生 3□上班族 4□家庭主婦 5□自由業 6□其他______

學歷:1□博士 2□碩士 3□大學 4□專科 5□高中 6□國中 7□國中以下

服務單位:________________　部門:____________職稱:________

服務地址:______________________電話:________傳眞:________

住家地址:______________________電話:________傳眞:________

書名：____

一、您認為本書的優點：（可複選）

❶□內容 ❷□文筆 ❸□校對❹□編排❺□封面 ❻□其他______

二、您認為本書需再加強的地方：（可複選）

❶□內容 ❷□文筆 ❸□校對❹□編排 ❺□封面 ❻□其他______

三、您購買本書的消息來源：（請單選）

❶□本公司 ❷□逛書局⇨______書局 ❸□老師或親友介紹

❹□書展⇨____書展 ❺□心理心雜誌 ❻□書評 ❼□其他______

四、您希望我們舉辦何種活動：（可複選）

❶□作者演講❷□研習會❸□研討會❹□書展❺□其他_________

五、您購買本書的原因：（可複選）

❶□對主題感興趣 ❷□上課教材⇨課程名稱__________________

❸□舉辦活動 ❹□其他________________

（請翻頁繼續）

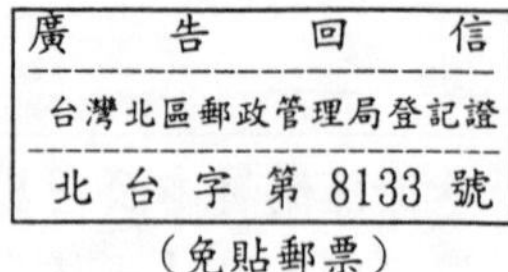

（免貼郵票）

心理出版社有限公司

台北市106和平東路二段163號4樓

TEL:(02)2706-9505

FAX:(02)2325-4014

EMAIL:psychoco@ms15.hinet.net

沿線對折訂好後寄回

六、您希望我們多出版何種類型的書籍

❶□ 心理❷□ 輔導❸□ 教育❹□ 社工❺□ 測驗❻□ 其他

七、如果您是老師，是否有撰寫教科書的計劃：□ 有□ 無

書名/課程：____________________

八、您教授/修習的課程：

❶上學期：____________________

❷下學期：____________________

❸進修班：____________________

❹暑　假：____________________

❺寒　假：____________________

❻學分班：____________________

九、您的其他意見

____

謝謝您的指教！